Weihrauch, Styrax, Sandelholz

Franz X. J. Huber / Anja Schmidt

Weihrauch, Styrax, Sandelholz

Das Erlebnisbuch des Räucherwerks

O. W. Barth

In Liebe meinem Vater gewidmet
Franz X.J. Huber

Erste Auflage 1999
Copyright © 1998 by Scherz Verlag, Bern, München, Wien,
für den Otto Wilhelm Barth Verlag
Einbandgestaltung: Zembsch' Werkstatt, München

Inhalt

Einleitung

Sich dem Genuß des Wohlgeruches hingeben, entspannen und genießen, zu Ruhe und innerer Stille gelangen, Abstand gewinnen von Streß und Problemen des Alltags, sich einfach etwas Gutes gönnen ... es gibt viele Gründe, die Sinne anregendes, beruhigendes oder die Achtsamkeit förderndes Räucherwerk zu entzünden. Den Duft in sich einsaugen, den Wirkungen der verschiedenen Substanzen und Essenzen nachspüren, sich fallen lassen ... und wiederfinden in einer Atmosphäre, die, vom duftenden Rauch getragen, dazu einlädt, so zu sein, wie man gerade ist, sich so zu fühlen, wie man sich eben gerade fühlt ...

Hölzer und Harze, Wurzeln und Blüten: Räucherwerk der unterschiedlichsten Art hat doch eines gemeinsam. Es ist ein machtvolles Werkzeug, um Kontakt aufzunehmen mit einer Kraft, die größer ist als wir, mit Gott, einer höheren Macht, mit Engeln und anderen Wesenheiten, die uns hilfreich zur Seite stehen können.

Gleichzeitig weckt der Rauch unsere Phantasie und stärkt unsere Intuition. Die Kraft der Pflanzen, die durch den Verbrennungsprozeß freigesetzt wird und uns somit zur Verfügung steht, begleitet uns auf den inneren Pfaden unserer selbst und stärkt unsere Fähigkeit, klar zu sehen und deutlicher wahrzunehmen, wo wir gerade stehen, was genau uns bedrückt oder beschäftigt, wo wir feststecken oder uns weiterentwickeln möchten. Der Geist der Pflanze, der sich uns im Rauch offenbart, unterstützt die Kraft der Vision, die Kontaktaufnahme mit Verstorbenen oder die Anrufung eines Orakels. Er fördert eine Haltung der Achtsamkeit und Dankbarkeit; er schärft unsere Sinne, so daß wir das Wesentliche vom Unwesentlichen trennen können. Und letztlich fördern die kraft- und machtvollen Räucherdüfte das Bewußtsein, ein mit dem Rest dieser Welt verwobener Teil eines großen Ganzen zu sein.

Folgen Sie den «Rauchzeichen» ins Reich der Räucherdüfte ...

Riechen, Räuchern, Rituale

Düfte führen uns in ungeheure Erlebnistiefen. Mit Leichtigkeit tragen sie uns davon an entfernte Orte, in vergangene
Zeiten, gleich der Reise in einer Zeitmaschine. Sie lassen Gefühle in uns aufflammen, die wir schon fast vergessen hatten;
sie lassen uns Bilder (wieder)sehen, die klarer sind als die Realität. Schon ein kaum wahrnehmbarer Dufthauch genügt, um
eine ganze Welt in uns erstehen zu lassen – in einer Vielfalt
und Sinnlichkeit, die uns den sprichwörtlichen Atem raubt.
Düfte vermögen unser Leben um eine magische Dimension
zu bereichern, wenn wir es nur zulassen, sie bewußt wahrzunehmen. Gerüche der verschiedensten Art steigern unser
Wohlbefinden, regen unsere Phantasie an, stimulieren unsere
Emotionen und entfachen unsere Leidenschaft. Sie machen
uns zutiefst lebendig und wirken letztlich heilsam, indem sie
uns als ganzen Menschen ansprechen. Denn sie entfalten auf
den verschiedenen Ebenen unseres Seins ihre Wirkung: körperlich, seelisch und emotional.

Der Duft dringt mühelos in unser Innerstes vor, erzeugt
Stimmungen und beschwört Erinnerungen – besonders *Gefühls*erinnerungen – detailgetreu herauf. Wie die Klänge einer
berauschenden Musik, haben Geruchsnoten die Fähigkeit, sich
an dem alles überwachenden Verstand vorbeizumogeln und uns
tief zu berühren. Treffender als Patrick Süskind in seinem
berühmten *Das Parfum* kann man es wohl nicht beschreiben:

> Gerüche mogeln sich am alles überwachenden Verstand vorbei

*Mit dem Atem ging der Duft in die Menschen ein. Sie konnten
sich seiner nicht erwehren, wenn sie leben wollten. Und mitten in
sie hinein ging der Duft direkt ans Herz und entschied dort kate-
gorisch über Zuneigung und Verachtung, Ekel und Lust, Liebe
und Haß.*

Wer kennt es nicht: Man riecht an dem Pullover eines geliebten Menschen, und es ist plötzlich fast, als ob er wirklich da
wäre. Vielleicht sollte man sogar sagen, er *ist* in diesem Moment da – für einige Momente existiert er gegen die Gesetze
von Zeit und Raum innerhalb der eigenen sinnlichen Wahrnehmung. Und Hand in Hand mit der Geruchserinnerung
kommen auch die Gefühle an die Oberfläche, die wir für diesen Menschen empfinden.

Der verkümmerte Sinn

Wie kann es bei diesen nahezu magischen Fähigkeiten unseres Geruchsinns bloß sein, daß er heute so vernachlässigt
wird? Zwar hüllen wir uns nahezu täglich in mehr oder min-
der zarte Parfümwölkchen, benutzen aprilfrischen Weich-
spüler, trinken aromatisierte Tees und beduften sogar die Was-
serspülung im WC, doch einmal ganz abgesehen von Qualität
und Verträglichkeit der verwendeten Duftstoffe, nehmen wir
diese Duftvielfalt ungefähr so wahr wie die Berieselungs-
musik im Einkaufszentrum. Die meisten dieser Düfte sind es
– leider – kaum wert, daß wir unseren Geruchsinn dafür
schärfen.

Unbegrenzte
Duftwahrnehmung

Ursprünglich konnte die menschliche Nase eine nahezu
unbegrenzte Zahl von Gerüchen unterscheiden. Doch heute,
da sich zu den zahllosen Hintergrundgerüchen eine Über-
macht an Industrie- und Autoabgasen sowie andere Verunreinigungen der Luft gesellen – wen wundert es da, daß wir
unser volles geruchliches Potential längst nicht ausschöpfen?
Wer möchte schon die Dieselwolken von Nachbars Rasen-
mäher intensiver erleben?

Daß die hochspezialisierten Fähigkeiten unserer Nase
kaum mehr bekannt sind, mag zudem daran liegen, daß diese

schon lange nicht mehr unmittelbar zu unserem Überleben beitragen, außer in stark reduzierter Form, wenn wir, wie schon seit Anbeginn der menschlichen Lebensformen, an einer Speise schnüffeln, um herauszufinden, ob sie noch genießbar oder schon verdorben ist. Auch ist es heute eine weitverbreitete Sitte, die feinen Geschmacks- und Riechnerven großflächig zu betäuben, indem wir sie beispielsweise mit Zigaretten- oder Zigarrenrauch – einer negativen Form des Räucherrituals – einqualmen. Häufig als Folge der reduzierten Wahrnehmung, würzen wir auch unsere Speisen immer schärfer, was den Betäubungseffekt noch verstärkt. Wer einmal starker Raucher war und dieses Laster schließlich aufgegeben hat, weiß, wovon die Rede ist: mit der Zeit kehren dann nämlich der Geschmack- und Geruchsinn, die eng miteinander in Verbindung stehen, nach und nach zurück.

Ein weiterer Grund für das Schattendasein des Riechens, dafür also, daß wir unsere Nasen weder besonders beachten noch schulen, dürfte in der heutigen Überbetonung des Visuellen liegen. Bombardiert mit Bildern, Großbuchstaben und Leuchtreklamen, bleibt kaum noch Raum und Muße für den feinen Geruchsinn.

Geruchsinn und Sinnlichkeit

Doch mit der mangelnden Fähigkeit, Düfte in ihrer ganzen Vielfalt wahrzunehmen, büßen wir auch ein immenses, in uns schlummerndes Potential an Sinnlichkeit und Erfahrungstiefe ein. Oder, andersherum gesagt: Indem wir unseren Geruchsinn wiederentdecken, ihn mit erfreulichen und anregenden Duftreizen zu neuem Leben erwecken, offenbaren sich uns neue sinnliche Dimensionen genußvollen Erlebens. Forscher sprechen von ganzen siebzig Prozent unserer Gefühlswelt, die

Der Geruchsinn offenbart neue sinnliche Dimensionen

über die Nase gesteuert werden. Zwar geschieht dies offenbar auch ohne unser Zutun, doch bleibt es auf der unbewußten Ebene und macht uns somit manipulierbar. Vor allem Lebensmittel- und Produkthersteller setzen das ungenutzte Potential des Geruchsinns für ihre Zwecke ein. Synthetische Lederdüfte werten die Kunststoffbezüge des neuen Autos auf, «naturidentische» (also nicht natürliche) Aromastoffe lassen fade Lebensmittel schmackhaft erscheinen, beim Einkaufsbummel versucht man in jeder Abteilung mit fein abgestimmten Duftmanipulationen, die Kauflust anzuregen.

Im Vollbesitz seiner geruchlichen Fähigkeiten jedoch, fällt man darauf nicht mehr so leicht herein. Bewußte Geruchswahrnehmung führt uns weg vom Unechten, letztlich Unangenehmen, Verfälschenden, hin zu einer neuen Wahrnehmungskraft und Sinnlichkeit.

Räucherdüfte machen Lust …

*Das geheimnisvollste,
das menschlichste Ding ist
der Geruch.*
Coco Chanel

Feine Harze, Balsame, Hölzer und Kräuter, die man auf einem glühenden Stück Kohle dazu bringt, ihre duftende Essenz freizugeben, können hier wahre Wunder wirken und in zweierlei Hinsicht den Anreiz bieten, gewissermaßen zum Wert der Nase zurückzukehren. Erstens gibt es da so herrliche Gerüche zu erkunden wie beispielsweise den von verräuchertem Aloeholz, das scheinbar immer wieder anders duftet und auch in keine der Kategorien von aromatisch-süß bis würzigbitter (oder in alle gleichzeitig) passen will, oder den feinen, erhebenden Duft von erlesenen Harzen, wie Weihrauch, Mastix oder Benzoe. Zweitens lernt unsere Nase mit zunehmender Praxis immer feiner zu differenzieren – und bekommt dabei auch in steigendem Maße Lust auf Duft. Da das Riechen außer dem Tasten der am engsten mit Sinnlichkeit verknüpfte Sinn ist, kann das Räuchern als ein äußerst genußvolles Sinnlichkeitstraining betrachtet werden.

Der Duft der Erinnerung

Die Tatsache, daß Duftwahrnehmung stark mit Erinnerungen und Gefühlen verbunden ist, ja eine ganze Palette von Wahrnehmungen auslösen kann, kommt uns bei diesem Unterfangen sehr entgegen. In bereits hohem Alter beschreibt die amerikanische Schriftstellerin Helen Keller, die zeitlebens blind und taubstumm war, dieses Erinnerungsvermögen auf der Ebene des Duftes in poetischen Worten:

Der Geruchssinn ist ein mächtiger Zauberer, der uns über Tausende von Kilometern und über alle Lebensjahre hinwegzutragen vermag. Obstduft bringt mich unter die Pfirsichbäume zurück, wo ich als Kind gespielt habe; ich kenne Gerüche, bei denen sich mein Herz erinnerungsselig weitet, und andere, bei denen es sich erinnerungsweh verkrampft.

Das berühmte Beispiel Schillers, der offenbar ähnlich intensive Erinnerungen mit dem Geruch von Obst verknüpfte, weist in die gleiche Richtung: Von ihm weiß man, daß er sich sogar durch den Duft von fauligen Äpfeln, die er in seiner Schreibtischschublade aufbewahrte, zum Schreiben inspirieren ließ.

Doch nicht immer sind die Erinnerungen, die ein bestimmter Geruch heraufbeschwört, positiver Natur. Es gibt auch Geschichten, die von äußerst unangenehmen Verknüpfungen zwischen Geruch und Erinnerung berichten, wie die einer alten Dame, von der die folgende Geschichte stammt: Es war ihr unerklärlich, aber seit ihrer Kindheit war es ihr jedes-

Wenn nichts von einem Ereignis mehr geblieben ist, die beteiligten Menschen lange tot … dann sind es Geschmack und Geruch allein, die noch lange Zeit überleben, wie irrende Seelen, suchend, hoffend, wartend, erinnernd. Und unverzagt tragen sie das riesige Gebäude der Erinnerung.
Marcel Proust

mal schlecht geworden, wenn sie den Geruch von frischer Farbe einatmete. Sie fühlte sich elend und hilflos und geriet in einen Strudel unangenehmer Gefühle, die sie einfach nicht zuordnen konnte. Erst als sie über siebzig war und therapeutische Hilfe in Anspruch nahm, kehrte ihr Erinnerungsvermögen zurück. Die alte Dame fand heraus, daß sie als Kind im frisch gestrichenen Haus die Botschaft erhalten hatte, daß ihr Vater auf tragische Weise ums Leben gekommen war. Tief ins Unbewußte verdrängt, hatte sich der Geruch mit der schlechten Nachricht untrennbar verbunden.

Riechen und Riechhirn: die Steinzeit läßt grüßen

Um die tiefe Verknüpfung des Geruchsinns mit unbewußten Schichten unseres Selbst ein wenig besser zu verstehen, müssen wir bis in die Urzeit zurückschauen. Man stelle sich einmal die Situation des damaligen Menschen vor: Im (Ur-) Wald, umgeben von allerlei Gefahren und natürlichen Feinden, half das Sehen nicht viel weiter. Der Mensch war auf das Hören und ganz besonders auf das Riechen angewiesen, welches als entwicklungsgeschichtlich ältester Sinn gilt. Um das Überleben zu sichern, mußte ein wahrgenommener Reiz jedoch allerschnellstens bewertet werden und zu einer angemessenen Reaktion führen. In der Praxis hieß das: «Entweder angreifen oder nix wie weg hier.» Dieses lebensrettende, schnelle Reagieren war nur deshalb möglich, weil der Geruchsinn mit dem sogenannten limbischen System des Gehirns in engster Verbindung steht, einem komplexen System des Riechhirns, bestehend aus Hippocampus, Gyrus limbicus, Mandelkern und Teilen des basalen Ganglienkomplexes.

Dieses limbische System ist seinerseits das Steuerungszen-

Riechen, der entwicklungsgeschichtlich älteste Sinn

trum der primitiven Triebe, Instinkte und Sexualität, der
Motorik und des Verdauungsapparates, ebenso lenkt es unser
Streßverhalten sowie die Hormonausschüttung, eine ganze
Reihe von lebensnotwendigen menschlichen Funktionen
also. Das Riechen stellte demnach in der Urzeit eine Art
Antenne zur Außenwelt dar, die Informationen sammelte,
welche im menschlichen Organismus umgehend zu komple-
xen Prozessen führten – motorisch, hormonell und gefühls-   Riechen löst komplexe
mäßig. Geruchswahrnehmung und biologische sowie psychi-   Prozesse aus
sche Reaktionen sind also kaum voneinander zu trennen, was
uns zu den teilweise «unerklärlichen» Auswirkungen von
Gerüchen auf unser Seelenleben führt. Steinzeitlich gesehen
war die spezielle Funktionsweise des limbischen Systems eine
Notwendigkeit, heute läßt es sich bewußt nutzen – für Wohlbefinden, Gesundheit und Genuß.

Der «Riecher» und die Intuition

Zahlreiche Redewendungen, die wir meist unbewußt benutzen, zeugen noch bis von der engen Verbindung zwischen
Riechen, Intuition und Gefühlen. «Er hat einen guten Riecher», sagt man beispielsweise, wenn jemand intuitiv das
Richtige tut. Selbst in der Großstadt meint man, eine Gefahr
«zu wittern». Auch ein Verbrechen wird im Sprachgebrauch
«ruchbar», also «riechbar». Sollten wir doch vielleicht mehr
zwischen Himmel und Erde über unseren Geruchsinn wahrnehmen, als wir es gemeinhin für möglich halten? «Immer der
Nase nach!» ist eine auch heute noch gültige Auskunft, wenn
es darum geht, unsere Grundbedürfnisse zu befriedigen, beispielsweise auf der Suche nach der nächsten Würstchenbude.
   Auch die Kehrseite des Riechens, der Gestank, ist in unserer Sprache eindeutig mit bestimmten «schlechten» Verhal-

Manche Dinge oder
Menschen duften

tensweisen oder Abneigungen verknüpft. «Das stinkt doch
zum Himmel» kündet von einem himmelschreienden Unrecht; eine Geschichte, die als «erstunken und erlogen» bezeichnet wird, beleidigt ebenfalls in übertragenem Sinne
unseren Riechnerv. Glücklicherweise duften manche Dinge
oder Menschen aber auch, so wie die «dufte Biene» oder ein
«dufter Typ», jedenfalls solange sie nicht «verduften» und aus
unserem «Dunstkreis» verschwinden.

Back to the Roots!

Unser Geruchsinn hat besondere Fähigkeiten, soviel steht
fest. Doch wie können wir diese für unser Wohlbefinden
nutzen?

Im Laufe der Sozialisation haben wir zwar gelernt, die ehe-
mals ungefilterte Kommunikation zwischen Riechen und
Riechhirn zu stören. Doch wir können diesen Kanal jederzeit
wieder anzapfen, um uns ein Stück Ursprünglichkeit und damit Ganzheit zurückzuerobern.

Räucherstäbchen oder Räucherwerk auf glühender Kohle
zu entzünden, ist dafür eine wunderbare Möglichkeit, nicht
zuletzt deswegen, weil wir durch das Räuchern eine kleine
Reise zu den Anfängen der Menschheitsgeschichte antreten.
Denn duftende Substanzen dem Feuer beizugeben, gehörte
zu den ersten Handlungen, die die Bewußtwerdung und kul-
turelle Entwicklung des Menschen einleiteten.

Räuchern führt uns zu den
Wurzeln der Menschheit

Während man so räuchernderweise an die Wurzeln der
Menschheit anknüpft, wird man bei der «Wiederentdeckung»
des Riechens auch der eigenen Vergangenheit begegnen. Wissenschaftler haben herausgefunden, daß wir als Kinder
wesentlich unvoreingenommener und daher umfassender
den Duft des Lebens in uns einsaugen, was wir erst mit dem

Älterwerden langsam verlernen. Kinder unterscheiden noch nicht zwischen «guten» und «schlechten» Gerüchen, sie nehmen einfach wahr – und genießen: Omas Apfelkuchen; Papa, der verschwitzt von der Gartenarbeit zurückkehrt; den Duft von Mamas Busen; ein Häufchen vom Hund ... Besonders intensiv ist vielen der Weihrauch aus der Kirche im geruchlichen Gedächtnis, in Verbindung mit Gefühlen der Ehrfurcht und Andacht, vielleicht auch mit der Wut auf den verordneten Kirchenbesuch oder gar einer leichten Übelkeit. Denn die leicht berauschenden Wirkungen des Weihrauchs vermitteln oft gerade Kindern ein nicht definierbares Gefühl des Unwohlseins, da ihnen Rauschzustände noch weitgehend unbekannt sind. Trotzdem nahmen wir Gerüche im allgemeinen vorurteilslos in uns auf, so wie wir auch Gefühle oft in schnellem Wechsel erleben und wieder loslassen konnten. Weinen, lachen, schmollen, herumalbern ...

Berauschender Weihrauch

Heute, als «Erwachsene», können (und müssen) wir uns dieses kindliche Erleben wieder neu angeignen, wenn wir ein reiches, erfülltes Leben führen möchten. Ein Weg dahin führt über die Nase, über die Welt der Düfte: das Räuchern. Jede Substanz, die man auf der Kohle verbrennt, jedes Räucherstäbchen, das man entzündet, wird einem andere Gefühle entlocken. Bei manchen empfindet man eine richtige Freude, sie zu riechen, so wie man sich freut, einen guten Freund wiederzusehen. Manche Düfte wird man weniger mögen, doch erstaunlicherweise ändert sich das Mögen und Nichtmögen mit der Zeit. Je nachdem, in welcher Stimmung man sich befindet und welche Bedürfnisse man gerade hat, erlebt man die einzelnen Düfte oder Duftmischungen immer wieder neu. Manchmal stellt man sogar fest, daß ein Geruch, den man als nicht so angenehm empfindet, sich aber «irgendwie gut» oder «richtig» anfühlen kann. Je mehr sich die Sinne öffnen, desto feiner beginnen wir zu unterscheiden, was ein Duft in uns auslöst ... und das ist der Anfang einer kleinen Abenteuerreise. Der duftende Rauch entführt uns in unser eigenes Inneres.

Düfte immer wieder neu erleben

Liebe geht durch die Nase

Wie die Sinne sich ganz von selbst öffnen und wie kleine Knospen erblühen, erleben wir immer dann, wenn wir lieben. Besonders die Verbindung von Duft und Liebe ist wohl so alt wie die Liebe selbst. Man merkt ja auch meistens schon im ersten Moment einer Begegnung, ob man jemanden «riechen kann» – falls nicht, wird sich die Liebe wohl auch nicht einstellen. Aber wenn doch, scheint es oft, als ob die Nase sich in gleichem Maße öffnet wie das Herz. Plötzlich riecht alles intensiver, angenehmer, ganz besonders natürlich der geliebte Mensch, den man auf diesem Weg richtiggehend «einatmen» und in sich aufnehmen kann. Der Dichter Gustave Flaubert hat diese «riech-sinnliche» Verschmelzung in seinen Briefen an die Geliebte Louise Colet beschrieben:

> *Ich lebe im Traum in den Falten Deines Kleides, in den leichten Locken Deines Haars. Ich hab welche hier! Oh! Wie gut sie duften! Wenn Du wüßtest, wie sehr ich an Deine gute Stimme denke, an Deine Schultern, deren Geruch ich so liebend gern in mich einsauge. Der fingerlose Handschuh ist da. Er riecht wunderbar, mir scheint, daß ich noch immer Deine Schulter und die sanfte Wärme Deines bloßen Arms atme. Sag mir, ob Du Eisenkraut benutzt, tust Du es auf Deine Taschentücher? Tu ein wenig auf Dein Hemd – aber nein, parfümier Dich nicht, das beste Parfum bist Du selbst, die Aushauchung Deiner eigenen Natur.*

Flaubert war nicht der einzige Dichter, der uns die duftende Verzauberung durch seine Liebste überliefert hat. Auch von Goethe ist bekannt, daß er seiner Geliebten Charlotte ein Mieder entwendete, um in ihrer Abwesenheit seine Nase daran zu laben und sie so wenigstens in ätherischer Form bei sich zu haben.

Diese natürliche Verbindung aus Duft und Liebe können wir durch Räucherwerk noch ein wenig erweitern. Denn der

Gerüche, Seide und andere Kunstgriffe allein heben die Liebe vom reinen Instinkt zur Leidenschaft empor.
George Moore

duftende Rauch eignet sich vorzüglich dazu, Gefühle und Erlebnisse zu untermalen und zu intensivieren. So wie man das Parfüm oder den ganz persönlichen Geruch einer geliebten Person genießt und in sich einsaugt, so kann man beispielsweise einen bestimmten Räucherduft auswählen, den man immer dann entzündet, wenn man beisammen ist. Oder man behält sich bestimmte Räuchermischungen für ganz besondere Situationen vor … Ist der oder die Geliebte gerade nicht da oder gar für längere Zeit verreist, kann man ihn oder sie atmosphärisch herbeizaubern, indem man den gemeinsamen «Liebesrauch» entzündet. Dies ist eine wunderschöne und äußerst sinnliche Form, um die emotionale Verbindung aufrechtzuerhalten. Vielleicht vereinbart man sogar einen Zeitpunkt, zu dem man aneinander denkt und diesen Gedanken durch ein Räucherritual eine weitere Dimension verleiht.

Der «Liebesrauch» überbrückt jede Entfernung

Reinigung und Neubeginn

Eine der ältesten und wichtigsten Funktionen des Räucherns ist außer der Verbreitung von Wohlgerüchen (und -gefühlen) die Reinigung. In Zeiten, da Cholera oder Pest grassierten, räucherte man die Häuser zu hygienischen Zwecken mit Wacholder und anderen Kräutern aus, um das Miasma – den Gifthauch – zu vertreiben. Heute geht es hauptsächlich darum, Räume von alten bzw. «Fremdenergien» zu reinigen, zum Beispiel, wenn man Besuch hatte, über dessen Abschied man nicht sonderlich unglücklich ist. Tante Herta hat wieder mal nicht aufhören können, von den «guten alten Zeiten» zu reden, und Onkel Hubert hatte dieses unwiderstehliche Aftershave aufgelegt, das er schon vor 20 Jahren benutzte … Da tut es einfach gut, die hinterlassenen Ausdünstungen verschiedener Art mit einer kräftigen Räuchermischung freundlich zum Fenster hinauszugeleiten.

Einen neutralen Raum
schaffen

Doch selbst wenn ein Besuch rein erfreulicher Natur war, mag es angebracht sein, ihn mit Dank und Rauch zu verabschieden, um wieder einen neutralen Raum zu schaffen, in dem Neues passieren kann, zum Beispiel um sich der Arbeit zu widmen, einen Brief zu schreiben oder einfach zur Ruhe zu kommen.

Natürlich gibt es noch viele weitere Gelegenheiten, bei denen man die Raumatmosphäre gern erneuern und die Luft reinigen möchte: zum Beispiel ganz einfach zwischendurch, wenn man das Gefühl hat, es herrscht «dicke» Luft oder im Zimmer eines Kranken. Indem man alte oder unerwünschte «Energien» vertreibt, schafft man wieder Raum für sich selbst, Raum für neue Gedanken, Gefühle oder Einsichten. Es ist ein bewußtes Abschiednehmen, um einen kleinen Neuanfang einzuleiten.

Gestank versus Wohlgeruch

Räuchern, um zu heilen

Außer zur Reinigung wurde die «Beräucherung» mit Duftstoffen hierzulande noch im letzten Jahrhundert offiziell als therapeutisches Verfahren beispielsweise gegen Hysterie angewandt. Bis heute wird in den verschiedensten Kulturen der Rauch einer Anzahl von Harzen und Kräutern zur Heilung von Krankheiten eingesetzt. Auf La Palma beispielsweise verräuchert man Rosmarin in den Krankenzimmern; die Indianer Nordamerikas verwenden unter anderem den Rauch von Zedernspitzen oder Weißem Salbei zu Heilungszwecken.

Auch wenn bei uns diese Tradition größtenteils in Vergessenheit geraten ist, so weiß man doch: so wie Gestank Übelkeit hervorrufen kann, vermag ein angenehmer Duft das allgemeine Befinden stark zu verbessern. Besonders wenn man die verschiedenen Substanzen und Gerüche ein wenig erkundet und nach und nach ganz individuell für sich herausfindet, welcher Stoff welche Wirkung entfaltet, kann man das Räuchern gezielt einsetzen, um die Stimmung aufzuhellen, zu entspannen, sich zu sammeln oder was auch immer man gerade am meisten braucht.

Aber nicht nur der Geruch trägt zu den positiven Wirkungen des Räucherns bei. Den zweiten Eckpfeiler bildet der Ritualcharakter des Räucherns.

Rituale prägen seit Anbeginn der Menschheit das soziale und religiöse Zusammenleben. Rituelle Handlungen bieten Struktur und Grundlage für den Zusammenhalt einer Gemeinschaft, die Kontaktaufnahme mit dem Göttlichen und viele andere Zwecke. Auch für sich allein oder mit Freunden ausgeführt, bietet das Räuchern einen würdigen und feierlichen Rahmen, der mit den verschiedensten Inhalten erfüllt werden kann – sei es als Gebet oder Anrufung, um Wünschen und Bitten mehr Kraft zu verleihen, sei es als Dank für bereits erfüllte Wünsche oder als ein Weg, in der Hektik unseres Alltags einen Anker der Ruhe zu finden.

Geruchsanker in der Meditation

Allein schon den aufsteigenden Rauch zu beobachten und sich in den hypnotisierenden Anblick der Gestalten und Formen zu versenken, die da unablässig entstehen, kann uns in einen meditativen Zustand der inneren Ruhe und Einkehr versetzen. So kann das Räuchern auch zur Vorbereitung oder als Bestandteil einer täglichen Meditationspraxis dienen. Gerade bei Techniken der «Meditation in Bewegung» wie T'ai Chi und Qigong oder bei der Urform der Meditation, dem

*Geruch ist der Sinn der
Imagination.*
Jean Jacques Rousseau

«Sitzen», sind ja Regelmäßigkeit und ein vorgegebener Rahmen von Bedeutung und äußerst hilfreich, um die Wirkungen zu vertiefen und fest im alltäglichen Leben zu verankern. Dieses Verankern beschreiben Richard und Iona Miller in ihrem Buch *Das magische Parfüm* als wichtigen Bestandteil einer jeden rituellen Handlung.

Wir können Gerüche als Schlüssel zu veränderten Bewußtseinszuständen verwenden, indem wir sie als «Geruchsanker» einsetzen. Das Verankern bezieht sich auf die Tendenz der menschlichen Natur, mit jedem Einzelelement einer Erfahrung (sei es gesehen, gehört, gefühlt, gerochen oder geschmeckt) die Gesamterfahrung zurückzubringen. Da die Geruchserinnerung länger anhält und weniger verzerrt wird, als die visuelle, sind Gerüche besonders wirkungsvolle Anker. Jedesmal, wenn wir in einem Ritual einen Duft wiederverwenden, können wir schneller und tiefer in diesen besonderen Bewußtseinszustand eintreten. Nach kurzer Zeit wird der Geruch selbst eine Verbindung der Erinnerungen an alle Rituale, die unter seinem Einfluß durchgeführt wurden, heraufbeschwören.

Dieses Moment der Verstärkung und Verankerung durch einen bestimmten Geruch in Verbindung mit Ritualen verleiht dem Räuchern etwas Magisches, das unsere Meditation, unsere Gedanken oder Wünsche klären und bestärken hilft.

Der heiße Draht zum Göttlichen

Eine der Haupttriebfedern für das Räuchern war schon immer die Religion. Der mystische Rauch von Copal negro, Drachenblut oder Weihrauch mit seinen berauschenden, bewußtseinserweiternden und erhebenden Wirkungen erweitert unser Gesichtsfeld und läßt uns in Kontakt treten mit einer höheren Kraft – wir tauchen ein in eine andere Dimension.

Schon unsere Urahnen in grauer Vorzeit haben wohl die Erscheinung des stofflich nicht faßbaren Wohlgeruchs, der zudem unkontrolliert Emotionen hervorrufen kann, als rätselhaft und unerklärbar empfunden. Duftsignale mögen ihnen als Zeichen des Himmels erschienen sein – von göttlichem Ursprung.

Auch heute noch wird in der Kirche, in buddhistischen oder indianischen Zeremonien der Rauch als Symbol der Anwesenheit Gottes oder als eine Brücke zu höheren Welten gebraucht. Der nach oben steigende Rauch stellt das optimale Vehikel zur Kontaktaufnahme mit dem Himmel und höheren Seinsebenen dar.

Gerüche sind schwer in Worte zu fassen; sie verbreiten sich im Raum, während sie gleichzeitig nicht an Raum und Zeit gebunden zu sein scheinen. Sie verflüchtigen sich und tauchen wieder auf – manchmal wehen sie einem Tage später plötzlich noch einmal für einen kurzen Moment um die Nase.

All diese Eigenschaften von Duft und Rauch, in Verbindung mit den besonderen Fähigkeiten der Nase, der Brücke in unser Unbewußtes, erklären die jahrtausendealte Faszination des Menschen in bezug auf Feuer, Duft und Rauch. Die Verbindung der Räucherdüfte zum Numinosen läßt uns auch heute, als moderne, «aufgeklärte» Menschen an diesen Bräuchen und Empfindungen teilhaben und das Räuchern nutzen als eine wunderbare Möglichkeit, uns rückzubesinnen und wieder Kontakt aufzunehmen: mit dem Göttlichen und letztlich mit uns selbst.

Duftsignale – Zeichen des Himmels

Diese olfaktorischen Rauschzustände erleuchten vielleicht den Geist, statt ihn zu benebeln, machen Welten sichtbar und spürbar, die den gewöhnlichen Sterblichen verborgen bleiben.
Annick Le Guérier

Räuchergeschichte der Menschheit

Am Anfang war der Rauch

Das Räuchern ist so alt wie die Nutzung des Feuers. Schon in frühester Zeit haben die Menschen am Lagerfeuer, einem zentralen Ort des gemeinschaftlichen Lebens, duftende Hölzer, Harze und Pflanzen verbrannt, die sie in ihrer Umgebung fanden. Zuerst war es sicher ein Zufall: Man warf ein besonders harziges Stück Holz ins Feuer und entdeckte sein angenehmes Aroma sowie die positiven Auswirkungen auf die allgemeine Stimmung. Kurze Zeit später dürften bereits die ersten Substanzen gezielt für bestimmte Zwecke eingesetzt worden sein. Der Bernstein ist wahrscheinlich eine der ersten Räuchersubstanzen gewesen, die schon in der Eiszeit den prasselnden Höhlenfeuern beigegeben wurden. Man kann davon ausgehen, daß die damaligen Menschen bereits um die reinigenden, ionisierenden und damit gesundheitsfördernden Wirkungen des Bernsteins wußten – oder sie zumindest erahnten.

Bernstein, eine der ersten Räuchersubstanzen

Wie man bei heute noch in ursprünglicher Weise lebenden Völkern herausfand, so hatten auch die ersten Benutzer von duftenden Räuchersubstanzen noch einen sehr hochentwickelten, feinen Geruchssinn: Sie konnten Tiere, herannahendes Gewitter oder Gefahren sowie weit entferntes Feuer «wittern» und eßbare Nahrungsmittel von giftigen unterscheiden. Denn einstmals war der Geruchssinn auf rein funktionelle Zwecke ausgerichtet; erst später, als sich das menschliche Bewußtsein weiterentwickelte, entstand auch die Idee von höheren, übernatürlichen Wesenheiten, die man via Räucherung verehrte. Vielleicht haben sich die ersten religiösen Vorstellungen sogar in Verbindung mit der Duftwahrnehmung entwickelt. Denn die Dinge schienen einen tieferen Sinn, eine Seele zu besitzen, die sie im Feuer freigaben – und noch mehr: Die Düfte hatten auch deutliche «magische» Wirkungen. Manche wirkten stimulierend, andere beruhigend, andere regten die Libido an … da mußten doch höhere Mächte im Spiel sein!

Pflanzen zu rituellen, magischen und religiösen Zwecken zu benutzen, war schon vor der ersten Räucherkultur Normalität. Man fand etwa 60.000 Jahre alte Gräber von Neandertalern, die deutliche Zeichen eines frühen Jenseitsglaubens trugen: die Toten wurden unter Beigabe von Blüten und Kräutern beigesetzt, offenbar um ihnen die Reise in die andere Welt zu erleichtern. Auch fand man altarähnliche Einrichtungen, auf denen wohl dem Bärengott und anderen Göttern Opfergaben, beispielsweise in Form von Pflanzen, dargebracht wurden.

Man war sich also schon vor vielen tausend Jahren bewußt, daß verschiedenen Gewächsen bestimmte Wirkungen innewohnten, und begann, sie zu verschiedensten Zwecken einzusetzen: zur Berauschung und Stimulation, als Heilmittel, Opfergabe sowie als Brücke zur Welt der Götter und schließlich auch als Kosmetik und zur eigenen Freude.

Je mehr die Zivilisation fortschritt, desto mehr entwickelte sich eine bewußte Duftwahrnehmung, die interessanterweise mit einem schwindenden instinktiven Geruchssinn einherging: Die Schärfe des Geruchssinns steht demnach im umgekehrten Verhältnis zur Entwicklung von Bewußtsein und Intelligenz.

Mit einer fortschreitenden Kultur setzten nun die ersten Schamanen, Medizinmänner und -frauen Pflanzenstoffe gezielt für religiöse, magische und heilerische Zwecke ein. Interessant ist dabei, daß die alten Kulturen völlig unabhängig voneinander ähnliche Entdeckungen und Erfahrungen mit den einzelnen Pflanzenwirkungen machten. Ein Beispiel dafür ist der Salbei, den die Ureinwohner Amerikas ebenso zu

Kräuter für die Reise in die andere Welt

Der Duft kam mit der Zivilisation

Heil- und Reinigungszwecken einsetzten wie die Völker Europas. Viele tausend Jahre vor unserer Zeitrechnung wußten die Schamanen und Heilkundigen der Welt auch schon um die bewußtseinsverändernden Wirkungen bestimmter Harze und Kräuter. Rauch, die einzige (sichtbare) Naturerscheinung, die von unten nach oben aufsteigt, erschien als das optimale Vehikel, um die Verbindung mit Gottheiten und anderen höheren Wesen aufzunehmen. Mittels verbrennender Hölzer, Harze und Pflanzen wurden Botschaften in Form von Bitten, Anrufungen und Beschwörungen entsandt – die ersten bewußten Handlungen, um die menschlichen Geschicke zu beeinflussen und Gesundheit, Wohlstand und Glück zu erlangen. Zeugnisse einer verfeinerten Räucherkultur die etwa 7.200 Jahre vor unserer Zeitrechnung blühte, fand man in Skandinavien: kleine Räucherfladen, die beim Verbrennen den Duft aromatischer Harze freisetzten.

> Bitten, Anrufungen, Beschwörungen: die erste Räucherkultur entstand viele Jahrtausende vor unserer Zeitrechnung

Einige Jahrtausende später war der Gebrauch von Räucherwerk aus dem religiösen und kulturellen Leben der antiken Kulturen nicht mehr wegzudenken.

Mumien, Götter, Pharaonen

Schon im berühmten «Lied des Harfners», den ältesten ägyptischen Versen, die uns erhalten sind, werden Wohlgerüche und Räucherwerk zur Sinnenfreude gepriesen:

> *Folge deinem Wunsch, weil du lebst,*
> *lege Myrrhe auf dein Haupt,*
> *kleide dich in feines Linnen,*
> *getränkt mit köstlichen Wohlgerüchen,*
> *den echten Dingen der Götter.*
> *Vermehre deine Wonnen noch mehr,*

laß dein Herz nicht müde sein,
folge deinem Wunsch und deinem Vergnügen.

Eine der ersten dokumentierten Schiffsexpeditionen ins sagenumwobene Land Punt, die Weihrauch, Myrrhe und andere duftende Substanzen nach Ägypten brachte, war etwa 1.500 v. Chr. von Königin Hatschepsut entsandt worden. Eines der Reliefs im Tempel zu Deir el-Bahari, Theben, welche die kostbare Fracht der Schiffe zeigen, trägt die folgende Inschrift:

Das Belasten der Transportschiffe mit einer großen Menge von herrlichen Produkten Arabiens, mit allerlei kostbaren Hölzern des heiligen Landes, mit Haufen von Weihrauchharz, mit grünen Weihrauchbäumen. (…) Niemals ist ein Transport gleich diesem von irgendeiner Königin seit Erschaffung des Weltalls gemacht worden.

Zur selben Zeit sollen im Orient bereits Weihrauchharze, Kräuter und Hölzer in Jahresmengen von vielen Tonnen verräuchert worden sein. Duftendes Räucherwerk galt als kostbares Geschenk, als Beigabe zu allerlei gesellschaftlichen Gelegenheiten, als Nahrung der Götter, denen aus diesem Grund reichlich von dem wohlriechenden Rauch geopfert wurde. Und schließlich war es auch eine wichtige Zutat, um der sinnlichen Liebe noch eine köstliche Dimension hinzuzufügen.

Duftendes Räucherwerk: Zutat für die Liebe

Im alten Ägypten entstand eine der ersten Hochkulturen des Duftes und damit des Räucherwerks. Düfte aller Art spielten im täglichen Leben eine wichtige Rolle. Kostbares Harz sowie duftende Hölzer und Kräuter waren im eigenen sowie den umliegenden Ländern in Hülle und Fülle vorhanden und wurden verbrannt, um das gesellschaftliche Leben zu bereichern, vor allem aber zu Ehren der Götter. Man sagte allen duftenden Pflanzen göttlichen Ursprung nach. So erzählte man, alle weihraucliefernden Pflanzen seien aus den Tränen der Götter Horus, Tefnut und Shu geboren worden: Wo diese

König Sethos räuchert dem Gott Sokaris in einer Räucherpfanne; Teil eines Reliefs in Abydos.

auf die Erde fielen, dort wüchsen Myrrhe, Weihrauch, Benzoe oder Opoponax.

Dreimal täglich wurde dem Sonnengott Ra geopfert. Bei Sonnenaufgang verbrannt man Weihrauch, beim höchsten Stand der Sonne Myrrhe. Die Abendräucherung bestand aus der berühmten ägyptischen Räuchermischung namens Kyphi, von der schon im berühmten Papyrus Ebers die Rede ist. In einem eigens dafür vorgesehenen Bereich der Tempel wurde Kyphi unter der Aufsicht von Priestern unter ständigen Gebeten hergestellt. Es gab viele verschiedene Rezepte für Kyphi, denn jedes priesterliche «Laboratorium» braute seine eigene Mixtur, deren Zusammensetzung jedoch streng geheimgehalten wurde. Die wenigen schriftlich überlieferten Rezepturen beinhalten leider einige Stoffe, die heute nicht mehr identifiziert werden können; außerdem fehlen die Mengenangaben. So finden Sie im untenstehenden Kasten ein modernes Kyphirezept, das sich jedoch an die alten Überlieferungen anlehnt.

Rezept für Kyphi, die klassische ägyptische Räucherung

Kyphi kann die Menschen in den Schlaf wiegen, kann angenehme Träume verursachen und die Sorgen des Tages vertreiben. Wer Kyphi am Abend verbrennt, dem werden Ruhe und Frieden sicher geschenkt.
Plutarch

Legen Sie 2 bis 3 TL ungeschwefelte Sultaninen in schweren, süßen Rotwein ein, und lassen Sie das Ganze zwei bis drei Tage ziehen. Zerkleinern Sie sie dann im Mörser oder der Küchenmaschine zu Brei und vermischen sie mit 2 TL Honig. Mischen Sie dann die folgenden Zutaten erst untereinander und dann mit der Masse:

$1^1/_2$ TL	Weihrauch
1 TL	Myrrhe
1 TL	Mastix
$1^1/_2$ TL	Benzoe Sumatra
$^1/_2$ TL	Wacholderbeeren
$^3/_4$ TL	Kalmus
1 TL	Zimtrinde, geschnitten
1 TL	Rosenblüten
$^1/_2$ TL	Kardamom, gemahlen
2 TL	Sandelholz, weiß
1 Prise	Adlerholz

Je nach Konsistenz können Sie noch Wein oder Honig zugeben. Vermischen Sie alles nochmals gut, breiten Sie es auf einem Holzbrett aus und lassen es trocknen. Nach Möglichkeit mehrmals täglich wenden; am Schluß in Gläser abfüllen.

Kyphi und anderen Weihrauch verbrannte man in Ägypten in sogenannten Räucherpfannen. Dazu formte man aus den Zutaten kleine Kugeln, die man dann in die Pfanne warf. Außer zum Wohlgefallen Gottes durfte Weihrauch auch zum Dank verbrannt werden, wenn der König siegreich von einem Feldzug nach Hause kehrte und bei anderen großen Staatsfesten. Dann dufteten nicht nur die Tempel, sondern auch die Straßen der Stadt nach Myrrhe, Zimt, Galgant und anderen köstlichen Räucherdüften. Zu wichtigen Anlässen räucherte sogar der Pharao selbst zu Ehren des Sonnengottes.

Weihrauch zum Wohlgefallen Gottes

Die heiligen Düfte spielten auch eine wichtige Rolle beim Totenkult der Ägypter, denn sie symbolisierten das ewige Leben der Götter. Eine Grabesinschrift aus dem 5. Jahrtausend vor Christi dokumentiert die duftende Dimension von Leben, Sterben und ewiger Liebe:

In meinem Himmel erscheinen die Vögel von Punt.
Ich fange sie, einen nach dem andern, mit meinem Köder.
Einer ist mit Myrrhe getränkt, der andere mit Weihrauch,
wiederum ein anderer mit Zimt.
Oh, Geliebte, ich möchte, daß wir zusammen sie befreiten,
einer nach dem anderen, um mit dem Flattern ihrer Flügel
gemeinsam in ein Paradies der Düfte zu tauchen.

Auch bei der Mumifizierung waren Räucherwerk und duftende Salben elementarer Bestandteil. Der ausgeprägte Totenkult und Jenseitsglaube der Ägypter ließ sie besonderen Wert darauf legen, den Körper eines Verstorbenen so gut wie möglich zu erhalten. Die Seele sollte ihn bei der Rückkehr von ihrer Reise möglichst unversehrt vorfinden. Außerdem war man der Ansicht, ein vollständiger Körper garantiere auch die Ganzheit der Seele. Herodot berichtet von drei Arten der Einbalsamierung, die unterschiedlich teuer und aufwendig waren. Das edelste Einbalsamierungsverfahren war nur den Königen und Königinnen sowie den Reichen des Landes vorbehalten. Nachdem man ihnen mit einem metallenen

Haken das Gehirn durch die Nase herausgezogen hatte, öffnete man die Bauchdecke mit einem Steinmesser und entfernte die Eingeweide, die in speziellen Gefäßen beigesetzt wurden. Dann spülte man den Körper mit Palmwein und ein zweites Mal mit zerriebenem Räucherwerk. Damit der ausgehöhlte Körper nicht zusammenfiel und um ihn zu konservieren, füllte man ihn sodann mit duftendem Harz, Lehm, Leinwandballen, Sägespänen, Sand und beduftete das Ganze mit Zedernöl und anderen aromatischen Ölen. Weihrauch, das höchstgeschätzte Harz, war hierbei jedoch nur den Königen vorbehalten; alle anderen mußten mit Myrrhe, Opoponax, Benzoe oder anderen Harzen vorliebnehmen. Auch die Haut des Leichnams wurde mit harzhaltigen Präparaten behandelt – die Rezepte für diese heiligen Salben waren den Priestern von Toth selbst offenbart worden, dem «Gott der Wohlgerüche». Schließlich wickelte man den Leichnam mitsamt kostbarer Schmuckstücke nach bekannter Manier in Binden und Tücher. Zur Beisetzung des Toten wurde dann ausgiebig Räucherwerk verbrannt.

Heilige Salben vom Gott Toth

Nachdem über Jahrhunderte hinweg nur zu religiösen bzw. «halbreligiösen» staatlichen Gelegenheiten kostbares Räucherwerk verbrannt worden war, begannen die Priester zur Zeit Ramses III., es auch an die Reichen des Volkes zu verkaufen. Als schließlich Kleopatra herrschte, wurde zu nahezu jedem Anlaß geräuchert. Um ihren Thron verströmten Räucherpfannen allerlei Wohlgerüche. Als die mit Düften äußerst verschwenderisch umgehende Königin Antonius mit einem Schiff empfing, da dufteten gar die Segel, und die ganze Besatzung war fein parfümiert. Salben, Parfums und zahlreiche Kosmetika hatten Hochkonjunktur. Die Damen trugen bei großen Festivitäten Räucherkugeln auf dem Kopf, die sie in atemberaubende Duftwolken hüllten. Die ägyptische Duftkultur hatte ihren Höhepunkt erreicht.

Die Weihrauchstraße

Die Königin von Saba, so vermutet man, war die erste, die im Jahre 950 v. Chr. Waren auf der Weihrauchstraße transportierte. Denn sie brachte König Salomo Gold, Edelsteine, kostbare Hölzer sowie Weihrauch und Myrrhe nach Palästina. Von wo die Königin aufbrach, konnte bis heute nicht genau geklärt werden, doch man geht davon aus, daß es irgendwo im Süden Arabiens gewesen ist. Im 1. Buch der Könige heißt es:

> *Dann schenkte sie dem König hundertzwanzig Talente Gold und eine überaus große Menge Spezereien und Edelsteine. Niemals mehr ist eine solche Menge Spezereien eingeführt worden, wie sie die Königin von Saba dem König Salomo geschenkt hat.*

Für die antike Welt des Mittelmeeres blieb es über Jahrhunderte hinweg eines der ungelösten Rätsel, woher eigentlich die zahllosen Schätze an Weihrauch und Myrrhe, Edelmetallen und Luxusartikeln aller Art stammten, die über die berühmte Weihrauchstraße transportiert wurden. Ein schier unversiegbarer Strom schien diesem Handelsweg zu entspringen, doch wo hatte er seinen Ursprung?

Woher kam der unversiegbare Strom der Kostbarkeiten?

Im 5. Jahrhundert vor Christus wußte Herodot, der weitgereist und normalerweise gut unterrichtet war, auch nicht mehr zu berichten, als daß Arabien das einzige Land sei, wo Weihrauch, Zimt und Gummiharz gewonnen werde. Die Weihrauchbäume, so ließ er sich sogar von den findigen Arabern weismachen, würden von geflügelten Schlangen bewacht.

In Wahrheit kam nur ein Teil des Weihrauchs aus Südarabien; der zweite wichtige Lieferant war Somalia. Die restlichen Waren wurden einerseits aus Indien importiert – südarabische und indische Seefahrer standen in jahrhundertelangem Austausch und ließen sich mit den Monsunwinden zwischen den

Küsten hin- und hertragen. Den im Handel schon damals geschickten (Süd-)Arabern gelang es zudem, den gesamten Warenstrom Ostafrikas auf ihre Häfen zu konzentrieren. Räucherharze, Edelhölzer, Gewürze, edle Stoffe sowie viele weitere Kostbarkeiten gelangten so aus West und Ost in die erblühenden südarabischen Hafenstädte, von wo aus man sie auf Kamele verlud und zum Mittelmeer transportierte. Ein anderer Zweig der Weihrauchstraße führte bis hinauf ins Zweistromland und sogar bis nach China.

Doch nicht nur Waren wurden auf der Weihrauchstraße transportiert, es fand auch ein reger Informations- und Kulturaustausch statt. Die Gebiete am Rande des Handelsweges blühten auf. Handwerk und Landwirtschaft wurden angekurbelt und brachten Reichtum über das Land.

Das unglaubliche Handelsgeschick der Araber wird nochmals deutlich, wenn man sich vor Augen führt, daß jeder andere Handelsweg aus Ostafrika oder Indien leichter und schneller zu bewältigen gewesen wäre, als der beschwerliche, 2.800 Kilometer lange Marsch durch die Wüste, welcher zudem ohne die immense Ausdauer der Kamele, die erst im 2. Jahrtausend v. Chr. domestiziert worden waren, nicht denkbar gewesen wäre.

Entlang der Weihrauchstraße – und nicht, wie man meinen könnte, an den wichtigen Häfen des Roten Meeres oder den fruchtbaren Landschaften der Hochebenen – entstanden die bedeutendsten Königreiche Südarabiens. Aus Straßenstationen, Futter- und Lebensmittelmärkten sowie Karawansereien entstanden seit dem 8. Jahrhundert v. Chr. große Städte mit mächtigen Wehrmauern, Palästen und Tempeln sowie hochentwickelte Bewässerungsanlagen in einem Gebiet unfruchtbarer Wüste. Und obwohl die reichen Städte entlang der Weihrauchstraße heiß umkämpft waren, ließ sich keines der südarabischen Königreiche von dort vertreiben.

Die Blütezeit der Weihrauchstraße währte vom 5. Jahrhundert v. Chr. bis zum 1. Jahrhundert n. Chr. Ihr Niedergang nahm seinen Lauf, als 45 n. Chr. Hippalos, der griechische

Seefahrer, das Geheimnis der Monsunwinde wiederent-
deckte: der wesentlich müheloserer Transport zu Wasser
wurde wieder populär. Schließlich waren es jedoch die
Römer unter Kaiser Trajan, die den nördlichen Teil der
Weihrauchstraße eroberten und die Schiffahrt im Roten
Meer wiederaufnahmen. Die Weihrauchstraße war überflüssig
geworden. Erst eineinhalb Jahrtausende später, zwischen dem
15. und 18. Jahrhundert, erlebte die Weihrauchstraße eine
Renaissance: Durch Piraterie war der Seeweg zu gefährlich
geworden, und man transportierte das Handelsgut via Kamel
durch die Wüste – entlang der alten Weihrauchstraße.

*Die Weihrauchstraße
wurde überflüssig*

Mohammed – Prophet des Wohlgeruchs

Als der Prophet Mohammed auf dieser Erde wandelte, waren
die Araber bereits Meister der Duftherstellung. Räucherwerk,
Salböle und Parfüme wurden in Hülle und Fülle hergestellt
und zeichneten sich durch hervorragende Qualität aus. Das
entging auch dem Propheten nicht, der im Koran die Düfte
als «Schöpfer von Schönheit und Freuden für Körper und
Geist» preist. Besonders den Moschus schätze er und ließ
seinen ganzen Harem damit beduften. Die Verbindung von
Sinnesfreuden mit Religiosität schien Mohammed kein
Widerspruch zu sein, so soll er gesagt haben:

*Parfüm ist der Atem des
Himmels.*
Victor Hugo

> *Was ich in dieser Welt liebe, sind Frauen und Parfüms. Danach
> schließe ich die Augen und stärke meinen Geist im Gebet. Die
> Parfüms sind die Nahrung, die mein Denken belebt.*

Das Jenseits beschrieb der Prophet des Islam als Paradies-
garten voller Wohlgerüche, in dem «die Auserwählten» von
schönen jungen Frauen empfangen werden und sich «in

Wasser baden, das weißer ist als Milch und duftender als Moschus».

Der Boden dieses verzauberten Ortes besteht aus reinem Weizen-mehl, vermischt mit Moschus und Safran: seine Steine sind Perlen und Hyazinthen und seine Paläste aus Gold und Silber erbaut … die Houris sind aus reinem Moschus.

Seinen Anhängern machte Mohammed zahlreiche Vorschrif-ten, die Düfte zu nutzen und «niemals zurückzuweisen». So findet sich im Koran eine wahre kleine Pflanzenheilkunde sowie Hinweise zur Nutzung bestimmter Kräuter und Nah-rungspflanzen, die der Hygiene dienen sollen. Gegen Vergeß-lichkeit empfahl der Prophet beispielsweise den Weihrauch. Auch Schwangeren riet er dessen Genuß, damit ihr Herz rein werde. Falls sie ein Mädchen im Schoß trügen, solle sich die-ses dadurch schön und üppig entwickeln.

Weihrauch gegen Vergeßlichkeit

Mohammed verstärkte die bereits vorhandene Vorliebe der Araber für Düfte und Räucherwerk aller Art. Außer Moschus und Ambra, den kostbarsten und teuersten Duftstoffen, gab (und gibt) es eine weitere heißbegehrte duftende Substanz: das Aloeholz. Mit seinem köstlichen Geruch beduften die Araber bis in die heutige Zeit ihre Körper und Kleider. Über Nacht hängen sie ihre Gewänder auf eigens dafür vorgese-hene Ständer über eine Räucherstelle, um sie durch und durch mit dem Wohlgeruch des kostbaren Holzes zu tränken. Als Vorbereitung auf die Liebe stellen sich die Frauen nackt in den Aloerauch, um besonders verführerisch zu duften. Doch auch die Männer bedienen sich der duftenden Essenzen, um sich auf eine erotische Begegnung vorzubereiten; dabei spie-len potenzsteigernde und erotisierende Substanzen die Hauptrolle. So war es beispielsweise lange Zeit Brauch, sich mit *asa foetida*, bei uns auch unter den Namen Teufelsdreck oder Stinkasant bekannt, die Genitalien einzureiben. Auf arabische Frauen soll der unglaublich intensive, zwiebel- und knoblauchähnliche Geruch tatsächlich anziehend gewirkt

Kleider voller Wohlgeruch

haben. In einer Art Kamasutra Arabiens – «Der duftende Garten des Scheik Nefzaui» – ist noch von ganz anderen Liebes-
tricks die Rede, denen sich sicher keine Frau entziehen
konnte:

*Stelle goldene Räucherpfannen in das Zelt, die mit den köstlich-
sten Wohlgerüchen gefüllt sind. Hüte dich aber, von all den Wohlgerüchen etwas aus dem Zelt ausströmen zu lassen. Ist das ganze
Zelt voll von süßen Düften, dann setz dich auf deinen Thron, und
laß die Frau holen. Laß sie in dein Zelt bringen, und verweile dort
allein mit ihr. Sie wird in Verzückung geraten, ihre Glieder werden
sich lösen. Schließlich wird sie das Bewußtsein verlieren, und du
wirst Besitz von ihr nehmen.*

Nicht nur im Liebeszauber Arabiens spielen die Düfte eine
zentrale Rolle. Auch zu magischen Heilzwecken werden seit
alter Zeit kraftvolle Räuchermixturen verbrannt, die Dämonen vertreiben, vor dem bösen Blick schützen und bei Krankheit heilsam wirken sollen. Auch bei den verschiedensten Gelegenheiten des gesellschaftlichen Lebens wie Hochzeit oder
Geburt, zu wichtigen geschäftlichen Anlässen sowie natürlich
bei religiösen Festen und an Feiertagen wird Räucherwerk
zum Dank geräuchert oder um das Schicksal gnädig zu stimmen. Auch galt es als hohe Ehrerbietung, den Gästen zum
Abschluß eines Festmahls das beste Räucherwerk zu darzubieten. Gleichzeitig war das auch das Zeichen für den Auf-
bruch, wie ein arabisches Sprichwort besagt: Nach dem Räucherwerk gibt es kein längeres Verweilen.

Das teuerste Räucherwerk
zum Abschied

Weihrauch und Myrrhe für die Götter

In das antike Griechenland gelangten die kostbaren Räucherdüfte erst einige Zeit, nachdem man in Ägypten, Persien und
Arabien schon einer ausgeprägten Duftkultur frönte. Bevor
man die Düfte so richtig für die verschiedenen Bereiche des
gesellschaftlichen Lebens entdeckte, war das Räuchern nur
im Zusammenhang mit religiösen Handlungen erlaubt. Bei
Tieropferungen beispielsweise verwendete man Räucherharze wohl vor allem, um den unangenehmen Geruch
schmorenden Fleisches zu übertönen, um der eigenen Nase
einen Gefallen zu tun und gleichzeitig auch, um die Götter
nicht nur mit Opferfleisch, sondern auch mit Wohlgerüchen
zu erfreuen.

Tieropfer und Räucherwerk

Über Kreta, in dessen minoischer Geschichte die Wohlgerüche schon früher eine Rolle spielten, bekam man Anschluß an den Orient, von dem aus bald eine wahre Flut an
Harzen, Ölen und Räucherwerk aller Art nach Griechenland
gelangte. Hinzu kamen einheimische Kräuter und Pflanzen,
die man räucherte, um Krankheiten zu heilen oder den Körper zu beduften. Und natürlich verbrannte man Räucherwerk nach wie vor zu religiösen Zwecken. Da es jedermann
gestattet war, Rauchopfer darzubringen, wuchs der Bedarf an
Weihrauch, Myrrhe und anderen Harzen immens. Der griechische Schriftsteller Lukian, welcher 120 bis 180 n. Chr.
lebte, war, wie aus seinem Werk *Zeus tragodios* ersichtlich ist,
von diesem ausufernden Weihrauchkonsum weniger be-
geistert:

*Wenn ich nicht sofort nach Arabien gegangen wäre, hätte mich der
widerwärtige Dampf umgebracht. Kaum wollte selbst in einem so
großen Wohlgeruch und Überfluß an Duftstoffen und bei dem
massenhaften Gebrauch von Weihrauch meine Nase jenen schmut-
zigen Geruch vergessen und verlernen. Selbst jetzt noch bekomme
ich Übelkeit, wenn ich nur daran denke!*

Ein anderes Anwendungsgebiet der griechischen Duftkultur war die sinnliche Liebe. Allerlei die Lust erregende Salben sowie aphrodisisch wirkendes Räucherwerk wandte man an, um die Liebesfreuden zu steigern. Dabei kamen anregende Gewürze wie Muskat, Koriander oder Nelken zum Einsatz, ebenso wie der stimulierende Wohlgeruch duftender Harze und Hölzer. Die Göttin Aphrodite, mit der alle Pflanzen und Substanzen in Verbindung gebracht wurden, welche die Libido steigern und Liebeslust auch dort hervorzaubern, wo vorher keine war, spielte in der Geschichte der griechischen Duftkultur eine wichtige Rolle. Aphrodite verdankte ihre Existenz dem Mythos nach einigen außergewöhnlichen Vorkommnissen. Nachdem Uranos von seinem Sohn Kronos entmannt worden war, fiel sein Phallus ins Meer und befruchtete damit Gaia. Der Phallus wurde zu Schaum, aus dem schließlich eine duftumwogte Liebesgöttin erstand. Homer beschrieb die Geburt der Aphrodite in folgenden Worten:

Aphrodites luststeigernde Pflanzen

> *Hier entwand sich dem Schaume*
> *die erhabenste, reizendste Göttin.*
> *Duftende Kräuter entsprossen*
> *unter den flüchtigen Füßen*
> *dieser dem Schaum entschlüpften*
> *Bekränzten. Götter und Menschen*
> *nannten sie Aphrodite,*
> *die vom Schaume Genährte.*

Aphrodite waren alle Wohlgerüche heilig. Weihrauch, Myrte, Kassia, Labdanum, Myrrhe und wilde Rose sollen nach alter Überlieferung einige ihrer Lieblingsdüfte gewesen sein. So waren die Priesterinnen der Liebesgöttin immer in duftende Parfümwolken gehüllt; sie kultivierten heilige Duftgärten, und auf den Altären wurde ständig heiliger Weihrauch verbrannt.

Die Griechen kultivierten eine immer feinere Duftkultur, die sie mit ihren Untersuchungen über die Erscheinungen und das Wesen der Natur verknüpften. Sie prägten den

Oh Diana, liebliche Göttin,
ich weiß, daß Ihr mir nahe
seid, da ich Euren
Balsamduft erkannte.
Euripides, Phaedra

Begriff des «göttlichen Wohlgeruchs», denn für sie waren die Düfte selbst göttlichen Ursprungs. Schlechte Gerüche wurden im Gegenzug mit grollenden oder übelwollenden Göttern in Zusammenhang gebracht und daher gemieden. Man suchte sie durch Wohlgerüche zu vertreiben bzw. zu überdecken, denn man meinte, sie würden krankmachende Wirkungen entfalten.

So wurden Räucherungen auch zu einem wichtigen Bestandteil der griechischen Heilkunde. In Werken von Plinius dem Älteren, Theoprast, Hippokrates, Dioskurides und anderen Heilern der Antike ist uns die Bedeutung der Düfte zur Prophylaxe und als Heilmittel überliefert. Süße Düfte, geräuchert, in Bädern oder zur Massage verwendet, so meinte man, seien das beste Mittel, um gesund zu bleiben. Viele Pflanzen wurden verbrannt, um bestimmte Krankheiten zu heilen: Anis bei Schlafstörungen, Poleiminze bei Fieber, Thymian bei Epilepsie, Bernstein bei Erkältungskrankheiten – um nur einige Beispiele zu nennen.

Doch nicht nur zur Heilung von Krankheiten, auch um veränderte Bewußtseinszustände herbeizuführen, bediente man sich der Räucherkunst. Die antiken Orakel wären ohne Räucherwerk kaum denkbar gewesen. Das berühmteste unter ihnen ist wohl das Orakel zu Delphi, über dessen Eingangstor die berühmten Worte «Erkenne dich selbst» prangten. Seltsamerweise wird nahezu nirgendwo erwähnt, was auf der Rückseite des Portals stand: «… und du erkennst Gott». Die Selbsterkenntnis war also nicht Selbstzweck, sondern Weg zu Gott. In diesem Sinne weissagte wohl auch die Pythia, göttliche Botschaften auf ihrem hohen Dreifuß empfangend, in geheimnisvolle Rauchwolken gehüllt. Man kann davon ausgehen, daß, um in die Zukunft zu schauen und Erkenntnis zu erlangen, außer Lorbeer – dessen Gebrauch überliefert ist – auch psychoaktiv wirkende Pflanzen wie Hanf oder Bilsenkraut geräuchert wurden, welche die Trance der Seherin herbeiführten bzw. verstärkten. So wurde sie empfänglich für die Botschaften Apolls, dessen Medium sie war.

Geheimnisvolle
Rauchwolken, göttliche
Botschaften

*Schwaden von Rauch hüllen
die Priesterin des Orakels von
Delphi auf diesem Stich aus
der Mitte des 19. Jahrhunderts
ein.*

Das Räuchern nahm auch bei den in der Spätantike aufkommenden Mysterienkulten eine wichtige Rolle ein. In den
Orphischen Hymnen legte man sogar fest, welche der damals
bekannten Räucherstoffe bestimmten Göttinnen und Göttern zu Ehren geräuchert werden sollten. Auch in der griechischen Mythologie kommen Räucherstoffe in allen Variationen vor. Harze betrachtete man als die Tränen von Göttern
und Göttinnen, in manchen Fällen auch von Sterblichen, die
in einen Baum verwandelt wurden. So wurde beispielsweise
Myrrha, die Mutter von Adonis zu einem Myrrhenbaum und
damit auch zur Mutter der Myrrhe. Um der Trauer über ihr
Schicksal Ausdruck zu verleihen, blieb ihnen nur das stille
Weinen von Harztränen. Doch auch andere Räuchersubstanzen stehen oft in Zusammenhang mit verzauberten Göttern
aus dem Reich der Mythologie, wie zum Beispiel der Lorbeer, in den die Nymphe Daphne verwandelt wurde, um sie
vor Apollos Nachstellungen zu beschützen.

Cäsar und Nero im Rausch der Düfte

Im römischen Reich spielten Düfte lange Zeit keine herausragende Rolle. Man war mehr mit strategischer Kriegsführung und Rechtsprechung befaßt – Luxus jeder Art war verpönt. Zwar verbrannte man auch in der römischen Kultur Räucherwerk, das meist aus Zypressen- und Wacholderholz sowie Lorbeer und Pinie bestand, um den Göttern zu huldigen, Staatsfeste und neue Eroberungen zu feiern, doch all das geschah in Maßen. Noch zur Zeit von Kaiser Julius Cäsar, also im letzten vorchristlichen Jahrhundert, verwendete man Räucherwerk, Parfüme und Duftöle auch zu hygienischen Zwecken in relativ geringen Mengen. Nachdem sie jedoch immer mehr mit orientalischen und afrikanischen Völkern und Sitten in Kontakt kamen, übernahmen die Römer nach und nach auch deren Duftkultur. In einer relativ kurzen Zeitspanne stieg dann der Verbrauch an Duftstoffen aller Art rasant an. Die Römer wurden maßlos, als wollten sie den bisher verpönten Luxus nun in kürzester Zeit nachholen. Mehrere Edikte wurden erlassen, die den ausufernden Verbrauch an Räucher- und Duftstoffen stoppen sollten, jedoch ohne Erfolg. Auch in anderer Hinsicht wurde das Leben nun in großen Zügen genossen: Man frönte der Liebe, gab sich kulinarischen Genüssen sowie künstlerischen Darbietungen aller Art hin – während die Luft von Wohlgerüchen getränkt war.

Im Jahre 95 v. Chr. erließ man ein Gesetz, das festlegte, welchen Göttern bestimmte Kräuter, Hölzer, Harze und andere Räucherstoffe geopfert werden sollten. Dies waren:

Jupiter	Zimt, Benzoe, Lorbeer
Saturn	Styrax, Kostus
Mars	Labdanum, Aloeholz
Venus	Ambra, Safran
Sol	Safran, Aloe
Luna	Weihrauch, Mastix

Juno	Moschus
Merkur	Mastix, Zimt

Noch weiter als seine Vorgänger trieb es Kaiser Nero, der seine Gemächer, Kleider und sich selbst mit teuren Parfümen beduften ließ, die man seinerzeit auch schon in Rom herzustellen wußte. Als Neros Gemahlin Poppea beerdigt wurde, soll dabei mehr als eine ganze Jahresproduktion arabischen Weihrauchs verbrannt worden sein.

Sogar die Götterstatuen parfümierte man zu jener Zeit; Roß und Reiter zogen in Parfümwolken in die Schlacht; öffentliche Gebäude wurden komplett beduftet. Auch die Weine versetzte man mit duftenden Harzen, um sie zu aromatisieren und zu konservieren, wie es heute noch in Griechenland üblich ist – dort verwendet man jährlich an die 3.000 Tonnen Kiefernharz allein zu diesem Zweck!

Nicht zuletzt waren Räucherdüfte bei den Römern auch in der Liebe unabkömmlich. Häufig werden in römischen Quellen die sexuell stimulierenden Wirkungen der Düfte beschrieben. Im Schlafgemach wurde Weihrauch und anderes Räucherwerk verbrannt, welches die Liebenden in wahre Duftwolken gehüllt haben muß. Räucherwerk, Parfüme, Öle, Salben und Aromen – der Duft war überall im römischen Reich.

Unter Kaiser Nero wurde alles beduftet

Sandelholz und Kamasutra

Indien, das Land der Düfte, ist reich gesegnet mit duftenden Pflanzen. Da Indien vom Himalaja bis hinunter in den Süden die verschiedensten Klimazonen zu bieten hat, ist die Vegetation ebenso vielfältig: Rose, Jasmin, Patchouly, Vetiver, Costuswurzel gedeihen hier, und nicht zuletzt das Sandelholz – *der*

Duft Indiens. So hat der Gebrauch von Räucherwerk, duftenden Ölen und Gewürzen eine alte und variantenreiche Tradition. Wer Indien bereist hat, der weiß, daß auch heute noch
eine Duftvielfalt das tägliche Leben bereichert, wie kaum an-
derswo. Auch Räuchergefäße findet man in Hülle und Fülle,
sie reichen von einfachen Räucherpfannen über Gefäße in
Tierform bis hin zu kleinen Tempelnachbauten; man kann sie
auf den Altar stellen oder an die Decke hängen. Die einfachen
Leute räuchern jedoch schlicht auf getrocknetem Kuhmist,
der üblicherweise zum Feuermachen verwendet wird.

Schon in den Veden, den heiligen Texten der Hindus, denen
übermenschlicher Ursprung und göttliche Autorität zugeschrieben wird, finden sich ausführliche Anweisungen für
Opferräucherungen. Wohlriechender Rauch wird auch in
der indischen Tradition als Nahrung der Götter angesehen,
weshalb man beispielsweise den Göttern Shiva, Brahma und
Vishnu mehrmals am Tag Rauchopfer darbringt.

Rauchopfer für Shiva,
Brahma und Vishnu

Der indische Dichter Kalidasa, welcher um 400 n. Chr.
lebte, schrieb in seinem Werk *Sakuntala* die folgende Anrufung
nieder. Kusa meint hier ein heiliges Kraut oder Gewürz, das
jedoch heute nicht mehr eindeutig identifiziert werden kann:

> *Die Flammen des Feuers,*
> *die um den Altar lodern,*
> *der mit Holzscheiten gut genährt*
> *und mit Kusa umstreut ist,*
> *mögen dich jetzt reinigen*
> *mit den Düften aller Gaben,*
> *die, recht geopfert,*
> *Unheil von dir fernhalten!*

Auch im Buddhismus sind Opferräucherungen sehr verbreitet. Obwohl Buddha seinen Schülern vorschrieb, jeden Luxus
in Form von Schmuck, Spezereien und anderen Arten des
schwelgerischen Genusses zu meiden, räuchert man seit jeher
zu Ehren der buddhistischen Götter. Auch bei der Sutrenrezi-

tation, Niederwerfungen oder zur Versenkung verbrennt man heiliges Räucherwerk, das Meditation und Andacht vertiefen soll. Nebenbei vertreibt es auch lästige Insekten.

Im tibetischen Lamaismus nimmt wohlduftendes Räucherwerk einen noch wichtigeren Platz ein. Hier gibt es sogar Halbgötter, die man *Disa* nennt, was soviel heißt wie «Düfte Verzehrende». Um sich zu nähren, so meint man, nehmen Disas die Gestalt von Insekten an und umschwärmen Blumen oder andere Duftquellen.

Eine lange Tradition hat das Räuchern in Indien bei der Verbrennung von Verstorbenen. Jeder Kaste sind dabei bestimmte Räuchersubstanzen zugeordnet; das kostbare Sandelholz war früher den Heiligen, heute ist es den Reichen vorbehalten. Ein Grund für das Räuchern mag hier sein, daß man den unangenehmen Geruch des verbrennenden Leichnams überdecken will. Doch auch religiöse und psychologische Beweggründe spielen eine Rolle. So meint man, das Räucherwerk sei den Verstorbenen auf ihrem Weg ins Nirwana hilfreich und erleichtere die Wiedergeburt. Gleichzeitig besänftigen die Wohlgerüche die Hinterbliebenen, während der gen Himmel ziehende Rauch sie gleichsam an der Seelenreise des Verstorbenen teilhaben läßt.

Die Wohlgerüche sind in Indien schon immer auch unverzichtbares Beiwerk der Liebe gewesen. Man betrachte nur die verschlungenen Liebespaare am tantrischen Tempel von Kajuraho: Erotik war elementarer Bestandteil der alten indischen Kultur; im Hinduismus gilt ein gesundes Liebesleben als erstrebenswert. Im indischen Klassiker der Liebeskunst, dem Kamasutra, wird der rechte Umgang mit den Düften zu den 64 erstrebenswerten Künsten gezählt. Als «Waffen der Verführung» kommen Düfte aller Art zum Einsatz: bei der sinnlichen Massage oder als köstliches Räucherwerk aus Aloeholz, Benzoe, Kardamom, Nelken und – nicht zu vergessen – Weihrauch und Sandelholz. Beide gelten den Indern seit jeher als anregend und erotisierend, was sogar von der modernen Wissenschaft bestätigt wird: Weihrauch wie Sandelholz enthal-

Düfte als «Waffen der Verführung»

ten Stoffe, die den menschlichen Sexualhormonen ähnlich sind. Kein Wunder also, daß Sandelholz- wie Weihrauchduft in der indischen Erotik ihren festen Platz einnehmen.

Wie in arabischen Ländern, so beduften sich auch die indischen Frauen vor einem Stelldichein mit dem Geliebten, indem sie sich über brennendes Räucherwerk stellen und ihren Körper sowie ihre prächtigen Saris vom duftenden Rauch einhüllen lassen. Und wieder einmal ist es der Dichter Kalidasa, der diesmal die sinnliche Kunst der Inder(innen) beschreibt, mit Düften ihre Attraktivität zu erhöhen:

> *Zum Freudenfest reiben sich die Schönen*
> *mit gelbem Sandelstaube rein und klar,*
> *durchwürzen sich den Mund mit Wohlgerüchen*
> *und räuchern dunkle Aloe ins Haar.*

Sandelholz, die berühmteste und geschätzteste Räuchersubstanz Indiens, nimmt in vielen Bereichen des religiösen, gesellschaftlichen und alltäglichen Lebens der Inder einen besonderen Platz ein. Es ist einer der wichtigsten Stoffe in Räucherstäbchen und wird in Indien seit über 3.000 Jahren verehrt. Da das äußerst anregend und über Jahrhunderte hinweg duftende Holz von Parasiten gemieden wird, gilt es als Sinnbild der Lebenskraft. Aus Sandelholz fertigte man daher Götterstatuen und Tempelbauten sowie die Almosennäpfe der Mönche und verwendete es für heilige Räucherungen. Fragt man die Yogis, so soll der Duft des Sandelholzes das unterste Chakra stimulieren und die dort schlummernde Kundalinikraft erwecken.

Sandelholz und Kundalini

Verräuchertem Sandelholz werden starke Schutzwirkungen nachgesagt, welche böse Dämonen und damit Krankheiten – die nach dem Volksglauben von solchen verursacht werden – abwehren sollen. Gemeinsam mit anderen Räucherstoffen wie Nelken, Kampfer, Zimt, Guggul oder Benzoe ist es in Heilräucherungen elementarer Bestandteil des alten Heilsystems Indiens – des Ayurveda (siehe auch Kasten). Räucherungen dienen hier beispielsweise zur Behandlung von Kopfschmerzen oder Atemwegserkrankungen sowie zur Reinigung und Tonisierung der Luft im Zimmer eines Kranken. Wohlgerüche, die sich bei der Räucherung verströmen, dienen gleichzeitig auch der psychischen Behandlung des Patienten: Sie schaffen eine Atmosphäre der Stille, des Friedens und der inneren Einkehr und bestärken so den Weg der Heilung.

Ayurvedische Räuchermischung

Das uralte indische Heilsystem Ayurveda umfaßt die physischen, psychischen und spirituellen Aspekte des Lebens. Im Gegensatz zur westlichen Medizin wird hier der Mensch in seiner Gesamtheit behandelt – nicht die Krankheit. Krankheit bedeutet aus ayurvedischer Sicht nichts anderes als daß ein Ungleichgewicht zwischen den im Körper wirkenden Kräften entstanden ist. Die folgende Räuchermischung enthält daher hauptsächlich Pflanzen und Stoffe, die in der ayurvedischen Medizin Anwendung finden. Die Räucherung wirkt harmonisierend, ausgleichend und damit heilsam auf Körper, Geist und Seele.

$2\frac{1}{2}$ TL	Guggul
1 TL	Myrrhe
$1\frac{1}{2}$ TL	Benzoe Sumatra
2 TL	Sandelholz, rot
$1\frac{1}{2}$ TL	Zimtrinde
$\frac{1}{2}$ TL	Zimtpulver
1 TL	Nelken, ganz
$\frac{1}{4}$–$\frac{1}{2}$ TL	Muskatnuß
2 TL	Ingwer, geschnitten
$\frac{1}{2}$ TL	Pfefferkörner, schwarz
$\frac{1}{2}$–$\frac{1}{4}$ TL	Drachenblut

Nach Geschmack kann noch 1–$1\frac{1}{2}$ TL indischer Weihrauch hinzugefügt werden.

Dem Räucherwerk lauschen

Wenxiang heißt auf chinesisch «dem Räucherwerk lauschen». Diese ungewöhnliche Umschreibung läßt auf eine sehr spezielle, feinsinnige und stark ausgeprägte Räucher- und Duftkultur schließen, welche in China nicht nur sehr alt, sondern auch sehr hochentwickelt ist. Zudem zeigt es, wie sehr die alten Chinesen einen Duft mit *allen* Sinnen erfahren wollten. So schrieb der große Liebhaber der Düfte Tu Fu:

> *Wenn ich aus einem Duft Genuß erfahre, möchte ich, daß alle meine Sinne damit beschäftigt sind, damit ich ihn um so mehr genieße; keines meiner Sinnesorgane bleibt unberührt davon, denn die Einheit ist das Kunstwerk.*

So genoß man Düfte häufig auch nicht allein, sondern in Kombination mit dazu passenden Tönen und Farben. Vetiver beispielsweise sollte zusammen mit den Farbtönen des Holzes sowie mit tiefen Klängen genossen werden. Man kann die Chinesen daher wohl als die Väter der Synästhesien bezeichnen – dem Zusammenklang verschiedener Sinneswahrnehmungen.

Die Chinesen – Erfinder der Synästhesien

Auf der Jagd nach dem kostbaren Duftstoff: Moschusjagd in China

Eine der ältesten bekannten Substanzen, mit der die Chinesen schon vor über 3.000 Jahren räucherten, ist interessanterweise der Hanf. Man schätzte wohl seine bewußtseinsverändernden Eigenschaften und benutzte ihn zu magischen wie divinatorischen Zwecken.

Auch im von Laotse begründeten Daoismus war Räucherwerk ein wichtiger Bestandteil der rituellen Handlungen und Zeremonien. Ioan P. Couliano beschreibt in seinem Werk *Jenseits dieser Welt: Außerweltliche Reisen von Gilgamesch bis Albert Einstein* ein daoistisches Ritual:

> *Vor dem Altar bringt der Priester den sechs Meistern und vier Heiligen, die aus der goldenen Pforte heraustreten und in einem von Kranichen gezogenen Wolkenwagen zur Erde herabsteigen, Weihrauch dar. Wenn die Gäste unsichtbar an ihren Thronen angelangt sind, wird ihnen Wein angeboten. Der Priester besprengt den Altar mit einer Blume, die er in Wasser taucht, und er fordert dadurch die Dämonen auf, den Ort zu verlassen, wobei ihn rasende Trommelwirbel unterstützen. Wieder wird Weihrauch dargebracht; sein Duft steigt zum Himmel empor, wo er die Form himmlischer Siegel annimmt und die Unsterblichen, die auf farbigen Wolken sitzen, zum Altar herabzieht.*

Auch bei den daoistischen Gesundheitspraktiken sowie in der Traditionellen Chinesischen Medizin spielte Räucherwerk eine wichtige Rolle. Wie im indischen Ayurveda geht die «TCM» davon aus, daß Krankheit aus einem Ungleichgewicht im Körper-Geist-Seele-Gefüge entsteht, weshalb der Mensch in seiner Ganzheit behandelt wird, statt an einzelnen Symptomen herumzudoktern. Der Einsatz von Duftstoffen wurde daher schon in alter Zeit als eine wirksame Heilmethode betrachtet, da es auf das allgemeine Wohlbefinden Einfluß nimmt. Beifuß, Wacholder, Cassiazimt, Kalmus, Elemiharz, Basilikum, Thuja sowie der Kampfer kamen zum Einsatz. Letzterer wurde in ganz Asien ähnlich hochgeschätzt wie andernorts der Weihrauch. Die weiße, minzig riechende

Kampfer, der Weihrauch Asiens

Substanz wurde in China nicht nur zu Heilzwecken, sondern bei vielen öffentlichen wie privaten Gelegenheiten verräuchert und auch zur Einbalsamierung der Toten verwendet.

Ebenso war Räucherwerk im Konfuzianismus sowie im Buddhismus Chinas ein Element der religiösen Praxis. Von Bodhidarma, dem Begründer des Zen-Buddhismus, der für sein wildes, unerbittliches und respektloses Wesen bekannt war, ist folgender Ausspruch überliefert:

Das Beachten der Glaubensregeln vertreibt wie ein duftendes Räucherwerk Verunreinigungen, Unwissenheit und schlechte Taten.

Er meinte damit, daß nicht die Räucherei heilig mache, sondern nur die rechte Praxis der Meditation.

Ansonsten verbrannte man Räucherwerk in den Tempeln Chinas ebenso wie zu Hause. Man räucherte, um die Götter anzurufen und zu besänftigen, während die Dämonen und andere übelwollende Mächte durch die Kraft des Rauches gebannt werden sollten. Häufig wurden und werden dafür auch Räucherstäbchen verwendet, die bei den Chinesen Schicksals- oder Glücksstäbchen heißen.

Koh-Do, der Weg des Räucherns

Tradition seit 10.000 Jahren: das Weihrauchfest *Kajeki*

Zwar wird allgemein berichtet, die japanische Räucherkultur sei von den Chinesen übernommen worden, wie sie dereinst auch die Römer von den Ägyptern und Griechen erlernten. Doch es gibt auch eine uralte japanische Tradition, die an die 10.000 Jahre alt sein soll. Das Weihrauchfest *Kajeki*, bei dem Duftharze und aromatische Hölzer aller Art verbrannt wurden, war eine einzigartige Festivität, deren wichtiger Bestandteil das Orakeln aus Weihrauchwolken bildete.

Trotzdem nahmen aus China, Korea und Indien kommende Räucherstoffe und -gebräuche nachhaltig Einfluß auf die japanische Kultur. Wie es auch in anderen Künsten der Fall war, verfeinerten die Japaner das Räuchern jedoch zur höchsten Kunst, die mit einem Geist der Achtsamkeit, Konzentration und Andacht ausgeübt wird.

Zuerst waren es die buddhistischen Mönche, die, aus den westlichen Nachbarländern kommend, das Räucherwerk als Mittel zur Vertiefung der Meditation sowie zur Klärung und Reifung des Bewußtseins einsetzten; Sutrenrezitationen, Totenfeiern, religiöse Feste sowie die Initiation neuer Mönche waren von Räucherduft begleitet. Auch die Herstellungstechniken feinen Räucherwerks sowie zahlreiche bis dato in Japan unbekannte Räucherstoffe wurden importiert. Besonders soll der chinesische Mönch Ganjin daran beteiligt gewesen sein, der im 8. Jahrhundert n.Chr. nach Japan kam. Als kurze Zeit später erstmals ein Kaiser an die Macht gelangte, der den Buddhismus befürwortete, hielt die Räucherkunst Einzug am japanischen Hof und bereicherte von nun an Staatszeremonien und -festivitäten.

Auch der gesellschaftlichen Oberschicht öffnete sich somit der Zugang zur Kunst des Räucherns. Mehr und mehr räucherte man nun zu profanen Zwecken, was man *Soradaki* nannte – «leeres Räuchern» – da es des religiösen, tieferen Hintergrundes entbehrte und statt dessen nur der Sinnenfreude diente. Religiös ausgerichtete Räucherungen, die zu Ehren Buddhas stattfanden, nannte man im Gegensatz dazu *Sonae-Koh*.

Soradaki – leeres Räuchern

Sonae Koh – religiöses Räuchern

Japan-Mix

Im Land der aufgehenden Sonne sind bestimmte Räucherstoffe traditionell besonders beliebt. Sie dürfen in den typisch japanischen, meist recht kräftigen Räuchermischungen nicht fehlen, genauso wenig wie in den feinen,

sanften Räucherstäbchen. Die folgenden Harze, Gewürze, Hölzer und Blüten entführen in japanische Duft-
welten, in die Atmosphäre des Koh-Do.

2 TL	Sandarac
1¹/₂ TL	Weihrauch
1 TL	Benzoe Siam
1 TL	Sternanis, gehackt
1 TL	Zimtblüte (Cassia)
2 TL	Sandelholz, weiß
2 TL	Kampfer
¹/₂ TL	Nelkenpulver

Fügen Sie nach Wunsch noch eine großzügige Prise
Adlerholz hinzu.

Wettkampf des Räucherwerks

Aus *Soradaki,* dem spielerischen Umgang mit Räucherwerk,
entstanden in Adelskreisen richtiggehende Wettkampfspiele,
welche man *Koh-Awase* nannte. Edle Räuchersubstanzen
standen im Mittelpunkt des Wettkampfes, darunter das hoch-
geschätzte Adlerholz, das man in Japan Jinko taufte, und welches aus China, Indien, Indonesien und anderen Teilen Asiens
importiert wurde, außerdem Nelken, Benzoe, Sandelholz und
der kostbare Moschus. Jeder der Teilnehmer mußte aus den
Zutaten eine Räuchermischung kreieren, wovon dann die
wohlriechendste prämiert wurde. Eine andere Variation des
Spiels bestand darin, einzelne Räucherstoffe am Duft zu erkennen. Hierbei war derjenige der Gewinner, der die meisten
«Treffer» landete.

Bei der mit der beginnenden Muromachi-Periode in
der ersten Hälfte des 14. Jahrhunderts aufkommenden Koh-
Do-Zeremonie ging es dagegen nicht um den Spaß an
der Freud, sondern um die Schulung des Geistes. *Koh-Do,*
der Weg des Räucherns, wurde, wie auch die Teezeremonie,

Ikebana, oder Budo, zur Kunst erhoben, welche die Konzentration stärken, die Bewußtheit steigern und den Geist leeren soll. Gleichzeitig waren und sind dies auch die Tugenden, die zur Ausübung des Koh-Do nötig sind. Koh-Do, das Verbrennen von Räucherwerk in einer genau festgelegten Zeremonie, ist eine hohe meditative Übung der Achtsamkeit, ein japanischer Weg zur Vervollkommnung des Geistes.

Bis heute hat sich in Japan das Räuchern zu profanen wie spirituellen bzw. religiösen Zwecken immer weiter entwickelt. Man entzündet es in Stäbchenform, um der Ahnen zu gedenken, den Göttern zu opfern und den Geist zu schulen. In der Gegenwart gibt es dort große Meister der Düfte sowie Räucherwerk in vielen, hochverfeinerten Variationen. Mehr darüber lesen Sie auch im Kapitel über Räucherstäbchen. Und soviel ist sicher: Auf der fernöstlichen Insel im pazifischen Ozean findet sich heute das feinste Räucherwerk der Welt.

Meister der Düfte

Die zehn Tugenden von Koh

«Koh» bedeutet auf Japanisch «Räucherduft». Die «Tugenden von Koh» sind von einem Zen-Priester aus dem 16. Jahrhundert überliefert und bis heute Ausdruck der Würdigung des Koh.

- Koh fördert die Kommunikation mit dem Transzendenten.
- Koh klärt Körper, Geist und Seele.
- Koh reinigt die Atmosphäre.
- Koh weckt die Sinne und fördert die Achtsamkeit.
- Koh ist ein Freund und Begleiter in Momenten der Einsamkeit.
- Koh gewährt einen Hauch von Frieden inmitten der Hektik des Alltags.

- Selbst wenn man es im Überfluß genießt, wird man des Koh nie müde.
- Schon eine kleine Menge Koh wirkt befriedigend.
- Koh verliert selbst bei längerer Lagerung nicht an Duft und Wirkung.
- Auch bei täglichem Gebrauch schadet Koh nicht.

Gottes biblische Wohlgerüche

Die Pflanzenwelt spielt in der gesamten Bibel eine wichtige Rolle. Alte, stattliche Bäume galten als Symbole göttlicher Kraft; die hebräischen Worte für Eiche, *allon*, und Terebinthe, *elah*, sind möglicherweise sogar identisch mit den Begriffen für Gott und Göttin. Bei Jesaja 41,19–20 wird klar, daß die Bäume als ein Zeichen Gottes an sein Volk zu verstehen sind. Dort spricht Jahwe:

Bäume sind Zeichen Gottes

> *Ich lasse in der Wüste Zedern wachsen, Akazien, Myrten und Oliven; ich will Zypressen in der Steppe pflanzen, Ulmen und Fichten zumal. Sie sollen sehen und erkennen, beachten und verstehen, daß die Hand Jahwes dies vollbracht, daß der Heilige Israels es geschaffen.*

Natürlich wird auch in der Bibel geräuchert. Schon Moses wird im Buch Exodus von Gott angeleitet, wie er wohlriechendes Räucherwerk aus Balsam, Stakte, Galbanum und Weihrauch herstellen und einen Räucheraltar herrichten solle.

Bei Numeri 16,10–86 erfahren wir, wieviel Räucherwerk die Fürsten als Gaben zur Einweihung des Altars herbeibrachten. Unter Numeri 16,1–35 lesen wir von der furchtbaren Strafe, die auf die Auflehnung des Korach, Datan und Abiram folgte und die selbst durch ein großzügiges Rauchopfer nicht gesühnt werden konnte. Moses weist die Aufrührer und ihre Sippe an:

Du und deine ganze Rotte, ihr erscheint morgen vor Jahwe, du und sie und Aaron. Jeder von euch nehme seine Räucherpfanne und tue Räucherwerk darauf. Dann bringe jeder seine Räucherpfanne vor Jahwe, zweihundertfünfzig Räucherpfannen …
Dann ging von Jahwe Feuer aus und verzehrte die zweihundertfünfzig Männer, die das Räucherwerk darbrachten.

Trotzdem wurden die 250 Räucherpfannen als geheiligt betrachtet und zu einem Überzug für den Altar umgearbeitet, der von da an ein Wahrzeichen und Mahnmal für die Israeliten sein sollte, damit kein Unbefugter, der nicht zu Aarons Nachkommenschaft gehörte, jemals wieder herantrete, um vor Jahwe Räucherwerk zu verbrennen.

In wesentlich erfreulicherem Zusammenhang erscheinen die Wohlgerüche im berühmten Hohelied Salomos, einem außergewöhnlich erotischen Teil der Bibel. Salomo und seine Geliebte preisen sich gegenseitig in zahllosen Metaphern von Wohlgerüchen und Räucherwerk; duftende Blüten, Hölzer und Harze werden zu Umschreibungen von Brüsten, Venushügel, Penis und sexueller Vereinigung:

Das Hohelied der Erotik

Solang der König weilt bei seiner Tafelrunde,
verströmt meine Narde ihren Duft.
Mir ist mein Geliebter ein Myrrhenbeutel,
wird zwischen meinen Brüsten ruhen.
(Hoheslied 1,12–13)

Bis (Kühle) weht der Tag
und die Schatten ausgreifen,
Ergehe ich mich am Myrrhenberg
und am Weihrauchhügel.
(Hoheslied 4,6)

Deine Triebe sind ein Garten von Granatbäumen
mit den köstlichsten Früchten:
Narde und Krokus, Kalmus und Zimt
mit allen Weihrauchhölzern, Myrrhe und Aloe
samt all den besten Balsamen.
(Hoheslied 4,13–14)

Seine Backen sind wie Beete mit Balsam,
(wie) Schreine voll Würzwerk.
Seine Lippen (gleichen) Lilien,
sie träufeln flüssige Myrrhe.
(Hoheslied 5,13)

Räucherwerk wird in der Bibel auch zu medizinischen
Zwecken verbrannt: Mit Ysop, Zedernholz und Karmesin versuchen die Priester dem Aussatz zu Leibe zu rücken, indem sie
die Kranken sowie die verseuchten Häuser beräuchern. Harze
und andere Räucherstoffe sind außerdem Bestandteil des heiligen Salböles. Wie man weiß, salbte auch Maria Magdalena,
Tochter eines Dufthändlers, Jesu' Füße mit Nardenöl.

Weihrauch, Myrrhe und
Gold: diese kostbaren Gaben
brachten die Heiligen Drei
Könige dem Christuskind dar,
hier in einem Gemälde von
Albrecht Dürer, 1504.

Jesus wird mehrere Male mit Wohlgerüchen in Verbindung gebracht. Weihrauch und Myrrhe, die offenbar gleichwertig waren mit purem Gold, brachten die drei Weisen aus dem Morgenland dem Jesuskind zur Geburt dar (Matthäus-Evangelium 2,9–11):

> *Und siehe, der Stern, den sie im Aufgehen gesehen hatten, zog vor ihnen her, bis er ankam und stehenblieb über dem Ort, wo das Kind war. Als sie aber den Stern erblickten, hatten sie eine überaus große Freude. Sie traten in das Haus ein und schauten das Kind mit seiner Mutter Maria, fielen nieder und huldigten ihm. Dann öffneten sie ihre Schätze und brachten ihm Geschenke dar, Gold, Weihrauch und Myrrhe.*

Auch nach seinem Tod am Kreuz brachte man «etwa 100 Pfund» kostbares Salböl aus Myrrhe und Aloe und band den Leichnam Jesu «samt Spezereien» in Leinenbinden ein, wie es jüdische Sitte war.

Obwohl das Christentum in seinen Anfängen dem Räuchern zwiespältig gegenüberstand – in den ersten Jahrhunderten nach Christi Geburt schloß man «Räucherer» zuweilen sogar aus den Gemeinden aus –, setzte es sich nach und nach schließlich durch. Schon aus dem 5. Jahrhundert n.Chr. ist überliefert, daß die Räucherung des Altars mit Weihrauch nun vorgeschrieben war.

Bis heute sind kirchliche Räucherungen gang und gäbe, ja die «typische» Atmosphäre einer katholischen Kirche ist nahezu untrennbar mit dem sakralen Duft des Weihrauchs verbunden. Zu vielen kirchlichen Festen wird besonderer Weihrauch verbrannt: im Devotionalienhandel ist vom Rosen- bis hin zum Dreikönigsweihrauch alles zu haben.

Räuchern setzte sich auch im Christentum durch

Dreikönigsweihrauch

Die Weihrauchmischung, die am 6. Januar, also zum Fest der Heiligen Drei Könige verbrannt wird, variiert von Gemeinde zu Gemeinde. Immer jedoch sollte er Weihrauch, Myrrhe und Gold(weihrauch) enthalten, die Gaben, welche die Drei Weisen aus dem Morgenland zu Jesu' Geburt darbrachten. Die übrigen Farben in der Räuchermischung dienen zu Schmuckzwecken, um ein harmonisches Gesamtbild herzustellen.

2–3 TL	Weihrauch, gelb
½ TL	Weihrauch, schwarz
½ TL	Weihrauch, rot
½ TL	Weihrauch, grün
1 TL	Weihrauch, gold
1 TL	Myrrhe
⅓ TL	Lavendel

Weihrauchsüchtig?

Hartnäckig hält sich indes das Gerücht, nicht wenige Ministranten seien weihrauchsüchtig. Tatsächlich fand man heraus, daß das Harz beim Verbrennen ähnliche Substanzen freisetzt wie der Hanf. Vielleicht könnte damit das Gefühl der Glückseligkeit erklärt werden, das einen oft überkommt, wenn der Priester, das Rauchfaß schwenkend, an einem vorübergeht?

Der Hauch des Pflanzengeistes

Die amerikanischen Ureinwohner räuchern bereits seit vielen Tausend Jahren. Funde, die Archäologen in alten Maya-Ruinen machten, brachten besonders große und gut erhal-

*Die Prärieindianer Nord-
amerikas halten ihre Zeremonien in einem Tipi ab;
Vater Feuer befördert ihre
Gebete zum Großen Geist –
dargestellt in einem Bild
von Stephen Mopope.*

tene Räuchergefäße zutage, die zumeist aus bunt bemaltem
Terrakotta bestehen und häufig Gottheiten, Tierköpfe von
Jaguar, Affen oder Krokodil darstellen. Auch Harzkugeln fand
man, die schon in alter Zeit zu religiösen Zwecken geräuchert wurden. Die Azteken kannten ebenso wie die Mayas
bereits viele Baumarten, die ihnen duftende Harze lieferten,
zum Beispiel der *Copalquahuitl*, von dem das Copalharz
stammte und der den verschiedenen südamerikanischen
Harzarten ihren Namen gab. Bei den Azteken florierte der
Handel mit den Duftrohstoffen bis in weite Teile des amerikanischen Kontinents. Der Harzverbrauch dürfte damals immens gewesen sein, denn die aztekischen Götter ernährten

Aztekische Götternahrung:
Blut und Weihrauch

sich von Blut und Weihrauch, wie man im *Popol Vuh*, einem der heiligen Bücher der Mayas nachlesen kann. Dort wird von den drei Schöpfergottheiten berichtet, die zur Begrüßung der Sonne und des Lichts das Harz der ersten Bäume räucherten, die im indianischen Schöpfungsmythos auf der Erde wuchsen:

Alle drei hatten ihren Weihrauch. Den verbrannten sie und tanzten zum Osten gewendet. Unter Freudentränen tanzten sie, Weihrauch brennend, den heiligen Weihrauch. Darauf weinten sie nochmals, da es noch nicht hell wurde, da sie der Sonne Antlitz nicht sahen. Dann erschien schließlich die Sonne … Als dann die Menschen geschaffen wurden, lernten diese, den heiligen Weihrauch als erste Opfergabe den Göttern darzubieten. Die Götter wollten außer dem Weihrauch noch Blut, den wahren Göttertrank; wurden sie mit beidem beehrt, so offenbarten sie sich den Menschen.

Copalharz wurde auch zu medizinischen Zwecken verwendet: Man räucherte es bei Erkältungen und um abgestorbene Föten auszutreiben. Um Erkältungen, Menstruationsbeschwerden oder Schwellungen zu behandeln, wurde Copal abgekocht eingenommen.

Auch heute noch räuchern die Völker Mittel- und Südamerikas bevorzugt einheimische Harze, während die Indianer Nordamerikas zumeist heilige Pflanzen verwenden, deren «Pflanzengeist» sie beim Verbrennen freisetzen, um mit seiner Hilfe Botschaften an den Himmel zu senden, Hütten und Zelte auszuräuchern oder Kranke zu beräuchern. Zu Heilungszwecken werden Heilkräuter wie Salbei, Bilsenkraut, Damiana, Stachelmohn- und Stechapfelblätter, Kalmuswurzel, Birkenrinde und viele andere auch wie Tabak in der Pfeife geraucht. Auch als Opfergabe an die Götter, als Dank an ein getötetes Tier oder einen gefällten Baum sowie zu rituellen und religiösen Zwecken wurden und werden heilige Kräuter als Räucherwerk verbrannt.

Manche Indianerstämme betrachten den Geruch eines

Menschen als eine Art äußerste «Körpergrenze», an der er beispielsweise bei der Jagd von Tieren frühzeitig erkannt werden kann. Wenn sie in einer Anrufung die Geister um etwas bitten, suchen sie diese Begrenztheit abzulegen, indem sie ihren eigenen durch den Duft einer Pflanze ersetzen, denn nach ihrem Glauben ist das die angemessene Art, mit den Geistern zu kommunizieren. Dem Pflanzenduft mit seinen oft heilsamen Wirkungen werden die Gebete mitgegeben, die dann mit dem Rauch gen Himmel reisen.

Gebete reisen mit dem Rauch gen Himmel

Dem Großen Geist – Opferräucherung

Die indianischen Völker haben eine ganz besondere Verbindung zur Natur, zu den Pflanzen und Tieren ihrer Umgebung. Sie achten sie als gleichberechtigte Wesen und kommunizieren mit ihnen in Gebeten, Gesängen und Ritualen. Auch Mutter Erde mit ihren Flüssen und Strömen, Bergen und Tälern, dem Himmel, der Sonne und den Sternen sprechen sie Dankesgebete und reichen ihnen Opfergaben dar. Das folgende Rezept dient einer Dankes- bzw. Opferräucherung, die sich an den Großen Geist richtet, der allen Wesen und Erscheinungen dieser Welt innewohnt.

3 TL	Copal oro
2 TL	Copal negro
1 TL	Pinienharz
2 TL	Sweetgras
1 TL	Balsamtannennadeln, USA
1 TL	Wacholderspitzen, USA
2 TL	Zedernspitzen, USA
3/4 TL	Desert Sage
3/4 TL	White Sage

Wer möchte, kann noch 1–2 TL Breuzinho hinzugeben.

Das Räuchern spielt bei vielen indianischen Zeremonien eine Rolle, zum Beispiel bei Durchgangs- und Einweihungsriten. Bei der Initiation eines Mädchens in die Rolle der erwachsenen Frau reinigt man ihre Kleider mit dem Rauch von Süßgras und Salbei. Auch während der Zeremonie werden diese duftenden Kräuter verbrannt, ebenso verhält es sich beim Einweihungsfest der jungen Männer. Vor der Zeremonie fertigen diese Fächer aus den Flügelfedern eines Adlers, um später den Rauch damit zu verteilen. Die Sioux verwenden dieselben Kräuter, kombiniert mit Tabak, um eine Vision zu erbitten.

Black Elk beschreibt in seinem Buch *Die Heilige Pfeife* eine Zeremonie, die dazu dient, die Seele eines gestorbenen Kindes zu verwahren. Dazu wird eine Locke des Kindes in den Rauch verbrennenden Süßgrases gehalten. Der Medizinmann spricht Gebete und bittet Wakan Tanka, den Großen Geist, sie zu erhören. Schließlich macht er mit der Locke eine Geste zum Himmel und dann in die vier Himmelsrichtungen. Die Locke wird in eine geweihte Rehhaut gewickelt, der Medizinmann hält die heilige Pfeife über den Rauch, stopft sie in ritueller Weise, und er, die Eltern und alle Anwesenden rauchen.

Dhyani Ywahoo, die bekannte Cherokee-Medizinfrau, beschreibt das Verbrennen von Räucherwerk als eine Handlung, die dazu dient, das tägliche Leben zu schätzen und zu ehren. Gleichzeitig faßt sie nochmals eindrücklich die indianische Haltung gegenüber der Schöpfung in Worte, die von Demut, Dankbarkeit und Respekt geprägt ist.

Am Morgen aufzustehen und der Sonne Dank zu sagen, Süßgras zu verbrennen sowie Salbei und Zeder, Tabak darzubringen – all das um die Schönheit, die uns umgibt, zu lobpreisen, daß wir uns immer unserer Überzeugungen klar sein mögen, voll der Stärke, aber ohne Grobheit, daß wir unserem Wissen treu bleiben.
Und dann zu Mittag, wenn die Sonne direkt über uns steht, danke all denen, die vorausgingen und dein Leben füllten, deinen

Körper mit Kraft versorgten. Und wenn die Sonne am westlichen Horizont steht, sage «Ich danke Dir. Ein Tag ist vorüber, und ein anderer wird kommen. Ich bin dankbar.»

Auch die Lakandonen, ein südamerikanischer Stamm, verbinden mit dem Räuchern wichtige Elemente ihrer Kultur. Die Lakandonen haben sich als einziger Mayastamm erfolgreich gegen die Christianisierung der Spanier gewehrt und ihren alten Glauben behalten; sie verehren bis heute die alten Gottheiten der Maya. Christian Rätsch, der bekannte Ethnomediziner und Altamerikanist, berichtet in seinem Buch *Räucherstoffe – Der Atem des Drachen* über den aufwendigen Räucherkult der Lakandonen. Ihre Weihrauchgefäße nennen sie «Götterschalen» und deren Herstellung ist eine ganz besondere, vierzehntägige Zeremonie gewidmet, die alle acht Jahre wiederholt wird. «Die alten Götterschalen werden fernab des Dorfes unter Felsenklippen oder in Höhlen, mit dem Kopf nach Osten gerichtet, ‹begraben›,» berichtet Rätsch. Der Kopf ist ein aus Ton geformtes (Götter-)Gesicht, das an den Gefäßen angebracht ist. Im offenen Feuer brennt man dann neue Schalen, die rot und schwarz bemalt werden. Danach rufen die Lakandonen die Götter an und bitten sie, sich in den Gefäßen niederzulassen. Sie geben Kürbiskerne und Kakaobohnen in die Schalen, welche sich in das Herz, die Gedärme und die Leber der Seele verwandeln, die nun die Götterschale bewohnen wird. Schließlich wird Weihrauch (wahrscheinlich ein Copalharz) hineingefüllt. Und von nun an kann das so geweihte Gefäß wieder verwendet werden, um die Götter mit ihrer Leibspeise zu erfreuen: köstlichem, duftendem Weihrauch.

Götterschalen der Lakandonen

Hexenrauch und Zauberkraut

Über (mittel-)europäische Räuchertraditionen wissen wir nicht allzuviel. Das meiste ist uns aus dem Volksglauben überliefert, in dem sich einstmals heidnische Gebräuche mit christlichem Gedankengut vermischten. Vor allem waren es Kräuterweiber, die das alte magische Wissen um die Heilkraft der Pflanzen bewahrten. Sie standen nun in dem seltsamen Doppelruf, Heilerinnen und «böse» Hexen zugleich zu sein. Wie wir wissen, gereichten ihnen ihre reichen Kenntnisse über Magie und Heilung leider zum Schaden.

Paradoxerweise sorgte aber unter anderem diese Entwicklung auch für eine Hochkonjunktur des Kräuterwesens. Denn Kräuterbüschel, Bannsprüche und magische Räucherungen wurden jetzt nicht nur gegen allerlei Dämonen eingesetzt, die für Krankheit, Unglück, Mißernte oder Unwetter verantwortlich gemacht wurden, sondern auch gegen die «bösen Hexen» selbst, die einem einen Liebeszauber angehängt, das neugeborene Kind verhext oder auf irgendeine andere Art den Teufel ins Spiel gebracht hatten. Dagegen kamen nun zahlreiche Kräutermittelchen zum Einsatz: Vom Teufel wußte man, daß er den Baldrian fürchtete, weshalb man die Häuser zum Schutz damit ausräucherte. Oft legte man bestimmte Kräuter auch unter den Türstock, damit erst gar keine bösen Wesen über die Türschwelle kamen. Man steckte die Zauberkräuter auf die Felder, um die Ernte zu schützen, oder legte sie auf die Hausdächer zum Schutz gegen Gewitter. Gegen Unwetter sollte auch der Hauswurz wirken, welcher dem Donnergott geweiht war, wenn man ihn dem Herdfeuer beigab. Ebenso verfuhr man mit Arnika, die jedoch nur wirkte, wenn man gleichzeitig rief:

Kräuterräucherungen gegen Teufel und Unwetter

> *Steckt Arnika an, steckt Arnika an,*
> *daß sich das Wetter scheiden kann!*

Die Heilerin wirkt bei ihrer Räucherung wie eine alte Hexe; Stahlstich von S. Grocholski, Ende des 19. Jahrhunderts.

Ein in manchen Gebieten bis heute überlieferter Brauch sind die «Neunerlei-Kräuterbüschel» oder «Weihbuschen», die man an Mariä Himmelfahrt zur «Kirchweih» trug. Die Kräutergebinde, die in der Regel aus Alant, Arnika, Kamille, Königskerze, Ringelblume, Salbei, Schafgarbe, Wermut und Wacholderzweigen bestanden, wurden zu vielerlei Zwecken verwendet, doch hauptsächlich räucherte man mit ihnen in den vier «Rauchnächten» zum Jahreswechsel die Häuser gegen Dämonen und Geister aus. In manchen Regionen wurden auch noch Wacholderbeeren und Weihrauch dazugemischt.

Die Rauchnächte

Es gab viele Räuchermittel und -mixturen gegen Dämonen, Hexen und Unglück. Dabei war jedoch zu beachten, daß die Kräuter ihre magischen Wirkungen nur dann entfalteten, wenn sie unter ganz bestimmten Bedingungen, an bestimmten Tagen des Jahres – beispielsweise am Johannistag, der Sommersonnenwende – in spezieller Weise gepflückt wurden. Manchmal mußte man vorher eine Woche fasten oder bestimmte Gedanken hegen; oft durfte ein Kraut nur mit der linken Hand oder mit speziellem Werkzeug gepflückt werden. Es war also nicht ganz leicht, ein wirklich wirksames «Hexenkraut» zu erhalten.

Doch nicht nur der Aberglaube war Antriebsfeder für allerlei Räucherbräuche, auch in der Volksmedizin, die freilich zu damaliger Zeit häufig noch mit dem Glauben an krankheitserzeugende Dämonen einherging, kamen Räuchermittel zum Einsatz. Man stellte jedoch fest, daß bestimmte Substanzen tatsächlich «objektive» Wirkungen hatten, was man in der frühen Medizin damit erklärte, daß sie die «Dünste» bestimmter Krankheiten vertrieben. Die heilige Hildegard von Bingen empfahl beispielsweise schon im Mittelalter Weihrauchräucherungen bei verschiedenen Erkrankungen: «Denn der kalorische Rauch des weißen Weihrauchs … verscheucht den üblen Qualm, der das Gehirn und das Gehör eines Menschen auslöscht.»

Die großen Pestepidemien sind berühmte Beispiele für die ersten Einsätze von Räucherungen im großen Stil. Mit Wacholder, Baldrian, Salbei und anderen Kräutern räucherte man damals die Häuser und damit die Pest aus – wenngleich auch hier oft übernatürliche, in diesem Fall «gute» Mächte ihre Hände im Spiel hatten. Es gibt zahlreiche Legenden, die beispielsweise berichten, wie kleine «Holzfräulein» aus dem Wald kamen und riefen:

> *Baldrian und Bibernell*
> *Hält die Pestilenz zur Stell!*

In weiteren Geschichten sind es sprechende Vögel und andere Wesen, die den Menschen die Namen wirksamer Kräuter zuriefen, um sie vor der Pest zu retten.

Auch Bilsenkraut, das aufgrund seiner bewußtseinsverändernden Eigenschaften in den bekannten «Hexensalben» nicht fehlen durfte, wurde schon in alter Zeit zu medizinischen Zwecken geräuchert, und zwar gegen Zahnschmerzen. Auf Kohle oder einer heißen Eisenplatte wurde das Kraut erhitzt, worauf der entstehende Rauch vom Patienten durch

Die Augen sind die Wege des Menschen, die Nase ist sein Verstand.
Hildegard von Bingen

einen Trichter in die Mundhöhle eingesogen wurde. Dahinter stand die Auffassung, daß Zahnschmerzen von Würmern herrührten, denen man so zu Leibe rücken wollte. Es gibt sogar einen alten Reim, der diese Zahnbehandlung beschreibt:

> *Willst du dein Zähn in gut Behafft,*
> *Nimm Samen von Lauch und Pilsensaft.*
> *Verbrenn es und fang den Rauch davon*
> *Und lenk es in den bösen Zahn.*

In der Renaissance kamen magische Räucherungen aus anderem Grund zu neuen Ehren: Die Alchemie hatte Hochkonjunktur. Man griff das esoterische Wissen der Antike wieder auf, wozu Agrippa von Nettesheim mit seinen «Magischen Werken» wohl den wichtigsten Beitrag geleistet hat. Er zeichnete darin auch einige interessante Erkenntnisse «Von den Räucherungen, ihrem Verhalten und ihren Kräften» nebst Räucherrezepten auf, die mit den Gestirnen in Einklang standen. Deren Wirkungsweise erläutert er folgendermaßen:

In der Renaissance kamen magische Räucherungen zu neuen Ehren

> *Gewisse, nach den Gestirnen eingerichtete Räucherungen vermögen gleichfalls sehr viel ... denn unser Geist wird von solchen Dünsten am meisten umgewandelt, insofern beide ein gewissermaßen einander ähnlicher Dunst sind. Auch die Luft wird durch die genannten Dünste mit den Eigenschaften der unteren und himmlischen Dinge sehr leicht begabt, und indem sie beständig und rasch in unsere Brust eindringt, erweckt sie in uns auf wunderbare Weise ähnliche Eigenschaften.*

Zum Weissagen solle man daher «Räucherungen zur Erregung der Phantasie» anwenden, die aus Leinsamen, Flohsamen, Veilchen- und Eppichwurzeln bestehen sollen. Auch gibt es laut Agrippa Räucherwerk, das augenblicklich die Dämonen herbeiruft. Es bestehe aus den «Geisterkräutern» Koriander und Eppich oder Bilsenkraut und Schierling. Einige dieser Kräuter gelten als psychoaktiv, und man muß

Räucherwerk und «Geisterkräuter»

sich daher wohl nicht wundern, daß dem Anwender nach deren Inhalation Geister und Dämonen erschienen.

Auch bestimmte Tiere sollen durch gewisse Räucherungen versammelt oder vertrieben werden können, weiß der Arzt, Theologe, Philosoph und Advokat Agrippa von Nettesheim zu berichten.

> *So werden durch Verbrennung der Knorpel aus dem obersten Teile einer Hirschkehle die Schlangen herbeigezogen, durch Räucherung des Hirschhornes aber vertrieben. Dasselbe bewirkt der Rauch von Pfauenfedern.*

Manche Räucherungen muten noch mysteriöser an und sind für uns heutige Menschen wohl weder in ihrem Nutzen noch in der Beschaffung einiger Inhaltsstoffe nachvollziehbar. Da sollen Galle vom Tintenfisch, Thymian, Rosen und Aloeholz geräuchert «und dann ein wenig Seewasser oder Blut» dafür sorgen, daß ein Haus voller Wasser bzw. Blut erscheine. Ein Pulver aus verschiedenen Kräutern und Hölzern, mit «Wiedehopfblut» benetzt, solle indes, wenn man es an den Gräbern räuchert, «die Manen und Schatten der Verstorbenen» auf den Plan rufen. Auch die berühmten Planetenräucherungen Agrippas enthalten einige Ingredienzen, die doch ein gewisses Erstaunen hervorrufen. Ein Beispiel soll hier genügen:

Die magische Räuchermischung soll «Manen und Schatten» auf den Plan rufen

> *Eine Räucherung für den Mond bereiten wir aus dem Kopfe eines gedörrten Frosches, aus den Augen eines Stiers und dem Samen des weißen Mohns mit Weihrauch und Kampfer, die mit Menstrualblut einer Jungfrau oder mit Gänseblut vermengt werden.*

Läßt man die blutigen Zutaten tierischer und menschlicher Herkunft einmal außer acht, sind die «Magischen Werke» jedoch durchaus eine Quelle antiker Erkenntnisse, die heute noch bzw. wieder Nachahmung finden. Besonders die Planetenräucherungen bilden eine Grundlage für die Anwendung magischen Räucherwerks in unserer Zeit.

Was brauche ich, und wie wird's gemacht?

Das Räuchern an sich ist nicht schwierig. In Zeiten, da die Menschen am Lagerfeuer räucherten, war es noch etwas einfacher und «natürlicher» als heute – denn der Umgang mit dem offenen Feuer war Teil des täglichen Lebens. Auch zur Zeit der Kohleöfen, die noch nicht so lange zurückliegt, konnte man zum Räuchern einfach ein Stück glimmende Kohle aus dem Ofen nehmen und das Räucherwerk darauf verbrennen. Heute müssen wir uns den Umgang mit dem Feuer wieder ganz neu aneignen – doch das ist bereits ein weiterer Teil der Entdeckungsreise, auf die uns das Räuchern führen kann. Sozusagen geistiger Bestandteil einer jeden Räucherzeremonie ist ja die Rückverbindung zu unseren menschlichen Wurzeln – frei nach dem Motto «am Anfang war das Feuer».

Wenn Sie nun die Utensilien für Ihre Räucherzeremonie zusammensuchen, das Gefäß, die Kohle und alles weitere vorbereiten, dann können Sie dies bereits als Teil des Rituals ansehen. Natürlich müssen Sie nicht immer ein großes Ritual zelebrieren, sondern können genausogut auch einmal schnell zwischendurch ein wenig Räucherwerk verbrennen. Doch wenn Sie sich die Zeit nehmen wollen: Genießen Sie die Vorbereitungen, betrachten Sie sie als erste Kontaktaufnahme mit den Elementen, mit den Kräften des Universums. So wird auch Ihr Ritual kraftvoll und wirksam sein, denn Sie gewinnen naturgemäß um so mehr aus Ihrer Zeremonie, je mehr Sie selbst hineingeben.

Vorbereitung als Teil des Rituals

Der geeignete Ort, die rechte Atmosphäre

Das Räuchern kann zwar zum täglichen Bestandteil Ihres Lebens werden, doch wird es dabei niemals alltäglich werden – vielmehr bildet es einen Gegenpol zu Hektik, Streß und mangelnder Besinnlichkeit des Alltags. Das Räucherritual

Ruhe, Einkehr und Achtsamkeit

fördert Ruhe, innere Einkehr und Achtsamkeit. Die glühende Kohle und das schnell verbrennende Räucherwerk fordern zudem unsere volle Aufmerksamkeit, die wir nicht zwischen Telefonaten, Kochen und Kinderhüten aufbringen können und sollen. Nehmen Sie sich daher ausreichend Zeit und richten Sie sich, falls möglich, einen festen Ort ein, an dem die benötigten Utensilien bereitliegen und Sie sich ungestört für eine Weile zurückziehen können – zum Beispiel einen kleinen Hausaltar oder ein Tischchen, das an einem ruhigen, geschützten Platz ihrer Wohnung steht. Weitere Anregungen dazu finden Sie auch unter «Ihr ganz persönlicher Altar».

Welche Räuchermischung tut mir gut?

Bitte bedenken Sie beim Verbrennen des Räucherwerks: weniger ist mehr! Finden Sie behutsam heraus, welche Räuchermischung Ihnen heute guttut, indem Sie erst einmal eine kleine Prise auf die Räucherkohle streuen. Manchmal stellt sich heraus, daß wir gerade etwas ganz anderes brauchen als wir zuerst vermutet haben.

Halten Sie die Fenster während der Räucherung immer einen Spalt breit geöffnet und lüften Sie hinterher gut durch. Zum einen ist zuviel Rauch für uns oft ungewohnt und wir müssen erst einmal herausfinden, wieviel wir davon vertragen können. Zum anderen wollen wir die Gedanken, Sorgen und Gefühle, die in dem Ritual aufgetaucht sind, verabschieden und gehen lassen – sie dürfen mit dem Rauch zum Fenster hinauswehen, damit wir uns erholt und erfrischt einer anderen Tätigkeit, der Familie oder der Nachtruhe widmen können.

Räucherutensilien

Alles, was man zum Räuchern braucht: Räuchergefäße, Fächer, Federn, Mörser, Kerze, Weihrauchlöffel, Pinzette, Kohle und Zimbeln

Das Räuchergefäß

Zum Räuchern eignen sich grundsätzlich alle feuerfesten Gefäße. Für Ihre ersten Räucherungen können Sie dazu einen stilvollen alten Teller oder eine robuste Schale verwenden. Wenn Sie jedoch regelmäßig Räuchern, ist es ratsam, dafür ein besonderes Behältnis anzuschaffen, das einige Qualitätsmerkmale erfüllt. Da es Sie auf Ihrem Weg eine Weile begleiten soll und Sie sicher lange Ihre Freude daran haben möchten, sollten Sie beim Kauf Ihrer Räucherschale auf ein paar Dinge achten.

Räucherschalen aus Metall, die zwar im Handel häufig in sehr schönen Formen mit hübschen Verzierungen erhältlich sind, eignen sich nur bedingt für unsere Zwecke. Wenn Sie

Gefäße mit Fuß sind von Vorteil.

beispielsweise die ganze Wohnung ausräuchern oder die Schale bei einem Ritual mit mehreren Personen weiterreichen möchten, ist eine Keramikschale mit Fuß von Vorteil. Wenn Sie sich jedoch in ein Gefäß aus Metall verlieben, achten Sie bitte darauf, daß es groß genug ist, um ausreichend Sand zur «Wärmedämmung» hineingeben zu können.

Eine Variante, die im Fachhandel angeboten wird, sind kleine indische Räuchergefäße aus Messing oder Kupfer; diese sind jedoch häufig sehr klein und kippelig, sprich zu unpraktisch und schwer zu handhaben, um darin sicher und entspannt räuchern zu können. Diese sogenannten Messingkoros eignen sich bestenfalls, um Räucherkegel darin abzubrennen.

Besonders schöne, haltbare und zweckgemäße Räuchergefäße sind dagegen aus Keramik oder Steinzeug erhältlich. Diese sind im Räucher- oder Duftladen meist auch in großer Auswahl zu finden. Sie stehen fast immer auf einem oder mehreren Füßen, was verhindert, daß die beim Verbrennen der Kohle entstehende Wärme direkt an die Unterlage abgegeben wird. Am besten eignet sich hier eine pokalförmige Schale auf hohem Fuß, da dieser recht kühl bleibt und Sie das Gefäß bei Bedarf sicher umhertragen können, um den Rauch dorthin zu verteilen, wo Sie ihn haben möchten.

Viele der Räuchergefäße aus Keramik, die Sie im Fachhandel finden, sind aus Asien importiert, schlicht in der Form und bereits für wenig Geld zu haben. Diese Schalen erfüllen durchaus ihren Zweck. Besonders zu empfehlen sind jedoch Gefäße aus einheimischen Töpfereien – nicht nur, um die heimische Ökonomie anzuregen. Bei den europäischen Richtlinien können Sie nämlich auch sicher sein, daß die Lasur blei- und kadmiumfrei ist, beim Erhitzen also keine Schadstoffe abgegeben werden. Fragen Sie Ihren Händler am besten auch nach der Brenntemperatur der Töpferware, sie sollte bei über 1.200° Celsius liegen, denn die Kohle wird bereits etwa 850° Celsius heiß. Sie laufen dann nicht Gefahr, daß Ihr Gefäß bald Risse zeigt und unansehnlich wird oder kaputt

Keramik – schön und schadstofffrei

geht. Ein kleiner Tip, wie sich die Qualität von Keramik zumindest ungefähr prüfen läßt: schlagen Sie mit einem Löffel oder ähnlichen Gegenstand gegen das Gefäß. Je heller der Ton, desto höher die Brenntemperatur, desto besser also die Qualität.

Das Räuchern ist eine ganz persönliche, ja intime Angelegenheit: Sie übergeben dem Rauch Ihre Geheimnisse, Ihre Sehnsüchte, Ihre Wünsche und Gefühle. Dem darf und sollte auch das Gefäß entsprechen.

Mythos Abalone-Muschel

In vielen Werken über die Kunst des Räucherns ist der Hinweis zu finden, statt einer Räucherschale könne das Räucherwerk auch nach «Art der Indianer» in der schön gezeichneten Abalone-Muschel verräuchert werden, die ein natürliches Gefäß bildet. Doch den Amerikanischen Ureinwohnern würden bei solch einem Gebrauch ihrer heiligen Muschel wohl eher die Haare zu Berge stehen. Zwar lassen sie ab und an ein wenig Salbei in einer Muschel glimmen, nie würden sie jedoch Kohle oder einen glühenden Holzscheit hineinlegen, um größere Mengen Räucherwerk auf diese Weise zu verbrennen. Viel zu groß ist die Achtung gegenüber diesem Symbol des Meeres und damit dem Urelement Wasser.

Räucherstövchen

Eine Alternative zum Räuchern auf Kohle bietet die Verwendung eines Räucherstövchens. Dieses eignet sich besonders, um Kräuter und Blüten zu verräuchern, die hier ihren Duft ganz langsam und fein verströmen. Beim Räucherstövchen werden die duftenden Substanzen auf ein feinmaschiges Metallgitter gelegt, unter dem ein Teelicht Platz findet. Wenn Sie auf dem Stövchen auch Harze und Balsame verbrennen

Das Stövchen für den feinen, sanften Duft

möchten, legen Sie am besten ein Stückchen Aluminiumfolie
unter, denn sonst verklebt das Räucherwerk das Gitter und ist
schwer wieder zu entfernen.

Ein Räucherstövchen eignet sich also dann am besten,
wenn Ihnen die Kohleräucherung einmal zu intensiv sein
sollte oder wenn Sie dem Räuchern nicht Ihre gesamte Aufmerksamkeit widmen möchten. Auf dem Stövchen verbrennt
das Räucherwerk langsam und sanft – ein echter Genuß für
feine Nasen.

Sand

Eine gute Portion Sand im Räuchergefäß gewährleistet, daß
die Räucherkohle nicht ausgeht, sondern gleichmäßig durchglüht, da sie gut von unten belüftet wird. Außerdem ist der
Reinheit und Schutz   Sand nützlich, um das Räuchergefäß zu schützen und sauber
zu halten, um also zu verhindern, daß sich klebrige Harze,
Balsame oder Asche festsetzen. Zum einen ist das einfach
praktisch, zum anderen ist ein sauberes Gefäß Voraussetzung
für eine klare, unverfälschte Räucherzeremonie. Wir wollen ja
auch mit reinem Herzen räuchern, frei von Erwartungen und
losgelöst von alten Gefühlen und Bindungen. Wir erhoffen
uns Antworten auf unsere Fragen oder möchten uns ganz
einem Gefühl, einem Wunsch oder einer Bitte widmen – da
wäre es störend, wenn noch unsere Gedanken und Gefühle
von der letzten Räucherung in Form von Harzresten an der
Räucherschale «klebten».

Je nachdem, wie hoch Ihre Reinheitsansprüche sind, können Sie den Sand nach jeder Räucherung komplett erneuern.
Es reicht im Prinzip jedoch aus, ihn nach dem Räuchern in
ein Küchensieb zu geben und die gröbsten Kohle- und anderen Reste herauszufiltern. Warten Sie damit jedoch entweder
bis die Kohle ganz abgekühlt ist, also etwa ein bis zwei Stunden, oder halten Sie sie unter Wasser, bevor Sie sie in den Abfall geben.

Für das Räuchern eignet sich einfacher Quarzsand oder schlicht ein Täßchen aus dem Sandkasten vom nächsten Spielplatz. Besonders schön ist es jedoch, Meersand zu verwenden, von dem Sie im Urlaub am Strand ein Säckchen mitnehmen können. Dieser bringt dann nicht nur die Stimmung schöner, entspannter Tage in Ihre Räucherzeremonie zu Hause, sondern auch die machtvolle Energie des Ozeans. So binden Sie bereits das Wasserelement in seiner stärksten Ausprägung in Ihre Zeremonie mit ein.

Auch Asche eignet sich als Unterlage für die Räucherkohle, beispielsweise die Asche von verbrannten Räucherstäbchen. Nachteil ist hier, daß Asche sehr leicht aufgewirbelt wird, wenn wir uns den Rauch zufächeln oder im Raum verteilen.

Energie des Ozeans

Kohle

Räucherkohle gibt es im Fachhandel. Die tablettenförmigen Kohlestückchen werden im allgemeinen in Rollen zu jeweils zehn Stück verkauft. Für kürzere Räucherungen sollten Sie die kleineren wählen, die etwa eine halbe Stunde glühen, für längere Rituale bieten sich die größeren an, die bis zu einer Stunde Glühzeit haben. Die selbstzündende Spezial-Räucherkohle ist leicht zu handhaben, denn das Salpetergemisch, mit dem sie im allgemeinen angereichert ist, bewirkt, daß sie sich leicht entzünden läßt und schnell und gleichmäßig durchglüht. Wer eine empfindliche Nase hat, der mag sich an dem entstehenden Eigengeruch stören; dieser verfliegt jedoch nach kurzer Zeit. Alternativ können Sie auf japanische Ritual- bzw. Zeremonial-Räucherkohle ohne Beimischung zurückgreifen, die jedoch teurer und in der Handhabung etwas anspruchsvoller ist: Sie muß konstant befächelt werden, sonst geht sie leicht wieder aus. Für die traditionelle japanische Kohle braucht es also ein wenig Geschick.

Bewahren Sie Ihre Räucherkohle – gleich welcher Art –

immer gut verpackt an einem trockenen Ort auf. Wenn sie sich einmal nicht oder nur sehr schwer entzünden läßt, kann das daran liegen, daß sie feucht geworden ist.

Wenn die Kohle nicht glüht

Der Gebrauch der selbstentzündenden Kohle mag einfach erscheinen, doch gerade bei den ersten Versuchen hat schon manch einer darüber geklagt, daß die Kohle immer wieder ausgeht. Das kann ein Räucherritual zuweilen empfindlich stören. Wenn Sie jedoch ein paar einfache Gebrauchshinweise beachten, kann Ihnen das kaum passieren.

Um sich nicht die Finger zu verbrennen, halten Sie das Kohlestück am besten mit einer Pinzette. Besonders große Pinzetten, mit der Sie die Kohle leicht greifen können, bekommen Sie in der Apotheke oder im Laborfachhandel. Entzünden Sie die Kohle von unten – einfach und stilvoll läßt sich das über einer Kerze bewerkstelligen. Das Kohlestück funkelt und knistert nun, und Sie müssen einige Momente abwarten, bis sich deutlich Rauch bildet. Halten Sie die Kohle dazu am besten über Ihr Räuchergefäß, damit die Funken nicht auf irgend etwas Brennbares überspringen können. Wenn das Funkeln sich über das gesamte Kohlestück ausgebreitet hat, können Sie es auf die Sandschicht der Räucherschale legen. Warten Sie nun etwa drei bis fünf Minuten, bis die Kohle komplett durchgeglüht, also mindestens bis zum Rand weiß ist. Danach können Sie das Räucherwerk aufstreuen. Und dieses geduldige Timing ist schon das ganze Geheimnis des Kohleanzündens.

Mörser

Die ganze Kraft der Räucherstoffe

Während nun die Kohle durchglimmt, haben Sie Zeit, Ihre Räuchersubstanzen portionsweise im Mörser zu zerkleinern. Der Mörser ist ein äußerst wichtiger Bestandteil des Räucherrituals, denn durch das Mörsern vermischen sich die Stoffe untereinander erst richtig – und nur die gesamte Mischung bringt ja die gewünschte Wirkung. Auch setzen

Stoffe, die, wie Lavendel oder Wacholderbeere, ätherische Öle enthalten, auf diese Weise ihr Aroma erst in der Räucherung frei, und Sie können sicher sein, daß sie ihre ganze Kraft entfalten. Aus diesem Grund ist auch von pulverisierten Räuchermischungen abzuraten, deren Aroma nach längerer Lagerung längst verflogen ist. Zudem geht ein schöner Aspekt des Räucherns verloren: der direkte Kontakt mit den verschiedenen Harzen, Hölzern, Blüten, Kräutern und Balsamen.

Während Sie die Substanzen im Mörser zerkleinern, können Sie sich innerlich bereits auf das bevorstehende Ritual einstimmen und den «Dialog» mit der Räucherung aufnehmen. Mit dem Mörsern beschäftigt, fällt es leicht, die Gedanken auf das Thema oder die Frage zu richten, die Sie im Anschluß stellen möchten. Und wieder gilt: Je mehr Aufmerksamkeit Sie auch diesem Teil des Räucherrituals widmen, desto höher wird die Qualität und Intensität dessen sein, was Sie erleben und an Einsicht, Erholung, Trost oder Ermutigung für sich gewinnen.

Geeignete Mörser aus Porzellan erhalten Sie in der Apotheke, in Geschäften mit Asienwaren oder im Teeladen. Marmor- oder Steinmörser hingegen sind oft gar nicht so leicht zu bekommen. Am besten Sie schauen sich auf Kunsthandwerker- und Flohmärkten um oder im Urlaub auf Basaren und Einheimischenmärkten.

Duftendes Räucherwerk

Im Rezeptteil dieses Buches finden Sie zahlreiche Anregungen, welche Räucherstoffe Sie zu welchem Zweck miteinander mischen können. Vielleicht möchten Sie sich aber erst einmal auf eine kleine Entdeckungsreise durch die Welt der Räuchersubstanzen begeben. Dazu bieten sich Stoffe an, die auch einzeln verbrannt einen angenehmen Duft verbreiten, beispielsweise Sandelholz, Wacholderbeeren, Nelken, Zedernnadeln oder Harze wie Weihrauch, Mastix oder Benzoe.

Einzelstoffe, die sich für die ersten Experimente eignen

*Einige der wichtigsten
Räucherstoffe:*
*oben: Benzoe, Dammar,
           Drachenblut, Elemi,
           Tolubalsam*
*Mitte: Weihrauch, Mastix,
           Bernstein, Tonkabohnen*
*unten: Kampfer, Iriswurzel,
           rotes und weißes
           Sandelholz, Zedern-
           holz*

Einen besonders herrlichen, jedoch leider nicht ganz billigen
Genuß verschaffen Sie sich mit dem äußerst wohlriechenden
und vielseitigen Ud, Jinko, Adler- oder Agarholz – was alles
Namen für das gleiche fossile Holz sind. Im «Kleinen Lexikon
der Räucherstoffe» finden Sie eine genaue Beschreibung dieser köstlichen Substanz und auch Anregungen für Experimente mit weiteren Räucherstoffen.

Sie können jedoch auch mit getrockneten Kräutern aus
dem Garten, mit Rinden- und Holzstückchen oder einigen
Tropfen Harz von einheimischen Bäumen aus dem Stadtpark
Ihre Versuche anstellen. Achten Sie dabei bitte unbedingt darauf, nur gut getrocknete Substanzen zu verwenden!

Lassen Sie Ihrer Phantasie freien Lauf. In Ihrem Gewürz-
schrank werden Sie weitere Anregungen finden. Durch Aus-
probieren sammeln Sie wertvolle Erfahrungen und kommen
in den Genuß einmaliger Dufterlebnisse. Nicht zuletzt
nähern Sie sich so der Kunst des Räucherns auf Ihre ganz
individuelle, einmalige Weise.

Weihrauchlöffel

Um das im Mörser zerstoßene Räucherwerk auf die Kohle zu befördern, eignet sich ein alter Metalllöffel. Wenn Sie es jedoch besonders stilvoll mögen, können Sie im Handel auch einen eigens dafür vorgesehenen Weihrauchlöffel erstehen. Häufig kommen diese aus Indien, sind reich verziert sowie von massiver Qualität und liegen besonders gut in der Hand.

Es gibt aber noch weitere Variationen von «außergewöhnlichen» Löffeln, die Sie zum Räuchern verwenden können. Sie bestehen aus Schildpatt, Mammutelfenbein, Bronze oder Messing – ganz nach Gusto. Solide sollte dieser Löffel aber schon sein, denn er ist auch nützlich, um verkohlte Räucherreste von der Kohle zu entfernen, und dabei sollte er nicht gleich verkohlen oder zu heiß werden.

Für welchen Weihrauchlöffel Sie sich auch entscheiden, gehen Sie mit dem Räucherwerk sparsam um: Jeweils eine kleine Prise genügt, um die gewünschte Wirkung zu erzielen.

Feder oder Fächer

In der Tradition der Indianer wurde schon immer eine schöne Feder benutzt, um die Kohle nach dem Anzünden zu befächeln und durch die vermehrte Zufuhr von Sauerstoff zum Glühen zu bringen. Die selbstzündende Kohle glüht zwar meist auch ohne Hilfe gut durch, doch es kann trotzdem manchmal nötig sein, ein wenig nachzuhelfen, zum Beispiel wenn Sie einmal zuviel Räucherwerk aufgelegt haben.

Außerdem erfüllt die Feder, die auch durch einen kleinen Fächer – beispielsweise aus duftendem Sandelholz – ersetzt werden kann, noch einen anderen Zweck: Bei besonders erlesenem Räucherwerk kann man sich und anderen Anwesenden mit ihrer Hilfe den Rauch zufächeln. Das geht mit der Feder leichter und ist einfach stilvoller als mit der Hand – obwohl das natürlich auch geht, vor allem, wenn Sie noch keine

Feder besitzen. Die Feder ist jedoch nicht nur für besondere Wohlgerüche da. Bei vielen Räucherungen ist es sinnvoll, sich selbst und andere mit dem Rauch zu «bestreichen»; bei der Reinigungs- oder Schutzräucherung können Sie den Rauch mit Feder oder Fächer leicht in alle Ecken und Winkel Ihrer Wohnung befördern.

Wo Sie Federn finden

Schöne große Federn bekommen Sie beispielsweise in Indianerläden, wo sie oft mit einem praktischen Lederschaft versehen sind, der auch noch hübsch verziert ist. Ansonsten können Sie natürlich auch eine Feder verwenden, die Sie auf einem Waldspaziergang gefunden haben, oder Sie besorgen sich eine in einer Falknerei. Bitte lassen Sie sich jedoch nicht dazu hinreißen, eine Adlerfeder oder Federn anderer bedrohter Vogelarten zu erstehen. Da es beim Räuchern um die Kontaktaufnahme mit höheren Ebenen in und außerhalb von uns selbst geht, sollten wir schon bei der Auswahl unseres Räucherzubehörs höchste ethische Anforderungen stellen.

Vom richtigen Zeitpunkt

Welches der richtige Zeitpunkt ist, um das Räucherwerk wieder von der Kohle zu nehmen, daran scheiden sich die Geister. Ursprünglich lautete die Devise: Erst abwarten, bis die Zutaten ihre ganze Seele, ihren «letzten Atem» ausgehaucht haben – sprich, komplett verkohlt sind. Das ist jedoch eher die geeignete Methode für Hartgesottene, denn von Wohlgeruch kann bei manchen Stoffen in diesem Stadium nicht mehr die Rede sein. Hier gilt daher wie immer, bitte Ihrem gesunden Instinkt zu vertrauen. Die moderne Empfehlung ist jedenfalls die folgende: Nehmen Sie die Räuchersubstanzen von der Kohle, sobald sie nicht mehr gut riechen.

Danach können Sie eine frische Portion der gewählten

Substanz oder Räuchermischung auflegen, wobei für eine kurze Bitte, Frage oder Anrufung jedoch oft schon eine einzige Dosis ausreicht. Möchten Sie nacheinander verschiedene Mischungen verräuchern, empfiehlt es sich, zwischendurch einen neutralisierenden Duft wie den des sanften, beruhigenden Sandelholzes zu verbrennen. Das klärt die Atmosphäre und schafft Raum für eine neue Komposition.

Sandelholz neutralisiert

Kurzanleitung für das Räuchern auf Kohle

- Bereiten Sie ein feuerfestes Gefäß mit Sand vor.
- Halten Sie ein Stück selbstentzündende Räucherkohle mit einer Pinzette, und zünden Sie es über einer Kerze an.
- Wenn die Kohle stark raucht und funkelt, legen Sie sie auf den Sand in das Räuchergefäß.
- Zerkleinern Sie die gewählte Räuchermischung im Mörser.
- Sobald die Kohle bis zum Rand durchgeglüht ist, geben Sie mit einem Löffel eine gute Prise Räucherwerk darauf.
- Entfernen Sie das Räucherwerk, sobald es nicht mehr angenehm riecht und legen Sie nach Wunsch frisches nach.
- Öffnen Sie ein Fenster.

Klangschalen, Zimbeln, Gong und Glocke

Klänge stärken die
Achtsamkeit

Klänge sind ein wichtiger Bestandteil des Räucherrituals. Klangschalen, Zimbeln, Gong und Glocke werden seit jeher von Schamanen und buddhistischen Mönchen zu rituellen und religiösen Zwecken eingesetzt.

All diese Instrumente eignen sich, um Anfang und Ende bzw. bestimmte Abschnitte unserer Räucherzeremonie einzuläuten und zu beenden. Auch während des Räucherns kann man Klänge benutzen, um die Achtsamkeit und Aufmerksamkeit zu erhöhen. Gerade bei Gebet und Meditation bringt uns der klare und durchdringende Ton einer Klangschale oder der Zimbeln augenblicklich in die Gegenwart zurück, wenn unsere Gedanken auf Wanderschaft gegangen sind. Auch wenn wir in der Räucherung ein bestimmtes Thema vertiefen oder Antwort auf eine Frage bekommen möchten, setzen Töne effektvolle Impulse, loszulassen, zu entspannen und tiefer zu gehen als unser Verstand es vermag. Die intensiven und durchdringenden Schwingungen der angeschlagenen Töne wirken nämlich nicht nur auf unseren Geist, sondern die Klangwellen sind manchmal sogar körperlich spürbar – und regen uns so in unserer Gesamtheit zu aufmerksamer Stille an, aus der manche Antworten wie von selbst aufsteigen können.

Die Elemente in der Räucherung

Das tragende Element in der Räucherung ist das Feuer. Seine transformierende Kraft ist es, die den Räucherstoffen ihre Seele entlockt, sie für uns zugänglich und damit wirksam macht. Das Feuer zeigt sich bei einer Räucherung in Form

der glühenden Kohle. Da wir in unserer persönlichen Entwicklung und somit auch auf dem «Weg des Räucherns»
Heilung und damit Ganzheit anstreben, sollten auch die drei
übrigen Elemente Erde, Wasser und Luft fester Bestandteil
jeder Räucherung sein – auch in unserem Bewußtsein. Das
Element Erde wird hierbei durch das Räucherwerk vertreten:
Kräuter, Hölzer, Rinden, Harze, Balsame und Blüten ent-
springen der Mutter Erde und geben ihre Essenz dem ver-
schlingenden Feuer hin. Wie Sie das Wasserelement in die
Räucherzeremonie bringen können, wurde bereits kurz im
Abschnitt «Sand» beschrieben. Es gibt jedoch noch andere
Möglichkeiten als die Verwendung von Meersand als Unter-
lage für die Kohle. Je nach Ihrer persönlichen Beziehung zu
Meer und Wasser legen Sie während des Rituals ganz nach
Geschmack Muscheln, Treibholz oder Steine, die Sie im letz-
ten Urlaub am Meer gesammelt haben, mit auf den Tisch,
Altar oder wo immer Sie räuchern. Es geht aber noch viel
schlichter: Das Wasserelement läßt sich auch durch einen
Kelch oder Krug, gefüllt mit Regenwasser oder schlichtem,
vielleicht mit Meersalz angereichertem Leitungswasser in Ihr
Ritual holen. Das Element Luft schließlich ist natürlich so-
wieso immer dabei und wird durch den aufsteigenden
Rauch, der jedem noch so kleinen Luftzug folgt, sogar sichtbar. Schlußendlich gibt es noch das magische fünfte Element,
den Äther, die *quinta essentia,* die folgerichtig die Quintessenz
der vier Grundelemente bildet. Und diese Quintessenz, das
sind unsere Gedanken, Bitten und Gebete, die wir in das   Botschaft an den Himmel
Ritual hineingeben: unsere Botschaft an den Himmel.

Ihr ganz persönlicher Altar

Der Altar ist ein ganz persönlicher Ort zur Kommunikation mit dem Göttlichen. Falls Sie sich entscheiden, in Ihrer Wohnung einen solchen Ort einzurichten, wählen Sie den Platz dafür mit Bedacht. Sie sollten sich hier völlig ungestört zurückziehen, sich wohl fühlen und zur Ruhe kommen können. Falls Sie keinen geeigneten Platz finden, können Sie mit einem Paravent oder Vorhang und ein wenig Phantasie einen «Raum im Raum» schaffen, der ganz allein für Sie reserviert ist und den die anderen Familienmitglieder respektieren sollten.

Der Altar,
ein «Raum im Raum»

Der Altar: Spiegel der
individuellen Persönlichkeit

Als Altar eignet sich ein kleiner Tisch oder ein Tablett auf Füßen, wie es in Asien häufig verwendet wird, oder vielleicht finden Sie sogar im Trödelladen oder auf dem Flohmarkt einen alten Hausaltar. Eine Truhe mit Schubladen ist eine weitere, besonders praktische Variante, denn hier lassen sich die Räucherutensilien und andere Dinge, die Sie für Ihre Rituale benötigen, verstauen. Letztlich wird Ihr persönlicher Stil entscheiden, wie Sie den Altar gestalten mögen.

Auch bei den Dingen, die auf dem Altar Platz finden, sollte natürlich Ihr persönlicher Geschmack den Ausschlag geben. Grundsätzlich kann jedes Objekt ein Ritualgegenstand sein – wenn Sie ihn dazu machen. In alter Zeit gebrauchte man Kristalle, Edelsteine, Muscheln und Fossilien. Später stellte man für rituelle Zwecke eigens bestimmte Dinge her: zum Beispiel Dolche und Schwerter. Auch Kristallkugeln und Schädelschalen kamen zum Einsatz sowie vieles andere mehr. Letztlich ist natürlich auch die Religion entscheidend, der man angehört. Auf einem christlichen Altar wird ein Kreuz oder eine Jesusfigur, ein Marien- oder Heiligenbild und vielleicht ein Rosenkranz Platz finden. Auf einem buddhistischen Altar darf natürlich ein Bildnis des Buddha nicht fehlen, ebensowenig wie kleine Speisegaben für die «hungrigen Geister».

Ritualgegenstände

Wie bereits unter «Die Elemente in der Räucherung» beschrieben, so sollten diese auch auf dem Hausaltar ihren Platz bekommen. Ansonsten gestalten Sie ihn mit Ihren persönlichen Ritualgegenständen, den Räucherutensilien, Zimbeln oder einer Klangschale, frischen oder getrockneten Blumen und natürlich Kerzen.

Räuchern im Freien

Das Räuchern im Freien ist ein besonders schönes Ritual, denn es bringt uns der Natur auf bewußte Weise noch näher, als wenn wir uns einfach «nur» in ihr aufhalten. Denn Räuchern ist Kommunikation – mit den Naturgeistern, den Göttern, dem Pflanzen- und Tierreich, letztlich mit allem, was lebt.

Ihren «Kraftplatz» finden

Wählen Sie einen besonderen Ort aus, um Ihr Dankopfer darzubringen, beispielsweise bei einem großen Felsen oder Baum oder auf einer kleinen Waldlichtung. Vielleicht möchten Sie immer wieder an «Ihren» Ort zurückkehren, um zu räuchern – so wie es auch unsere Ahnen getan haben, um den Göttern Ihre Gaben und Gebete darzubringen. Bei ihnen waren dafür heilige Haine oder andere Kraftplätze reserviert, die ausschließlich für religiöse Handlungen bestimmt waren.

Eine schöne Möglichkeit, sich mit der umgebenden Natur zu verbinden, ihr Respekt zu zollen und ihre Gaben zu achten, besteht darin, für Ihre Räucherung ausschließlich Holz, Rinde, Samen oder Kerne zu verwenden, die Sie in der Gegend um Ihren «Kraftplatz» finden. Bitte achten Sie hierbei unbedingt darauf, nur trockene Substanzen zu verwenden. Als Alternative können Sie auch eine vorbereitete Räuchermischung auf Ihre Wanderung mitnehmen. Dazu eignet sich besonders das Rezept «Dank an Mutter Erde», das Sie im Rezeptteil finden.

Nicht ins offene Feuer!

Es empfiehlt sich, das Räucherwerk nicht einfach ins Lagerfeuer zu werfen. Es würde innerhalb von Sekunden verbrennen und kaum Geruch entfalten. Legen Sie es daher an den Rand eines glühenden Holzscheits.

Wenn Sie ein stilvolles Ritual zelebrieren möchten, können Sie neben der Feuerstelle auch einen kleinen Felsenaltar errichten. Auf einen großen Stein oder Felsen, einen Baumstumpf oder flachen Ast können Sie einen mitgebrachten Kristall sowie gesammelte Steine, Wurzeln, schöne Blätter oder Blüten legen. Falls Sie kein Feuer anzünden möchten, ist es auch möglich, Räucherstäbchen auf dem Naturaltar zu verbrennen. Dazu eignen sich besonders die dicken indianischen Stäbchen oder Kräuterbündel sowie alle stabilen Räucherstäbchen mit Stützholz.

Ihrer Phantasie sind wie immer keine Grenzen gesetzt – sicher lassen sich noch viele weitere Varianten finden, die Natur mittels einer Räucherung zu ehren und sich auf individuelle Weise mit ihr zu verbinden.

Die ganze Welt der Räucherstäbchen

Räucherstäbchen sind die feinste Art des Räucherns; sanft und gleichmäßig verströmen sie ihren Duft. Es gibt sie in vielen Variationen – passend für jede Nase und vielerlei Anlässe. Räucherstäbchen erfordern weniger Zeit und Aufmerksamkeit als das Räuchern auf Kohle. Sie mögen daher als «Begleitmusik» für andere Tätigkeiten dienen: bei T'ai-Chi- oder Entspannungsübungen, zu Massage und Shiatsu, beim Bügeln oder Musikhören …

Einige Sorten von Räucherstäbchen werden speziell zur Meditation hergestellt, wobei sie sich auch als Zeitmesser einsetzen lassen: Japanische Meditationsräucherstäbchen beispielsweise, die eigens für Zen-Klöster entwickelt wurden, brennen bis zu zweieinhalb Stunden.

Die duftenden Stäbchen eignen sich außerdem bestens, um die Atmosphäre zu reinigen und zu harmonisieren, wenngleich ihre Wirkung weniger intensiv ist als beim traditionellen Räuchern – nicht zuletzt aufgrund des fehlenden Ritualcharakters. Darüber hinaus garantieren sie einfach sinnlichen Genuß.

Der Gebrauch von Räucherstäbchen bietet sich jederzeit zwischendurch auch dann an, wenn für eine Räucherung auf Kohle nicht genügend Zeit ist, wenn dafür die nötigen Utensilien fehlen oder einem einfach nicht der Sinn steht nach solch «starkem Tobak». Gerade auch auf Reisen sind sie nützliche kleine Helfer, zum Beispiel um die zuweilen etwas dumpfe, fremde und unpersönliche Atmosphäre in einem Hotelzimmer aufzufrischen und «heimeliger» zu machen und gleichzeitig den «Mief» des Vorbewohners zu vertreiben.

Nicht zuletzt verströmen Räucherstäbchen neben ihrem Duft auch den Flair des Ewigen und Transzendenten. Der

Der Flair des Ewigen und Transzendenten

unablässig aufsteigende feine Rauch mit seinen ständig wechselnden Formen, die manche auch als Orakelbilder deuten,
erinnert an die Präsenz von etwas, das größer ist als wir, an
eine ewige Quelle außerhalb und innerhalb unserer Selbst,
die Zeit und Raum für eine Weile in den Hintergrund treten
läßt.

Zum Gebrauch

Beim Abbrennen von Räucherstäbchen kann man nicht allzuviel falsch machen. Man zündet das Stäbchen an einem
Ende an, läßt es einen Augenblick lang brennen und fächelt es
dann mit der Hand aus oder bewegt es schnell durch die Luft,
bis die Flamme erstirbt und das Räucherstäbchen glüht. Nur
eines sollte man nicht tun: es auspusten. Man sagt, das vertreibe die guten Geister.

Stäbchenhalter

Sie können die Stäbchen in einem Blumentopf mit Erde oder
in speziellen Räucherstäbchenhaltern verbrennen, die es in
vielen verschiedenen Variationen gibt: angefangen bei traditionellen indischen Haltern, die meist aus einem länglichen
Holzstück bestehen, das am Ende hochgebogen und mit
einem Loch versehen ist, über allerlei Keramikfiguren in
Pflanzen-, Tier- oder Menschenform, die meistens aus Asien
importiert werden, bis hin zu phantasievollen, individuellen
Formen und Materialien.

Eine Variante, die sich jedoch auch für Räucherstäbchen bewährt hat, ist eine mit Sand gefüllte Schale. Das hat verschiedene Vorteile. Zum einen fällt die Asche nicht daneben, sondern wird in der ausreichend großen Schale aufgefangen. Zum anderen kann man die Räucherstäbchen – gerade wenn man eine Vorliebe für die edlen und teuren japanischen hegt – stückchenweise auf die in der Schale gesammelte Asche legen und verbrennen. So gehen einem nicht jedesmal kostbare Zentimeter verloren, die man sonst dem Sand oder Halter opfern muß.

Eine Schale zu verwenden hat zudem den schönen Nebeneffekt, daß die darin gesammelte Asche sinnbildlich auch unsere gesammelten Mediations-, Gebets- und Orakelerfahrungen enthält und so eine Art «Gedächtnis» unseres geistigen Weges bildet.

Räucherstäbchen aus Ost und West

Die traditionelle Kunst, Räucherstäbchen herzustellen, wird seit vielen Jahrhunderten in verschiedenen Teilen der Welt kultiviert: vor allem in Tibet, Indien, China, Thailand und Japan sowie in der indianischen Tradition. Die meisten Sorten sind heute bei uns im Handel erhältlich, doch liegen teilweise Welten zwischen den unterschiedlichen Qualitäten. Im folgenden ist immer von der Qualität die Rede, die üblicherweise bei uns angeboten wird. Bitte setzen Sie jedoch beim Kauf immer Ihre Nase als Entscheidungshilfe ein. Achten Sie zudem auf Hinweise auf der Verpackung: «unter Verwendung von natürlichen Rohstoffen hergestellt» muß beispielsweise noch lange nicht heißen, daß keine synthetischen Hilfsmittel verwendet wurden. Nur wenn deklariert wird, daß das Räucherwerk «unter ausschließlicher Verwendung natürlicher

Rohstoffe» oder «ohne jegliche Verwendung synthetischer Zusatzstoffe» hergestellt wurde, können Sie sichergehen, eine hochwertige Wahl getroffen zu haben – ohne die Gefahr von gesundheitlichen Schäden oder Beleidigungen der Nase.

Indien

Indien ist vermutlich das Ursprungsland aller Räucherstäbchen. Man nennt sie dort *Agarbatti*, was darauf hindeutet, daß auch in Indien einst das kostbare Agar- oder Adlerholz der wichtigste und begehrteste Räucherstoff war. Buddhistische Mönche sollen die ersten gewesen sein, die Stäbchen aus verschiedenen Harzen, Hölzern und einem Bambusspan als Stützholz hergestellt haben. Räucherstäbchen sind aus dem indischen Alltag nicht wegzudenken. Wer einmal in Indien war, dem wird sich ihr Duft wohl für immer ins Gedächtnis geschrieben haben. Natürlich ist das Verbrennen von duftenden Stäbchen auch hier zumeist religiösen Zwecken gewidmet: zur Anrufung und Ehrung der Götter, als Beigabe bei Bestattungen und Verbrennungen. Ein weiterer Sinn des fast immer intensiv duftenden Rauchs ist wohl auch die Beseitigung übler Gerüche aller Art.

Das Gros der indischen Agarbatti, welche bei uns auf dem Markt erhältlich sind, ist jedoch leider nicht zu empfehlen. Nicht selten werden die Rohstoffe mit Klebstoff am Stützholz fixiert. Dessen Ausdünstungen zu inhalieren, dürfte der Gesundheit nicht gerade zuträglich sein – noch dazu in Kombination mit den zumeist synthetisch bedufteten Räucherstoffen. Davon abgesehen steigert es auch bei europäischen Nasen, die eher sanfte Düfte gewohnt sind, nicht gerade das Wohlbefinden, solcher Intensität ausgesetzt zu sein.

Es gibt jedoch auch bei indischen Räucherstäbchen qualitätsvolle Ausnahmen, sie finden den Weg auf den europäischen Markt jedoch äußerst selten. Dazu gehört die nach Masala-Art in vedischer Tradition hergestellte Ware.

Grundsätzlich ist die beste Empfehlung beim Kauf von Räucherstäbchen, Ihren Geruchssinn einzusetzen. Riecht schon die Verpackung äußerst intensiv und «exotisch», dann ist das aller Wahrscheinlichkeit nach auf die Beigabe von synthetischen Aromaölen zurückzuführen. Ein weiteres Qualitätskriterium ist der Preis. Für ein paar Pfennige ist sicherlich keine hohe Qualität zu erwarten. Das sicherste Merkmal schließlich sind die Bezeichnungen auf der Packung: «Rose» oder «Jasmin» würden beispielsweise, als Blüten beigemengt, nicht besonders angenehm riechen; die echten ätherischen Öle sind indessen sehr teuer und werden wohl kaum in billigen Räucherstäbchen verarbeitet. Einige Blumenarten, welche als «Patinnen» für Räucherstäbchen herhalten müssen, gibt es zudem gar nicht als natürliches ätherisches Öl, dazu gehört beispielsweise der Flieder. Die tierischen Rohstoffe Ambra und Moschus, weitere häufige Namensgeber minderwertiger Räucherstäbchen, sind heute nahezu unbezahlbar. Preise von bis zu 30.000 Euro pro Kilogramm sind auf dem Weltmarkt keine Seltenheit. Bei all diesen Varianten kommen also zwangsläufig synthetische Ersatzstoffe zum Einsatz, die stark in Verdacht stehen, gesundheitsschädlich zu sein.

Vorsicht: synthetische Öle!

China

Auch in China waren es die buddhistischen Mönche, welche die Herstellung von Räucherstäbchen kultivierten. Hier begann man erstmals, Stäbchen nach dem «Nudelverfahren», also ohne Stützholz herzustellen, was eine wichtige Verfeinerung bedeutete, denn das Holz stört durch seinen Eigengeruch besonders die feineren Duftmischungen. Nach demselben Verfahren entstanden auch die ersten Räucherspiralen, die eine Länge von mehreren Metern sowie einige Tage Brenndauer aufweisen können.

Bei uns auf dem Markt sind am häufigsten sehr dünne lange Räucherstäbchen chinesischer Herkunft erhältlich, die jedoch in Preis und Qualität sehr unterschiedlich ausfallen. Meistens jedoch kann man angesichts der niedrigen Preise sowie exotischen Duftnoten nicht von naturreiner Ware ausgehen.

Japan

Das edelste Räucherwerk kommt – auch in Stäbchenform – zweifelsohne aus Japan. Die Herstellung der zumeist sehr hochwertigen Stäbchen hat hier eine lange Tradition, die ursprünglich von den Chinesen übernommen und immer wei-

Räucherkultur in Vollendung:
japanische Räucherstäbchen,
-spiralen, -kegel und
-mischungen

ter verfeinert wurde. Man kann wohl sagen, daß es in keinem anderen Land eine so ausgeprägte Räucher(stäbchen)kultur gibt wie in Japan. Das Räucherwerk bildet einen wichtigen

Bestandteil des täglichen Lebens. Dem «Duft lauschen» – diesen Ausdruck hat man von den Chinesen übernommen – ist ein Hochgenuß und mehr als bloßer Zeitvertreib. Es bedeutet ein Stück Lebenskunst und gleichzeitig Huldigung des Lebens. Bei uns kaum bekannt, zelebriert man im Land der aufgehenden Sonne seit alter Zeit die Koh-Do-Zeremonie, ähnlich der im Westen bekannteren Tee-Zeremonie. *Koh* ist der Japanische Begriff für Räucherwerk, *Do* heißt «Weg» und deutet darauf hin, daß der rechte Gebrauch des Räucherwerks, welcher aus einem meditativen Geist entspringt, als spiritueller Weg begriffen wird.

Wie man sich in unseren Breiten auf «Partys» trifft, um mehr oder weniger nützliche Plastikbehältnisse und -utensilien gemeinsam zu erproben und schließlich zu kaufen, so gibt es in Japan «Duftpartys», wo geräuchert und experimentiert wird. Früher war dies ein Zeitvertreib des Adels, heute ist es einfach «hip». Räucherstäbchensets, die mehrere hundert Euro kosten können, sind unterdessen keine Seltenheit. Wie bei uns ein hochwertiger Wein alten Jahrgangs, so stellen sie ein übliches Geschenk zu Hochzeiten, Ehrentagen und anderen Gelegenheiten des gesellschaftlichen Lebens dar.

Räucher- statt Tupperware

Wie Ikebana oder Origami, so hat man in Japan auch die Herstellung und den Gebrauch von Koh zur Kunst erhoben, die vom Geist der Achtsamkeit und höheren Ordnung durchdrungen ist. So werden nur reine, erlesene Rohstoffe zur Herstellung der Räucherstäbchen verwendet. Stützhölzer sind tabu. Statt dessen verwendet man die Rinde des Tabuko-Baumes, die für gleichmäßiges Abbrennen sorgt, keinerlei Eigengeruch entwickelt und somit den reinen Duft der Räucherzutaten voll zur Geltung kommen läßt.

Wie in der Parfümherstellung der Parfumeur, so ist es bei der Komposition japanischen Räucherwerks der «Meister des Koh», der mit einer feinen Nase und der rechten inneren Haltung die verschiedenen Duftmischungen kreiert, wobei die Schaffung eines harmonischen Gesamtduftes aus verschiedenen Ingredienzen ebenso im Vordergrund steht wie die beabsichtigte Wirkung. Welche Ausgangsstoffe in den verschiedenen Stäbchen verwendet wurden, bleibt natürlich ein wohlgehütetes Geheimnis der einzelnen Manufakturen. Sicher ist nur, daß unter anderem das kostbare Jinko (Adlerholz), Sandelholz, Benzoe, Nelke, Zimtrinde, Weihrauch, Sternanis und Borneo-Kampfer sowie weitere Rinden und Blüten zur Herstellung verwendet werden – in manchen Sorten sind bis zu 100 verschiedene Stoffe verarbeitet.

Den besonderen Geist, in dem japanisches Räucherwerk hergestellt wird und die Achtsamkeit und Wertschätzung, die ihm entgegengebracht wird, spiegeln sich auch in der meist wert- und liebevollen Verpackung sowie phantasievollen Namensgebung wider, mit der man die einzelnen Stäbchensorten bedenkt: *Hoyei-koh* bedeutet beispielsweise «Ewiger Schatz», *Miyako-gusa* ist die «Blume des Glücks» und *Daigenkoh* heißt «Edle Herkunft» – passend zum japanischen Räucherwerk.

«Ewiger Schatz» und «Blume des Glücks»

Tibet

Aus Tibet stammt eine weitere alte Tradition der Räucherstäbchenherstellung, die bis ins 7. Jahrhundert zurückverfolgt werden kann. So wurden auf den Hochebenen des Himalaja besonders zu religiösen Anlässen, an heiligen Festtagen oder bei Totenzeremonien Räucherstäbchen bündelweise in großer Menge verbrannt.

Aus naheliegenden Gründen werden tibetische Räucherstäbchen heute hauptsächlich in Nepal hergestellt: Wie man weiß, mußte seit der Unterwerfung Tibets durch die Chinesen der Großteil der einstmaligen spirituellen Hochkultur ins Exil gehen. So werden die buddhistischen Räucherstäbchen nach tibetischer Tradition teilweise noch im strengen Einvernehmen mit den buddhistischen Schriften im Nachbarland gefertigt. Dabei wird im allgemeinen großer Wert darauf gelegt, keinerlei tierische oder synthetische Substanzen zu verwenden, da man höchste Reinheit anstrebt – denn die Räucherstäbchen werden auch zu Heilungszwecken eingesetzt. Besonders bekannt ist «Agar 35», eine von tibetischen Mönchen entwickelte Mischung aus 35 Kräutern, die, seit Jahrhunderten eingenommen oder aus großen Räucherpfannen inhaliert, zur Heilung von dämonischer Besessenheit sowie Geisteskrankheiten eingesetzt wird. Heute wird Agar 35 auch zu Stäbchen verarbeitet. Eine Variante ist das Agar 31, es enthält vier Kräuter weniger und wird bei sogenannten Windkrankheiten eingesetzt.

Stäbchen zur Heilung

Tibetische Räucherstäbchen werden ohne Stützholz aus einer Art Teig hergestellt, der sehr lange von Hand geknetet wird und der aus Wasser sowie vielen verschiedenen Kräutern besteht. Dieser Teig wird dann mit einer Art überdimensionaler «Spätzlepresse», übrigens der einzigen Maschine, die hier zum Einsatz kommt, in Form gebracht. Anschließend – um Wohlgeruch und Qualität zu erhalten – werden die «Räucherspätzle» schonend im Schatten getrocknet. Den für die Stäbchenherstellung verwendeten Pflanzen, die im Himalajagebiet wachsen, werden große Heilkräfte nachgesagt, denn nach tibetischer Vorstellung wohnen die Götter in den Bergen.

Thailand

Grundsätzlich läßt sich über thailändische Räucherstäbchen ähnliches sagen wie über die indischen. Sie sind in diesem überwiegend buddhistisch geprägten Land wichtiger Bestandteil des täglichen religiösen Lebens. Die Thais gehen mit ihrem Räucherwerk großzügig um; zu bestimmten religiösen Festlichkeiten verbrennen sie nicht selten ganze Packungen auf einmal. Da die meisten Thais sehr arm sind, werden billige Räucherstäbchen in rauhen Mengen produziert. Aus der karmischen Sicht des Buddhismus ist es auch durchaus vertretbar, den Göttern zu Ehren das billigste Räucherwerk zu verbrennen – vorausgesetzt man kann sich kein teureres leisten.

Gehört man jedoch zu den Reichen des Landes, dann sollte man schon zu den edleren Stäbchen greifen, um sein Karma zu besänftigen.

Leider findet die hochwertigere thailändische Ware ihren Weg auf den europäischen Markt selten bis gar nicht. Statt dessen werden fast ausnahmslos minderwertige Räucherstäbchen angeboten: Oft bestehen sie nur aus Sägespänen, die, mit synthetischem Öl versehen und bunt eingefärbt, an ein Stützholz geklebt werden.

Sägespäne und
synthetische Öle

Indianisch

Seit jeher werden in der indianischen Tradition Pflanzen wie auch Tiere und alle anderen «Kinder der Mutter Erde» als gleichberechtigt angesehen. Jeder trägt seine eigene Botschaft; jeder erfüllt seine Aufgabe im großen Ganzen. So wer-

Kraftvolle Helfer des Medizinmanns: indianische Räucherstäbchen, drei Sorten Copal, Abalone-Muschel mit weißem Salbei, «Smudge-Bundles», Süßgraszopf, verschiedene Ritualgegenstände

den beim Räuchern traditionell ganz bestimmte Pflanzen zu verschiedenen Zwecken geräuchert, um ihren Geist freizusetzen. Vor allem kommen dabei zum Zopf geflochtene Gräser oder gebundene Kräuter – sogenannte «Smudge Bundles» – zum Einsatz, aber auch Räucherstäbchen werden in alter Tradition hergestellt. Zwei besonders wichtige Räucherstoffe sind Salbei, den die Indianer zum Reinigen eines Platzes verwenden und von dem sie sagen, er mache «die bösen Geister krank», sowie Süßgras. Es zieht positive Kräfte an und schafft eine gute, heilsame Atmosphäre.

Bei uns im Handel sind unter anderem Süßgraszöpfe, Salbeibüschel sowie verschiedene indianische Räucherstäbchen mit und ohne Stützholz erhältlich. Sie sind im allgemeinen von ausgesuchter Qualität und unterscheiden sich stark von den bisher erwähnten Sorten aus Asien. Häufig wird nur ein einziger Stoff verwendet: die Zedernspitzen, welche gleichzeitig den Grundstoff für die meisten indianischen Räucherstäbchen bilden. Andere Zutaten sind Desert Sage (eine Beifußart), Copal, Wacholder oder Pinie sowie Yerba Santa, das heilige Kraut der Indianer.

Viele der indianischen Räucherstäbchen sind außerordentlich kräftig in Geruch und Wirkung und eignen sich besonders für Reinigungszwecke sowie zum Räuchern im Freien. Fingerdicke Räucherstäbchen und große Kräuterbüschel dienen den Indianern auch zur Vertreibung von Krankheiten und um die Götter um Beistand zu bitten.

Räucherkegel, -kerzen und -kugeln

Räucherkegel bzw. -kerzen sind außer dem Kirchenweihrauch das einzige Räucherwerk, das auf eine europäische Tradition zurückblicken darf – obwohl sie auch in großen Teilen

Asiens als Variante der Stäbchen verwendet werden und dort schon länger bekannt sind.

Kegel aus dem Erzgebirge

Bei uns jedenfalls wurde die erste Räucherkerze gegen Ende des 18. Jahrhunderts im Erzgebirge hergestellt. Ob dabei asiatische Kegel Pate standen, ist nicht bekannt; man entwickelte jedoch ganz eigene Rezepte und Mischungen, die Namen wie «Weihnachtsduft», «Blütentraum» oder «Waldduft» tragen. Heute werden neben einheimischen Harzen, Aromen und Holzkohle häufig auch Rohstoffe wie Weihrauch, Sandelholz oder Myrrhe aus aller Welt verwendet. Hinzu kommen Traganth oder Gummi arabicum als Bindemittel. In Deutschland und darüber hinaus bekannt sind die zu den Räucherkerzen gehörenden traditionellen Räuchermännchen aus dem Erzgebirge, in welchen die Kegel hierzulande verbrannt werden.

Räucherkegel – seien sie nun in Asien oder Deutschland hergestellt – eignen sich für ähnliche Zwecke wie Stäbchen. Meist brennen sie kürzer und duften intensiver. So eignen sie sich besonders für eine kurze Andacht oder eine schnelle, starke Reinigung.

Japanische Neriko-Bällchen

Räucherkugeln, die man in Japan Neriko-Bällchen nennt, haben dort eine lange Tradition. Sie unterscheiden sich in zweierlei Hinsicht von -kegeln bzw. -kerzen. Zum einen brennen sie nicht selbst, sondern müssen auf einem Räucherstövchen verbrannt werden. Zum anderen duften sie wesentlich sanfter als jene und auch feiner als die meisten Stäbchen. So werden sie beispielsweise bei der japanischen Tee-Zeremonie verwendet, da sie mit ihrem sanften Odeur niemals störend wirken. Die kleinen dunklen Kügelchen werden meistens selbst von Menschen gemocht, die das Räuchern auf Kohle oder das Verbrennen von Stäbchen als zu stark empfinden. Der Duft von Räucherkugeln umschmeichelt die Nase richtiggehend und ist ein echter Hochgenuß.

Kegel und Kugeln selbst herstellen

Räucherkegel oder -kugeln selbst herzustellen ist nicht schwer, macht dafür aber um so mehr Freude. In Japan, dem wichtigsten Herkunftsland der Kegel und Kugeln, ist bei der Herstellung eine meditative, achtsame Haltung unabdingbar.

Alles was Sie für die Räucherkegel brauchen, sind einige Rohstoffe nach Wahl: Harze, Hölzer, Kräuter und Blüten oder eine Räuchermischung aus dem Rezeptteil dieses Buches sowie Gummi arabicum, das Sie als feines Pulver in der Apotheke oder im Fachgeschäft für Räucherwaren bekommen. Lösen Sie es im Verhältnis 1:2 in Wasser auf und lassen Sie es zwei bis drei Stunden lang stehen. In der Zwischenzeit können Sie Ihre Räuchermischung(en) zusammenstellen und im Mörser zu feinem Pulver zerkleinern.

Sie können nach Wunsch auch ätherisches Öl mit verarbeiten. Achten Sie beim Kauf darauf, daß es zu 100 Prozent natürlich ist. Verwenden Sie es in der Räuchermischung sparsam und geben Sie es am besten auf Sandelholzpulver oder Gummi arabicum, welches Sie dann mit den anderen Zutaten mischen.

Vermengen Sie schließlich Ihre pulverisierte Räuchermischung mit dem eingeweichten Gummi arabicum, formen Sie aus der Masse kleine Kegel und lassen Sie sie an einem warmen Ort – jedoch nicht direkt auf der Heizung oder in der Sonne – trocknen.

Zur Herstellung von Räucherkugeln gehen Sie vor wie bei den Kegeln, können hier jedoch auf das Gummi arabicum verzichten. Statt dessen nehmen Sie ein wenig Kohlenstaub sowie Honig als Bindemittel. Mischen Sie Ihre Lieblingszutaten, geben Sie kleine Mengen Kohle und Honig hinzu, und formen Sie aus der leicht klebrigen Masse zwischen den Handflächen kleine Kügelchen. Aber Vorsicht: Wenn Sie sie zu lange in der Hand behalten, wird der Honig warm, die Kugeln zerfließen unversehens und kleben an den Händen. Schließlich müssen Sie auch die Räucherkugeln eine Weile trocknen lassen, bevor Sie sie auf dem Stövchen verräuchern können. Viel Spaß dabei!

Rezepte und Rituale für jeden Anlaß – von Abschied bis Zufriedenheit

Die folgenden Räucherrezepte sind aus langjähriger Erfahrung entstanden und bereits wohlerprobt. Fühlen Sie sich trotzdem frei, sie selbst zu erkunden, mit Ihren Lieblingsdüften zu ergänzen oder, Ihrer Intuition folgend, mit neuen Stoffen zu variieren. Im «Kleinen Lexikon der Räucherstoffe» finden Sie zudem zahlreiche Anregungen, welche Räuchersubstanzen zu welchem Zweck besonders förderlich sind. Manche Menschen mögen den Weihrauch nicht, der Bestandteil vieler Rezepte ist. Wenn Sie zu ihnen gehören, ersetzen Sie ihn durch ein Harz Ihrer Wahl oder lassen Sie ihn einfach weg.

Farbiger Weihrauch ist aufgrund seines Symbolgehaltes in einigen Mischungen enthalten. Die Farben stehen für folgende Aspekte:

Rot	Feuer, Energie, Kraft, Stärke, Mut, Liebe
Gelb	Intellekt, Sonne, Energie, Kommunikation, Genuß, Erfolg
Grün	Heilung, Natur, Zuneigung, Ausgleich, Harmonie, Geld
Blau	Entspannung, Gesundheit, Zufriedenheit, Instinkt
Schwarz	Erdung, Trauer, Mystik, Spiritualität, Erotik
Gold	Reichtum, Opfergabe, Glück, Licht, Übergang

Falls Sie auf Weihrauch verzichten möchten, können Sie diese Qualitäten auch durch farbige Kerzen in Ihr Ritual holen.

Alle Rezepte wurden ausschließlich aus Substanzen zusammengestellt, die im Handel erhältlich sind. Weder tierische noch synthetische Stoffe kommen zum Einsatz. Bitte achten Sie auch beim Einkauf darauf, keine synthetischen Stoffe zu erstehen. Synthetisch sind zum einen «naturidentische» Substanzen, die im Labor dem natürlichen Rohstoff «nachempfunden» werden. Zum anderen gibt es synthetische Stoffe, die in der Natur gar nicht vorkommen, sondern im Labor neu kreiert werden. Beide Varianten eignen sich nicht für Räucherzwecke, da nur dem natürlichen Rohstoff eine «Seele» innewohnt. Greifen Sie also für Ihre Räuchermischungen ausschließlich auf «100% natürliche» Zutaten zurück!

Giftpflanzen bzw. psychoaktiv wirkende Pflanzen wurden in den angegebenen Rezepten ebenfalls ausgespart, auch wenn sie traditionell in Mischungen für Vision oder Magie unabdingbar waren. Die Auswahl hat sich hier auf solche Zutaten beschränkt, die problemlos und legal erhältlich sind – und dazu gehören Stechapfel, Schierling, Bilsenkraut, Alraune oder Belladonna eben nicht.

Ein paar Worte zum Mischen der einzelnen Substanzen: Besonders wirksam werden Ihre Räuchermixturen, wenn Sie sich bereits beim Abmessen, Vermengen und Kneten der verschiedenen Ingredienzen auf den jeweiligen Zweck der Mischung einstimmen, Ihren Geist von allen störenden Gedanken befreien und nur Ihre besten Wünsche und Energien mit einfließen lassen.

Die Texte zu den einzelnen Themenbereichen sind zur Anregung und Einstimmung gedacht, ebenso die Affirmationen, mit denen Sie Ihre Räucherrituale begleiten können. Dabei mögen Sie Ihren inneren Bildern, aufsteigenden Gedanken oder den Rauchbildern folgen, die aus den verbrennenden Substanzen erstehen. Wählen Sie aus den folgenden Angeboten und Denkanstößen einfach das aus, was Ihnen gerade hilfreich ist.

Wir wünschen Ihnen viel Freude auf Ihrer Entdeckungsreise durch die Welt des duftenden Rauchs!

Einkaufsliste der wichtigsten Räucherstoffe

Für den Anfang reicht es, wenn Sie erst einmal einige grundlegende Räuchersubstanzen erstehen und mit ihnen experimentieren. Natürlich sind die Zutaten in den einzelnen
Rezepten so aufeinander abgestimmt, daß die bestmögliche
Wirkung erzielt wird. Doch auch wenn Sie nur einen Teil
der angegebenen Stoffe verwenden, werden Sie fürs erste
befriedigende Resultate erzielen. Zur Orientierung sind im
folgenden die wichtigsten Räucherstoffe aufgeführt, die Sie
für Ihre ersten Versuche auf den Einkaufszettel schreiben
sollten. Falls im Handel verschiedene Sorten eines Harzes
oder Krautes erhältlich sind, nehmen Sie am besten das-
jenige, welches Sie spontan am meisten anspricht.

Harze und Balsame

Benzoe	Mastix
Copal	Myrrhe
Dammar	Styrax
Drachenblut	Weihrauch

Kräuter, Hölzer, Wurzeln und Blüten

Beifuß	Nelken
Ingwer	Patchouly
Iriswurzel	Rosenblüte
Kampfer	Sandelholz
Lavendel	Tonkabohnen
Lorbeer	Wacholder
Muskatblüte	Zedernholz
Myrte	Zimt

Abschied und Gedenken

In meinem Anfang ist mein
Ende.
T.S. Eliot

Wenn ein Mensch stirbt, zu dem wir eine enge Beziehung hatten, sind wir zunächst erfüllt mit Schmerz. Dazu kommt die Sorge um die gestorbene Person. Wie mag es ihr gehen? Selbst wenn wir nicht an ein Leben nach dem Tod glauben oder uns gar nicht vorstellen können, was mit der Seele eines Menschen bei und nach dem Sterben geschehen mag – wir werden zumindest das unbestimmte Gefühl haben, daß er oder sie sich kaum einfach in «nichts» aufgelöst haben kann.

Unsere Vorfahren in vergangener Zeit hatten noch die klare Vorstellung, daß wir alle nach dem Tod die lange Reise ins Jenseits antreten. Wie es bis heute beispielsweise in Indien Brauch ist, wurden Totenzeremonien abgehalten, um den Verstorbenen noch ein Stück des Weges zu begleiten. Fester Bestandteil stellte das Verbrennen von Räucherwerk dar. Dies war eine Hilfe für die Lebenden, um mit dem Rauch des Räucherwerks auch all ihre Gefühle und Erinnerungen an die verstorbene Person noch einmal an sich vorüberziehen zu lassen – um schließlich Abschied zu nehmen. Gleichzeitig diente der Rauch, der ja etwas Mystisches an sich hat, als Brücke zum Jenseits, über welche die Seele des Verstorbenen in den Himmel aufsteigen konnte.

Auch wir können heute das Räucherwerk benutzen, um mit einem gerade Verstorbenen nochmals Kontakt aufzunehmen, um unsere Gefühle ihm gegenüber zu ordnen und ihn in Gedanken auf der Reise, die er angetreten hat, mit unserer Liebe zu begleiten. Eine solche Klärung, ein bewußtes Abschiednehmen kann uns helfen, den geliebten Menschen innerlich loszulassen, und wir können uns vorstellen, daß es auch ihm hilft, sich von seinem Erdenleben zu verabschieden.

Tip:
Verwenden Sie diese Mischung auch an Gedenktagen.

Es kann sinnvoll sein, die folgende Räucherung mehrmals im Abstand von wenigen Tagen durchzuführen, bis Sie das Gefühl haben, wirklich loslassen zu können.

Während ich den Rauch des Abschieds entzünde, lasse ich meine Gefühle und Erinnerungen, negative wie positive, die mich an dich, …, binden, wie Rauch an mir vorüberziehen. Ich akzeptiere es, daß ich bestimmte Dinge nicht mit dir zu Ende bringen konnte, so wie ich es mir gewünscht hätte. Ich lasse alle festhaltenden Gefühle in bezug auf dich los, damit du in Frieden gehen kannst. Ich schicke dir all meine Liebe und Kraft. Sie mögen dich auf der Reise, die du jetzt antrittst, ein Stück weit begleiten und unterstützen.

Diese Räuchermischung fördert: emotionale Klärung, inneren Frieden, die Fähigkeit loszulassen

2 TL	Copal negro
2 TL	Dammar
1 TL	Weihrauch
1 TL	Farbweihrauch, blau
1 TL	Farbweihrauch, grün
1 TL	Farbweihrauch, gold
2 TL	Sandelholz, weiß
1 TL	Myrte
$^1/_2$ TL	Lavendel
$^1/_2$ TL	Sonnenblumenblüte
1 TL	Wacholderholz
3 TL	Iriswurzel, nach Wunsch mehr

Copal negro wird traditionell verwendet, um mit den Ahnen in Kontakt zu treten.

◔ Loslassen, Trauerbewältigung

Amulettäucherung

Die Praxis des Amulettäucherns ist von dem berühmten Reformator der Medizin, dem mittelalterlichen Heiler, Chemiker, Naturphilosophen, Metaphysiker und Laienprediger Paracelsus überliefert. Theophrast von Hohenheim, so sein Geburtsname, entwickelte seinerzeit völlig neue Heilverfahren und -mittel, die größtenteils auf seinen eigenen intensiven Forschungen auf den Gebieten der Chemie, Astronomie und auch der Magie beruhten, statt sich an alten Lehrmeinungen zu orientieren.

Paracelsus war einer der ersten, die Krankheit im Wechselspiel zwischen Makrokosmos – der Umwelt – und Mikrokosmos Mensch, also im großen Zusammenhang zwischen Gestirnen, Ernährung und Verdauung, der persönlichen Veranlagung sowie der geistigen Verfassung des Kranken betrachtete.

Ein wichtiger Bestandteil seiner Heilungen, die er häufig an in damaliger Zeit als unheilbar krank angesehenen Patienten erprobte, waren Amulette. Diese mußten auf festgelegte Weise, unter dem Einfluß bestimmter Gestirne hergestellt und dann «beräuchert» werden. Denn Paracelsus sah die sieben seinerzeit bekannten Planeten im menschlichen Organismus verkörpert. War ein bestimmtes Organ erkrankt, suchte er es mit dem entsprechenden Planetenamulett zu heilen. Zu jedem Planeten gab es eine Räucherung, die jeweils an dem entsprechenden Wochentag angewandt werden mußte: für Saturn wurde am Samstag, für die Sonne am Sonntag geräuchert usw.

Tip:
Wählen Sie ein Amulett aus, das ein zu Ihrem Anliegen passendes Symbol oder einen entsprechenden Edelstein trägt.

Natürlich können wir es dem großen Doktor Paracelsus heute nicht gleichtun, nicht zuletzt, weil manche der von ihm verwandten Stoffe nicht eindeutig identifiziert werden können, andere sind heute nicht mehr erhältlich.

Die hier vorgestellte Räuchermischung dient daher einer allgemeinen Amuletträucherung, die sich jedoch an die Tradition des Paracelsus anlehnt. Sie ist darauf ausgelegt, ein Amulett einzuweihen, es energetisch aufzuladen und es sich im wahrsten Sinne des Wortes anzueignen. Indem Sie es räuchern, verbinden Sie sich mit Ihrem Amulett und «tränken» es mit bestimmten heilenden oder schützenden Informationen, so wie es auch Paracelsus getan hat.

Während ich die heilige Räucherung entzünde, übertrage ich dem Amulett Heilkraft, Lebensenergie, Stärke … . Dieses Amulett soll mir Gesundheit, Schutz, Glück … bringen. Ich mache es hiermit zu meinem Amulett, meinem Begleiter, dem Träger meiner ganz persönlichen Botschaft.

3 TL	Myrrhe	*Diese Räucherung fördert:*
1½ TL	Weihrauch	das «Aufladen» und das
1 TL	Farbweihrauch, gelb	Übertragen einer Botschaft
1 TL	Farbweihrauch, schwarz	auf ein Amulett
¾ TL	Bernstein	
2 TL	Sandelholz, rot	
1½ TL	Eichenrinde	Myrrhe wird von alters her
1 TL	Eisenkraut	verwendet, um Amulette,
¾ TL	Lavendel	Talismane oder Edelsteine
1½ TL	Lorbeer	zu weihen und zu segnen.
1 TL	Johanniskraut	
alles mit		
2 TL	Drachenblut *vermischen*	◑ Edelsteinräucherung

Anrufung

Die Sache eines Besonnenen
ist es, das im Traum oder im
wachen Zustande von der
weissagenden und
begeisterten Natur
Ausgesprochene, nachdem es
in das Gedächtnis
zurückgerufen worden,
zu begreifen.
Plato

Eine Anrufung ist eine innige Zwiesprache mit den Göttern. Wir wenden uns an eine höhere Macht, um Hilfe, Beistand und Klarsicht zu erbitten. Eine Frage mag uns auf der Seele brennen, auf die wir in unserer Anrufung eine Antwort suchen – so wie es die Priesterinnen der Antike taten. Sie befragten ein Orakel, um zu erfahren, wie es um die Geschicke des Volkes, seines Königs oder seiner Armee stand. Daraufhin fuhr der Geist eines Gottes in sie und verkündete durch sie seine Botschaft, die meist eine Voraussage für die Zukunft war.

Auch wir können heute Fragen in den Äther entsenden, die uns beschäftigen: Wie steht es in der Liebe? Was muß geschehen, damit ich in meinem Beruf vorankomme? Doch oft wissen wir vielleicht gar nicht, was wir fragen wollen. Wir fühlen uns «irgendwie» unwohl; wir sind im Job, in einer Beziehung oder Wohnsituation unzufrieden, haben jedoch nur eine diffuses Gefühl der Stagnation oder Resignation. Dann bitten wir in einer Anrufungsräucherung um Klarheit, darum, daß sich uns der Knackpunkt, die Natur des Problems offenbaren möge.

Natürlich können wir uns auch mit einer ganz bestimmten Bitte in die Anrufung begeben. Es mag der allgemeine Wunsch nach Gesundheit sein, nach Glück oder Wohlstand oder ein ganz spezielles Anliegen: Wir möchten den Job in der neuen Firma bekommen; wir wünschen uns, daß ein Freund/eine Freundin in dieselbe Stadt zieht; wir bitten darum, daß auf einer geplante Reise alles glattgehen möge, daß wir ein Beziehungsproblem lösen, einen Streit glimpflich beilegen mögen…

Wichtig ist nur, daß wir innerlich still werden, Körper und Geist entspannen und uns öffnen für die Botschaften, die sich im Rauch der Anrufung offenbaren. Eine Botschaft mag als Bild in uns auftauchen oder als ein Gefühl der Klarheit und Gewißheit. Vielleicht sehen wir plötzlich den Anfang eines Weges, dort, wo vorher keiner zu sein schien. Dann ist unsere Anrufung erhört worden.

Während ich den heiligen Rauch entzünde, rufe ich die Götter an und alle hilfreichen Geister. Erhört meine Bitten mit Wohlwollen! Sie entspringen den Tiefen meiner Seele, und ich wünsche mir von ganzem Herzen, daß sie in Erfüllung gehen mögen. Bitte beantwortet meine Fragen. Ich bitte um … Ich möchte wissen, …

3 TL	Copal negro	*Diese Räuchermischung fördert:*
1 TL	Copal oro	
2 TL	Mastix	die Sprache des Herzens
1 TL	Farbweihrauch, rot	und der Seele; die
1 TL	Farbweihrauch, schwarz	mystische Verbindung mit
1 TL	Myrrhe	einer höheren Kraft
1 TL	Benzoe Sumatra	
1–1½ TL	Lorbeer	
2 TL	Wegwarte	
2 TL	Sandelholz, weiß	
2 TL	Zedernholz	◖ Gebet, Schwitzhütten-
1 TL	Zedernspitzen	räucherung, Vision

Dank

Arbeitest du an dir, das große Gesetz der Dankbarkeit zu erfüllen, so trägt dir diese Anstrengung nebenbei etwas Merkwürdiges ein: Du leidest viel weniger unter der Undankbarkeit, die dir begegnet.
Albert Schweitzer

Dankbarkeit ist wie ein Zauber, der scheinbar banale und alltägliche, von uns oft unbemerkte Dinge mit Leben und Sinn erfüllt. Dank ist nämlich nicht die Antwort auf ein Geburtstagsgeschenk oder einen Gefallen, den uns jemand getan hat, sondern ein Grundgefühl, das uns im Leben trägt und nährt.

Man kann es üben, dankbar zu sein, indem man sich vor Augen hält, welche wertvollen Dinge, Gefühle und Lebewesen einem tagtäglich begegnen: die Liebe eines Menschen, der uns nahesteht, ein behagliches Zuhause, ein Sonnenstrahl, der ins Zimmer fällt, ein bunter Schmetterling, der sich vor unseren Augen auf einer geöffneten Blüte niederläßt … die Gelegenheiten, sich zu freuen und Dankbarkeit zu empfinden, sind unbegrenzt, wir müssen nur lernen, uns immer wieder daran zu erinnern.

Selbst Situationen, die uns unangenehm sind, Menschen, die uns verletzt haben oder Vorhaben, die schiefgegangen sind, können Anlaß geben, dankbar zu sein. Vielleicht hat die Verletzung dazu beigetragen, eine alte Wunde aufzureißen, die nun heilen kann; möglicherweise haben wir bei einem gescheiterten Projekt unerwartet Hilfe bekommen, oder wir haben durch eine unangenehme Situation etwas über uns selbst erfahren, das uns beim nächsten Mal nützlich sein kann.

Man könnte Dankbarkeit als die Kunst bezeichnen, das Gute, das Positive in allen Dingen, die uns im Leben begegnen, zu erkennen und wertzuschätzen. Um diese Grundhaltung mehr und mehr zu entwickeln, können wir ein regelmäßiges Räucherritual in unseren Alltag integrieren, in dem wir uns all dessen in unserem Leben bewußt werden, was uns dankbar macht und uns wieder auf die Fähigkeiten besinnen, die wir als Kinder natürlicherweise besaßen: uns zu wundern, zu staunen und uns über die allerkleinsten Dinge zu freuen. Ein solches Ritual, mit seinem kraftvollen Rauch, kann bewirken, daß die Welt in wundersamer Weise an Sinn gewinnt … denn es gibt unzählige Gründe, dankbar zu sein.

Während ich den Rauch der Dankbarkeit entzünde, werde ich mir all der Dinge, Menschen und Umstände in meinem Leben bewußt, die meine Dankbarkeit verdienen. Ich schließe in meinen Dank auch all das ein, was ich bisher als «negativ» oder «unangenehm» betrachtet habe. Ich gebe ihm neue Namen: Prüfsteine, Hindernisse, Herausforderungen und Chancen, an denen ich wachsen kann.

2 TL	Myrrhe	
1¹/₂ TL	Mastix	
2 TL	Weihrauch	
2 TL	Iriswurzel	
2 TL	Sandelholz, weiß	
1 TL	Sandelholz, rot	
1¹/₂ TL	Zimtrinde	
1 TL	Patchouly	
³/₄ TL	Alantwurzel	
alles mit		
1–1¹/₂ TL	Drachenblut *vermischen, zum Schluß*	
1 TL	Rosenblüte	
¹/₂ TL	Lavendelblüte *vorsichtig unterheben*	

Diese Räuchermischung fördert:
ein Grundgefühl der Dankbarkeit, Ruhe, stillen Heiterkeit und Gelassenheit, Kraft; innere Einkehr; das Vertrauen, daß die Dinge richtig sind, so wie sie sind

◖ Dank an Mutter Erde, Opferräucherung

Dank an Mutter Erde

Makiri war ein schöner, großgewachsener Mann geworden. Um ihren außergewöhnlichen Sohn zu schützen, schickten seine Eltern ihn fort zu seinen Großeltern, die flußabwärts wohnten. Doch Makiri machte sich auf einen viel weiteren Weg; er reiste durch das Land, um die Erde und ihre Schönheit zu erkunden. Wie seine Ahnen es ihn gelehrt hatten, erfuhr er, daß die Wälder und die weiten Hügel, das Nordlicht und der Sonnenuntergang lebendig waren. Er lebte mit der Natur, im Geist der Wälder, und die Natur und der Geist des Waldes lebten in ihm.

Makiri wanderte ohne Weggefährten durch das weite Land, doch er war niemals allein. Er sprach mit dem Wasser und mit den Bäumen, und er hörte die Stimmen der Alten seines Volkes im Wind. Wie man es ihn gelehrt hatte, lauschte er, selbst wenn es nichts zu hören gab, und er schaute, selbst wenn scheinbar nichts zu sehen war. Der wilde Wolf war sein Bruder. Die Antilope seine Schwester. Beide waren Teil von ihm selbst, Teil seiner Seele.

Jedes Wesen und jede Pflanze, die Mutter Erde hervorgebracht hat, besaß etwas, von dem Makiri lernen konnte. Ein Stein lehrte ihn Ruhe und Beständigkeit. Ein Hirsch lehrte ihn Wendigkeit und Aufmerksamkeit. Auch die kleinsten Gräser und die größten Bäume erlebte er als Teil der großen Familie, deren Mutter die Erde ist – so wie es ihn seine Ahnen gelehrt hatten. Da war nichts, das leer oder ohne Sinn war. Die Welt war erfüllt von Leben und Weisheit.

Tip:
Mit dieser Mischung können Sie auch ein Ritual zur Heilung von Mutter Erde durchführen.

Eines Tages, als er auf der Erde schon vieles gelernt hatte, fand Makiri den Weg auf den Himmelsboden. Er freundete sich mit den Himmelsmenschen an und verbrachte von diesem Tag an viel Zeit dort. Wohl war der Himmelsboden in jenen alten Zeiten der Erde noch näher als heute, denn auch die wilden Gänse und andere hochfliegende Vögel flogen damals ohne Mühe in die Himmelswelt. Und es gab Menschen wie Makiri, die kamen und gingen zwischen Erde und Himmel hin und her, wie es ihnen beliebte. Heute ist der Himmelsboden nicht mehr so leicht zu finden und der Weg ist weiter. Doch es gibt ihn wie eh und je. Der Weg dorthin führt über die Erde.

Indem ich den heiligen Rauch entzünde, danke ich Mutter Erde dafür, daß sie mich und alle meine Brüder und Schwestern geboren hat und dafür, daß sie uns nährt und schützt. Ich fühle die Verbundenheit zu allem, was lebt und gewachsen ist, zu meinen Ahnen, zu allen Pflanzen und Dingen, zu den vierfüßigen und zweibeinigen Wesen und zu allen, die schwimmen oder fliegen.

2 TL	Guajakharz	*Diese Räuchermischung*
1½ TL	Benzoe Sumatra	*unterstützt:*
2 TL	Sandelholz, weiß	Dankbarkeit der Mutter
2 TL	Patchouly	Erde gegenüber, ein Gefühl
1 TL	Pottasche	der Verbundenheit mit
1 TL	Meersalz	allem Seienden
1 TL	Orangenschale	
1½ TL	Zitronenschale	
¾ TL	Eukalyptusblätter	
alles mit		
1 TL	Perubalsam *und*	
1½ TL	Elemi	
gründlich vermischen; zum Schluß		
1½–2 TL	Rosenblüte	
2 TL	Lavendel	
1 TL	Orangenblüte	◖ Dank, Heilung,
vorsichtig unterheben; eventuell etwas Adlerholz zugeben		Opferräucherung,

Depressionen aufhellen

*Wer sich nach
dem Licht sehnt,
ist nicht lichtlos,
denn die Sehnsucht
ist schon das Licht.*
Bettina von Arnim

Wer kennt es nicht? Man fühlt sich niedergeschlagen, kraft- und mutlos, und man hat keine Ahnung, wie's weitergehen soll. Ist dies bei Ihnen öfter oder dauernd der Fall, dann sollten Sie sich dringend um die professionelle Unterstützung eines Therapeuten oder Arztes bemühen. Kommt es dagegen nur ab und zu vor, daß Sie mit Ihrem Latein und Ihren Kräften am Ende sind, dann geht es Ihnen wie den meisten Menschen.

In einer depressiven Phase, die jeden von uns ab und zu heimsucht, gönnen Sie sich am besten zuerst einmal ein heilsames Räucherritual. Entzünden Sie die stärkenden Substanzen, entspannen Sie sich und versuchen Sie zwei Dingen auf den Grund zu gehen: Wie kam es dazu, daß mir die Kraft ausgegangen ist? Habe ich vielleicht nicht gut genug auf mich achtgegeben? Habe ich es versäumt, anderen gegenüber meine Grenzen abzustecken? Habe ich aus alter Gewohnheit gegen mein Gefühl gehandelt, das mir eigentlich gesagt hat, «laß die Finger davon»? Stecke ich – vielleicht zum wiederholten Mal – in einer Partnerschaft, die mir überhaupt nicht guttut? Es gibt unzählige, mehr oder weniger versteckte Gründe für eine Depression. Immer jedoch ist es heilsam, herauszufinden, wieso wir da hineingeraten sind, vor allem, wenn wir das Geschehene ohne Urteil und Schuldgefühle betrachten können.

Von besonderer Wichtigkeit ist es zudem, herauszufinden, was Sie jetzt am dringendsten brauchen. Vertrauen Sie der Kraft des Räucherrituals, um Klarheit über Ihre Bedürfnisse zu erlangen. Hätten Sie jetzt gern den Beistand eines guten Freundes oder der besten Freundin? Scheuen Sie sich nicht, «um Hilfe zu rufen». Für jeden Menschen ist es auch eine schöne Erfahrung, in schlechten Zeiten für den anderen dazusein.

Oder möchten Sie lieber allein bleiben? Vielleicht wirkt dann ein Spaziergang in der Natur oder eine kleine Fußmassage wahre Wunder. Mit dem Räucherritual haben Sie bereits den ersten Schritt getan, sich selbst zu helfen. Spüren Sie weiter dem nach, was Sie nun brauchen. Ihre innere Erstarrung, die meist mit einer Depression einhergeht, ist nun bereits aufgebrochen – und der heilsame Rauch belebt das momentane Grau der Gefühle mit einem neuen Funken Lebensfreude.

Während ich den aufhellenden Rauch entzünde, nehme ich meine Gefühle so an, wie sie gerade sind. Ich urteile nicht und versuche nicht, etwas an ihnen zu ändern. Ich stelle mir vor, daß ich mich selbst in den Arm nehme und mich halte, so wie ein guter Freund es tun würde. Ich gestatte es dem heilsamen Funken Lebensfreude, in mir aufzuflammen.

3 TL	Dammar
2 TL	Benzoe Sumatra
1 TL	Benzoe Siam
1½ TL	Styrax
1 TL	Zitronenschale
1½ TL	Johanniskraut
3 TL	Iriswurzel
1 TL	Alant
¾ TL	Koriander
1½ TL	Sonnenblumenblüte

Diese Räuchermischung fördert:
das Akzeptieren dessen, was ist; emotionale Klärung und Heilung; Selbstliebe

Dammar heißt in der malaiischen Sprache «Licht», und so wirkt es auch: stimmungsaufhellend und antidepressiv.

◐ Energie und Lebenskraft, Heilung, Seelenbalsam, Tatkraft und Selbstvertrauen, Zufriedenheit

Edelsteinräucherung

Gott schläft im Stein, träumt
in der Pflanze, erwacht im
Tier und handelt im
Menschen.
Spruch der Indianer
Nordamerikas

Seit Jahrtausenden werden sie als Schmuck getragen, für Heilzwecke eingesetzt und als Glücksbringer oder Talismane verehrt. Auch für uns heutige Menschen liegt eine große Bedeutung in den Kristallen und edlen Steinen: Neben ihrem Schönheitswert entdecken wir heute zunehmend wieder ihre heilsamen Eigenschaften.

Doch gleich ob wir einen Stein als Schmuck tragen oder zur Heilung einsetzen wollen: Wichtig ist uns, daß er die Schönheit und Lebendigkeit seiner Farben behält sowie frei von negativen «Schwingungen» ist. Denn Edelsteine wirken als Informationsträger und -speicher. Zwar bringen sie ihre eigenen Qualitäten mit, doch sie laden sich auch mit neuen Energien auf. Gleichzeitig können sie sich unter bestimmten Bedingungen *ent*laden. Das kann passieren, wenn man ein Schmuckstück oder einen Talisman über längere Zeit trägt, während man krank ist oder stark unter Streß steht. Oft sieht man es den Steinen sogar an: Sie verlieren an Glanz und Farbintensität. Was man nicht sieht, ist die Tatsache, daß sie auch an Heilkraft verlieren, wenn man sie nicht regelmäßig reinigt bzw. neu auflädt. Besonders wichtig ist eine gründliche Reinigung auch, wenn man ein Erbstück oder Schmuck aus dem Antiquariat tragen möchte, von dem man nicht weiß, was es an «Informationen» mitbringt.

Tip:
Halten Sie die Edelsteine
nicht zu nah über die
Kohle! Manche Steine sind
hitzeempfindlich.

Traditionell wird empfohlen, Edelsteine unter fließendem Wasser zu reinigen – gemeint ist damit, sie in einen klaren Bach oder eine sprudelnde Quelle zu legen. In vielen Ratgebern wird dies heute noch empfohlen, jedoch wer hat schon einen ursprünglichen Wasserlauf in der Nähe? Leitungswasser stellt keine praktikable Alternative dar, denn es ist wohl in ökologischer Hinsicht kaum vertretbar, es eine halbe oder dreiviertel Stunde laufen zu lassen – soviel wäre für eine gründliche Reinigung nötig. Hinzu kommt, daß Steine wie Türkis, Malachit oder Hämatit den Wasserkontakt nicht vertragen. Für das Aufladen in der Sonne gilt das gleiche: der Amethyst beispielsweise bleicht aus, Opal und Türkis sind wasserhaltig und werden spröde.

Die Edelsteinräucherung bietet hier eine optimale Alternative. Sie ist für jeden Edelstein geeignet. Während sie ihn von Negativem reinigt, gibt sie ihm seine ursprüngliche Kraft wieder.

Indem ich den Edelsteinrauch entzünde, übergebe ich meinen Opal, Mondstein, Rosenquarz, Türkis … den reinigenden und tonisierenden Kräften. Ich stelle mir vor, wie der Rauch — fließendem Wasser gleich — alles Negative von meinem Edelstein oder Schmuckstück fortträgt und ihn mit neuer Heilkraft speist.

3 TL	Myrrhe	Meersalz hat die Fähigkeit,
2 TL	Copal Manila	negative Energien zu
3/4 TL	Bernstein	entziehen.
1 TL	Farbweihrauch, gelb	
1 TL	Farbweihrauch, schwarz	
1 TL	Farbweihrauch, rot	
1–1 1/2 TL	Meersalz	
1 1/2 TL	Sandelholz, weiß	
1 TL	Kamille grus *oder*	
2 TL	Kamillenblüte	
1/2 TL	Eukalyptusblätter	
1/2 TL	Angelikawurzel	
3/4 TL	Eisenkraut	◯ Amuletträucherung,
3/4 TL	Mädesüßkraut	Reinigung

Elemente

Die Erde war weiblich und das Wasser befruchtete sie; das Feuer bewirkte die Reifung, und aus dem Äther empfing die Natur den Lebensatem, und sie brachte die Körper gemäß der Gestalt des Menschen hervor. Der Mensch nun wurde aus Leben und Licht zu Seele und Geist, aus dem Leben wurde er Seele, aus dem Licht Geist. In diesem Zustand blieben alle Wesen des wahrnehmbaren Kosmos bis zum Ende dieses Weltzeitalters, das heißt bis zur Entstehung der Arten.
Hermes Trismegistos,
Corpus Hermeticum

Jeder von uns trägt sie in sich: die Sehnsucht nach den vier Elementen. Besonders wenn wir Erholung oder Heilung suchen, gehen wir hinaus in die Natur. Wir wandern in die Berge oder ziehen uns an ein unberührtes Fleckchen Erde zurück. Wir fahren ans Meer, das uns in seiner unendlichen Weite und unergründlichen Tiefe Kraft spendet. Wir sind fasziniert von der Sonne, der großen Energiespenderin, und wir gehen dorthin, wo die Luft noch möglichst rein ist.

Dies ist für uns die direkteste Form, mit den vier Elementen in Kontakt zu treten: sie mit unseren Sinnen zu erfahren und in uns aufzunehmen. Irgendwie spüren wir dabei, daß wir Teilen von uns selbst begegnen, denn wir tragen die Elemente selbst in uns: Das Blut und andere Körperflüssigkeiten bestehen zu großen Teilen aus Wasser. Knochen und Gewebe stehen für die Erdkomponente; Luft atmen wir und transportieren sie durch unser ganzes System, sie erhält uns am Leben; unsere Körperwärme, unser Blutkreislauf repräsentieren das Element Feuer.

Doch nicht nur körperlich tragen wir die Elemente in uns. Auf der geistigen Ebene symbolisieren Erde, Wasser, Feuer und Luft bestimmte Qualitäten, die jeden Menschen individuell prägen. Manchmal jedoch empfinden wir bestimmte Fähigkeiten in uns, die sich einem der Elemente zuordnen lassen, als unterentwickelt – unser «Elementehaushalt» ist im Ungleichgewicht. Wenn Sie das Gefühl haben, daß das auf Sie zutrifft, dann holen Sie einfach das fehlende bzw. jenes Element, das Sie unterstützen oder verstärken möchten, in Ihr Leben – mit den folgenden Elementeräucherungen.

Erde

Die Erde, das Element, das uns so wichtig ist, daß wir unseren Planeten danach benannt haben, zählt zu den weiblichen Elementen. Die Erde bringt alles Leben hervor; sie liefert uns Rohstoffe für Nahrung und Kleidung, ein Dach über dem Kopf, Energiegewinnung und vieles andere, das unser Überleben sichert und darüber hinaus das Leben angenehm macht.

Wenn ich einen grünen Zweig im Herzen trage, wird sich ein Singvogel darauf niederlassen.
Chinesisches Sprichwort

Im übertragenen Sinn steht das Erdelement für das Gefühl, fest verwurzelt zu sein, sich auf dem Boden der Realität zu bewegen und in Kontakt mit unserer eigenen Mitte zu sein. Auf der Ebene der menschlichen Wesenszüge symbolisiert die Erde Standhaftigkeit, Zähigkeit, Verläßlichkeit, einen «eisernen» Willen und die Fähigkeit, Dinge, Projekte oder Ideen in die Tat umzusetzen und auch zu Ende zu bringen.

Während ich den Rauch der Erde entzünde, werde ich mir meiner Fähigkeiten und Talente bewußt, die ich auf die Erde bringen und verwirklichen möchte. Ich stelle mir in allen Einzelheiten vor, welche Schritte ich dazu tue und lasse das angestrebte Ergebnis vor meinem geistigen Auge lebendig werden.

Diese Räuchermischung unterstützt:
das Gefühl, mit beiden Beinen fest auf der Erde zu stehen; Ausdauer und Zähigkeit

1 TL	Myrrhe
1 TL	Benzoe
1 TL	Weihrauch
1 TL	Tonkabohne, gehackt
1 TL	Kalmus
2 TL	Patchouly
1 TL	Fichtennadeln
2 TL	Rosenblüte
$^1/_2$ TL	Beifuß

Weitere Stoffe der Erde
Aloeholz, Angelikawurzel, Galbanum, Labdanum, Moschuskörner und -kraut, Opoponax, weißes Sandelholz, Styrax, Tolubalsam, Zeder

Wer es noch «erdiger» will, kann noch 1 TL Guggul oder ein wenig Vetiver zugeben.

◐ Dank an Mutter Erde, Erdung, Sternzeichen/Stier, Jungfrau, Steinbock

Feuer

Betrachten wir die Erde als Mutter, dann ist der Geist des Feuers unser Vater. Das dem Männlichen zugeordnete Feuerelement ist reine Energie. Es ist formlos, nicht festzuhalten und strebt ständig nach Ausbreitung. Neben seinem zerstörerischen, aggressiven Potential trägt es jedoch auch zu unserem Überleben bei: Es wärmt uns, es liefert uns die Energie, um Licht zu erzeugen, Essen zu kochen oder unsere Maschinen zu betreiben.

Das Feuer steht für Transformation, es ist der Antrieb für unser Streben nach Höherem. So, wie die Flammen gen Himmel züngeln, so schürt das Feuer unseren Willen und unsere Tatkraft, uns für das einzusetzen, was uns im Leben wichtig ist. Das Feuerelement steht ebenso für sexuelle wie für geistige Leidenschaft, für Macht und Stärke, dafür, uns mit Leib uns Seele einer Sache hinzugeben.

Diese Räuchermischung
unterstützt:
Stärke und Tatkraft,
Leidenschaft und
Inspiration

Während ich den Rauch des Feuerelementes entzünde, verbinde ich mich mit der Stärke und Tatkraft, die in mir verborgen liegen. Das Feuer verbrennt und transformiert meine Zweifel und Ängste. Ich spüre, wie ein Funke in mir entspringt, der mich geistig, körperlich und seelisch befruchtet und mich meinen Zielen, Wünschen und Vorhaben näherbringt.

Weitere Stoffe des Feuers
Aloe, Copal negro,
Galbanum, Muskatnuß,
Myrrhe, Nelke, Pfeffer,
Rosmarin, Safran,
Sonnenblumenblüte,
Thymian, Wacholder,
Weihrauch, Ysop, Zeder,
Zimtblüte

1 TL	Benzoe Siam
2 TL	Copal oro
2 TL	Sandelholz, rot
2 TL	Drachenblut
1 TL	Ingwer
1½ TL	Zimtrinde
½ TL	Angelikawurzel
1 TL	Muskatblüte
1 TL	Galgant

○ Sternzeichen/Widder,
Löwe, Schütze;
Planeten/Sonne

Wasser

Das weibliche Element Wasser ist immer in Bewegung: Es plätschert und fließt, es strömt und stürzt in Wasserfällen herab, oder es verdunstet für uns unsichtbar gen Himmel. Wie unser Mutterplanet, so bestehen auch wir Menschen zum überwiegenden Teil aus Wasser. Und so wie die ersten Lebewesen im Wasser entstanden, so werden auch wir heute aus dem Fruchtwasser der Gebärmutter geboren.

Das Prinzip aller Dinge ist Wasser; aus Wasser ist alles, und ins Wasser kehrt alles zurück.
Thales von Milet

Das Wasserelement steht im Bereich der Symbole für die Gefühle. Denn auch sie sind bewegt wie die Meeresbrandung, manchmal unergründlich wie ein Moorsee und sensibel für die kleinste Einwirkung von außen – so, wie selbst der kleinste Kieselstein kreisförmige Wellen erzeugt, wenn man ihn ins Wasser wirft. Wasser ist weich und hart zugleich, und es ist äußerst machtvoll. Ein kleiner, stetiger Tropfen höhlt den Stein oder bringt das Faß zum Überlaufen.

Während ich den Rauch des Wasserelementes entzünde, verbinde ich mich mit meinen Gefühlen. Ich akzeptiere, daß sie in ständiger Bewegung sind, leicht zu beeinflussen und unvorhersehbar. Ich erkenne die Macht meiner Emotionen an; ich bin für meine Gefühle empfänglich, ich ertrage sie und genieße sie, aber ich lasse mich nicht von ihnen hin und her werfen wie ein Papierschiffchen auf hoher See.

Diese Räuchermischung unterstützt:
Gefühle wahrnehmen und annehmen

2 TL	Mastix
1½ TL	Meersalz
2 TL	Irisch Moos
1 TL	Moschuskraut
1½ TL	Iriswurzel
2 TL	Sandelholz, weiß
1½ TL	Jasminblüte
1 TL	Rosmarin
1 TL	Myrte
2 TL	Elemi

Weitere Stoffe des Wassers
Angelikawurzel, Benzoe, Eisenkraut, Kalmus, Lindenblüte, Moschuskörner, Wermut

◐ Sternzeichen/Fische, Krebs, Skorpion; Planeten/Mond, Neptun

Luft

*Ich setzte den Fuß
in die Luft
und sie trug.*
Hilde Domin

Die Luft ist überall. Sie gilt als männliches Element. Wir sehen und fühlen sie nicht, solange sie nicht in Bewegung ist – oder wir selbst in Bewegung sind. Luft brauchen wir zum Atmen, also um zu überleben. Die Qualität der Luft entscheidet in hohem Maße über die Qualität unseres Lebens. Gute, saubere Luft war schon immer ein Heilmittel; so fahren wir auch heute noch in einen «Luftkurort», um uns zu kurieren.

Auf der Ebene der Entsprechungen steht die Luft für Geist und Verstand. Menschen, die vom Element Luft geprägt sind, erkennt man meist an ihrer außergewöhnlichen geistigen Beweglichkeit, an ihrem Einfallsreichtum und sprudelnden Ideen. Das Element Luft steht also für ständige (geistige) Bewegung, hochfliegende Pläne und einen wachen Verstand.

*Diese Räuchermischung
unterstützt:*
geistige Wachheit;
den freien Fluß
von Gedanken und Ideen

Während ich den Rauch des Luftelementes entzünde, verbinde ich mich mit meinem wachen Geist. Ich lasse meinen Gedanken und Ideen freien Lauf, ohne sie zu beurteilen oder zu bremsen. Ich genieße den Strom der Gedanken, ohne sie in «logisch» oder «sinnvoll», «realisierbar» oder «utopisch» zu unterteilen.

*Weitere Räucherstoffe
der Luft*
Anis, Copal blanco, Copal
Manila, Copal oro,
Eisenkraut, Elemi, Melisse,
Myrrhe, Sandelholz,
Weihrauch

1$\frac{1}{2}$ TL	Burgunderharz
2 TL	Dammar
1$\frac{1}{2}$ TL	Mastix
1$\frac{1}{2}$–2 TL	Kampfer
1 TL	Lorbeer
1 TL	Myrte
$\frac{1}{2}$ TL	Mädesüßblüte
$\frac{1}{2}$ TL	Mädesüßkraut
1 TL	Lavendel
1$\frac{1}{2}$ TL	Muskatblüte

○ Sternzeichen/Zwillinge,
Waage, Wassermann;
Planeten/Merkur

Wem das Burgunderharz zuviel Rauch entwickelt, der kann statt dessen 1 TL Mastix zusätzlich verwenden.

Äther

Das geheimnisvolle fünfte Element, die *quinta essentia*, ist weder greifbar noch sichtbar – es ist die Quintessenz aus den vier ursprünglichen Elementen. Es nimmt also einen ganz besonderen Platz ein, der lange Zeit außerhalb der übrigen Elemente angesiedelt wurde, oder ihnen übergeordnet, so wie das Göttliche, das man als etwas außerhalb des Menschen betrachtete. Heute hat sich die Auffassung vom Äther gewandelt, wie sich im Zeitalter des Wassermanns auch unsere Sicht von Gott ändert. Wir begreifen langsam, daß das Göttliche in jedem Menschen, in der Natur, in allen Dingen präsent ist – so wie der Äther alle Elemente vereint und durchdringt.

Ein Gott,
der nicht lächeln kann,
könnte dieses seltsame
Weltall nicht geschaffen
haben.
Sri Aurobindo

Indem ich den Rauch des Äthers entzünde, werde ich mir seines allumfassenden, alles durchdringenden Wesens bewußt. Durch ihn verbinde ich mich mit allen Menschen, Tieren, Pflanzen und Dingen, mit dem Kosmos und den Sternen. In ihm begegne ich dem großen Rätsel unseres Daseins.

1 TL	Benzoe
1 TL	Myrrhe
1 TL	Weihrauch
1 TL	Dammar
1 TL	Tonkabohne, gehackt
1 TL	Sandelholz, rot
1 TL	Zedernholz
1 TL	Kalmus
$1/2$ TL	Fichtennadeln
1 TL	Ingwer
$3/4$ TL	Zimtrinde
$3/4$ TL	Myrte
$1 1/2$ TL	Rosenblüte
1 TL	Lavendel

Diese Räuchermischung
unterstützt:
das Bewußtsein der Einheit
mit allen Dingen;
die Begegnung mit
dem Numinosen

Nach Wunsch noch 1 TL Meersalz zugeben.

⊙ Planeten/Kosmos

Energie und Lebenskraft

Wenn Geist und Körper zusammenarbeiten, hat man in jedem Alter genügend Energie.
Deepak Chopra

In östlichen Kulturen weiß man schon viel länger um die «universelle Lebenskraft», das Ch'i (chinesisch), Ki (japanisch) oder Prana (indisch): Es ist die Kraft, die ständig durch uns fließt, die uns nährt und am Leben erhält. Der große taoistische Alchemist Ko Hung schrieb über das Ch'i: «Der Mensch ist in Ch'i, und Ch'i ist innerhalb des Menschen. Himmel und Erde und die Zehntausend Wesen, alle benötigen sie das Ch'i, um am Leben zu bleiben. Der Mensch, der sich darauf versteht, sein Ch'i zirkulieren zu lassen, erhält seine Person und bannt Übel, die ihm schaden könnten.»

Um das Ch'i, Ki oder Prana zirkulieren zu lassen, gibt es zahlreiche Methoden, die sich auch bei uns im Westen immer mehr etablieren: Tai Ch'i und Qigong, Kampfkünste wie Aikido, Karate oder Kung Fu sowie die verschiedenen Wege des Yoga – um nur einige zu nennen. Allen gemeinsam ist die intensive Schulung der Atmung, durch die wir den Fluß der Lebensenergie bewußtmachen, lenken und stärken können.

Wir müssen also etwas dafür tun, diesen Energiefluß in Bewegung zu halten, der Ausdruck unserer seelischen Stärke ist, welche unseren Körper nährt. Denn reine Muskelkraft reicht auf die Dauer nicht aus, um uns vital und gesund zu erhalten.

Tip:
Fächeln Sie sich reichlich von dem Rauch zu. Das gibt Energie!

Probieren Sie einmal die folgende kleine Übung, um mit der Lebensenergie in sich in Kontakt zu kommen: Stellen Sie sich stabil auf eine feste Unterlage, die Beine schulterbreit auseinander, die Knie leicht gebeugt. Heben Sie die Arme senkrecht vor den Körper, so daß sie einen Kreis bilden – als ob Sie einen großen Ball umfassen würden. Die Handflächen weisen zueinander, ohne sich zu berühren – als würden Sie einen kleinen Ball halten. Stellen Sie sich nun vor, wie Ihr Atem beim Ausatmen durch Ihre Arme fließt, und spüren Sie die

Energie, die zwischen Ihren Handflächen fließt. Experimentieren Sie nun ein wenig mit dem Abstand zwischen Ihren Händen. Wie weit können Sie sie voneinander entfernen, ohne daß Sie den Kontakt verlieren? Je öfter Sie üben und je länger und gleichmäßiger Sie ausatmen, desto größer wird der «Energieball» zwischen Ihren Händen werden.

Während ich den heiligen Rauch entzünde, verbinde ich mich mit der Kraft in mir, die immer da ist, die mich nährt und trägt. Ich atme tief und gleichmäßig in den Bauch und spüre, wie die Energie stark und kraftvoll durch meinen Körper strömt.

2 TL	Mastix
2 TL	Dammar
2 TL	Weihrauch
1½ TL	Myrrhe
1½ TL	Lemongras
1½ TL	Muskatblüte
1½ TL	Eisenkraut
1 TL	Beifuß
¾ TL	Rosmarin
½ TL	Kardamompulver
½ TL	Angelikawurzel

○ Feng Shui, Tatkraft und Selbstvertrauen

Entspannung und Balance

*Der Mensch ist es wert,
daß er sich um sich
selbst bekümmere,
und er hat
in der eigenen Seele,
woraus etwas werden kann.*
C.G. Jung

Manchmal versuchen wir uns zu zerteilen, es jedem recht zu machen, uns um dieses und jenes gleichzeitig zu kümmern, Termine wahrzunehmen, den Haushalt auf die Reihe zu bekommen, dem Kollegen beim Umzug zu helfen und die Schwiegereltern noch eben zwischendurch aufs Wochenende einzuladen … Ehe wir uns versehen, befinden wir uns in einem Strudel von Verpflichtungen und Dingen, und wir geraten aus der Balance.

Auch seelischer Schmerz, Enttäuschung, Verlust können uns aus der Bahn bringen. Oft erwarten wir es gar nicht, aber gerade auch die intensiven Gefühle einer neuen Liebe, eines Erfolgs oder unerwarteten Glücks werfen uns manchmal im wahrsten Sinne des Wortes um. Alle Extreme bringen uns in Gefahr, unsere Mitte zu verlieren.

Doch was immer uns aus dem Tritt gebracht hat – wenn wir uns dessen bewußt werden, sollten wir uns zuerst einmal eine Pause gönnen. Entspannung lautet das Zauberwort, Rückkehr zu uns selbst.

Noch besser allerdings ist es, vorzusorgen. Wir erreichen dies, indem wir regelmäßige Entspannungspausen in unseren Alltag integrieren. Wenn wir am Schreibtisch oder Computer arbeiten, können wir kleine Pausen einlegen und ein paar Lockerungsübungen machen.

Tip:
Um sich zwischendurch
kurz zu entspannen, eignen
sich Räucherstäbchen
besonders gut.

Wenn wir viel Streß und wenig Zeit haben, nützt manchmal schon ein Walkman, der uns in einer kurzen Kaffeepause mit unserer Lieblingsmusik verwöhnt. Denken Sie sich einfache und vielleicht verrückte Sachen aus, die Sie wenigstens vorübergehend zur Ruhe kommen lassen.

Besonders hilfreich ist es, wenn Sie regelmäßig zu einer bestimmten Zeit des Tages ein Räucherritual zelebrieren, in
dem Sie Kraft und Ruhe tanken – um immer wieder zur inneren Balance zurückfinden. Entspannen Sie sich; sitzen Sie
bequem und atmen Sie tief in den Bauch. Führen Sie alle Einzelheiten des Rituals – vom Anzünden der Kohle bis zum
Auflegen des Räucherwerks – ganz ruhig und bewußt aus,
und genießen Sie diese Zeit, die ganz allein Ihrer Entspannung und inneren Sammlung gehört. Stellen Sie sich vor, wie
der Rauch allen Streß des Tages und alle Gedanken, gleich
welcher Art, hinforttträgt und Sie in einen Zustand tiefen
Friedens versetzt.

Wenn Sie sich durch regelmäßige Räucherrituale stärken, entsteht in Ihnen mit der Zeit eine Art Insel der Ruhe, auf die
Sie jederzeit zurückkehren können, um Kraft zu schöpfen,
auch wenn es in Ihrem Leben turbulent zugeht.

Während ich den Rauch der Entspannung entzünde, gelange ich an
den Ort in mir, der entspannt und in Harmonie ist. Ich stelle ihn mir
als eine kleine Insel vor, die ich begrüne und pflege, damit ich mich je-
derzeit zur Erholung auf sie zurückziehen kann.

2 TL	Benzoe	*Diese Räuchermischung*
2 TL	Copal oro	*fördert:*
2 TL	Styrax	Ruhe, Entspannung,
1 TL	Moschuskörner *oder*	Distanz zum Streß und den
1¹/₂ TL	Moschuskraut mit Blüten	Anforderungen des Alltags
2 TL	Sandelholz, weiß	
1 TL	Sandelholz, rot	
1¹/₂ TL	Rosenblüte	
1 TL	Lavendel	
1 TL	Zimtrinde	
¹/₂ TL	Myrte	◗ Erdung, Frieden,
		Harmonie, Meditation,
		Zufriedenheit

Geben Sie je nach Geldbeutel eine gute Prise Adlerholz zu.

Erdung

Je höher das Gebäude,
desto tiefer muß
das Fundament reichen.
Thomas à Kempis

Manchmal hat man das Gefühl, den Boden unter den Füßen zu verlieren. Ein Windhauch, und man könnte davonfliegen wie der fliegende Robert, der unbedingt mit seinem Schirm im Sturm spazierengehen wollte. Auch Hans Guckindieluft war ein Angehöriger jener Spezies, die aufgrund mangelnder Bodenhaftung ein tragisches Schicksal ereilt.

Doch jedem Menschen geht es wohl ab und an so, daß er das Gefühl hat, nicht mehr so recht auf dem Boden der Tatsachen zu stehen. Im allgemeinen sind weniger Verträumtheit, Naivität oder Kopflosigkeit der Grund dafür – so wie im Struwwelpeter –, sondern wir geraten durch emotionalen Streß oder die alltägliche Hektik in einen Zustand, in dem wir «neben uns stehen». Wir haben mitten im Sturm den Schirm aufgespannt. Wir haben unsere Mitte verloren.

Versuchen Sie zur Erdung einmal die folgende klassische Übung für guten Bodenkontakt: Stellen Sie sich aufrecht auf eine feste Unterlage, die Füße schulterbreit auseinander. Am besten machen Sie diese Übung barfuß, vielleicht sogar im Freien auf einer Wiese oder auf einem Felsen, wo Sie die Erde unter sich besonders intensiv spüren können. Wenn Sie zu Hause üben, bringt die hier beschriebene Räuchermischung die Qualität der Erde zu Ihnen ins Haus.

Beugen Sie die Knie ein wenig, kippen Sie das Becken leicht nach hinten unten, um die Wirbelsäule zu dehnen. Entspannen Sie Ihren gesamten Körper, lassen Sie die Arme hängen und spüren Sie die ganze Schwere Ihrer Glieder. Atmen Sie nun tief in den Bauch. Fühlen Sie, wie sich die Bauchdecke hebt und senkt, wie der Atem tiefer und kraftvoller in sie hinein- und aus Ihnen herausströmt. Nun spüren Sie der Schwerkraft nach, wie sie Sie angenehm mit der Erde verbindet und ein Gefühl der Sicherheit, Kraft und Verbundenheit

Tip:
Um sich zu erden, können Sie sich auch für einen Moment an einen Baum lehnen und dessen erdende Kraft aufnehmen.

fördert. Stellen Sie sich nun vor Ihrem geistigen Auge vor, wie von Ihren Füßen aus Wurzeln in den Boden wachsen, die Sie wie einen Baum tief mit der Erde verbinden.

Während ich den erdenden Rauch entzünde, der mich an meine Wurzeln erinnert, trete ich innerlich zurück von meinen Verpflichtungen, vom Streß des Tages – von meinem «Wollen» und «Sollen». Ich erlaube mir, einfach nur dazusein, in mich hineinzulauschen und meine Mitte zu spüren. Ich lasse meine Wurzeln tief in die Erde wachsen.

2 TL	Myrrhe
2 TL	Opoponax
1½ TL	Guggul
2 TL	Benzoe Sumatra
1 TL	Labdanum
1 TL	Angelikawurzel
2 TL	Sandelholz, weiß
1½ TL	Sandelholz, rot
2½ TL	Patchouly
1½ TL	Zedernholz

Diese Räuchermischung unterstützt:
das Bewußtsein der eigenen Mitte;
Ruhe, Stärke;
die Rückverbindung zu den eigenen Wurzeln

Wahlweise kann noch 1 – 1½ TL Vetiver zugegeben werden.

◐ Elemente/Erde
Entspannung und Balance

Erfolg

Bei Erfolg denken wir meist sofort an Beruf, Karriere und Geldverdienen. Erfolg ist, wenn man befördert wird, eine Gehaltserhöhung oder vielleicht sogar eine Auszeichnung bekommt. Man hat als Bester im Examen abgeschnitten, die Ausbildung mit *sehr* guten Noten abgeschlossen. Das nennen wir Erfolg.

Ein zweiter Bereich, in dem eindeutige Erfolge verzeichnet werden, ist der Sport. Doch was bedeutet hier Erfolg? *Sieger* zu sein! Da es in jedem Wettkampf, außer in Mannschaftssportarten, nur einen Ersten geben kann, sind alle Übrigen die *Verlierer*. Demnach müßte die Welt zum überwiegenden Teil aus Verlierern bestehen. Ist das nicht grausam?

Wir reduzieren die Idee von Erfolg auf einen minimalen Ausschnitt des Lebens, indem wir ihn nur in Konkurrenz zu anderen sehen oder in Abhängigkeit von deren Bewertungen sowie in meßbaren Leistungen. Warum bloß berauben wir uns des unglaublich befriedigenden Gefühls, erfolgreich zu sein – *täglich*, auf den verschiedensten Ebenen unseres Daseins, in den großen, mittleren und kleinen Dingen des Lebens?

Sind nicht besonders die kleinen Schritte, die wir tun, oft unsere größten Erfolge? Vielleicht sind Sie jahrelang förmlich explodiert, wenn Sie jemand kritisiert hat, heute freuen Sie sich über Kritik, da Sie sie als Möglichkeit erkennen, sich weiterzuentwickeln. Noch gestern haben Sie sich womöglich nicht getraut, einen Schritt auf einen Menschen zuzugehen, der Ihnen wichtig ist, heute geben sie sich einen Schubs und laden ihn auf einen Tee zu sich nach Hause ein. Sind das nicht die Erfolge, die uns nähren und befriedigen?

Tip:
Vergessen Sie nicht,
nach der Erfolgsräucherung
ab und an auch zum Dank
zu räuchern.

Erfolg ist letztlich ein Konzept, das wir selbst mit Leben erfüllen können – und müssen; individuell, jeder für sich selbst, nur gemessen am eigenen Maßstab, jenseits von Konkurrenz und «Leistungen». Erkennen wir doch den Erfolg an, der direkt vor unserer Nase liegt!

Während ich den heiligen Rauch entzünde, werde ich mir all der Erfolge in meinem Leben bewußt, der großen und ganz besonders der kleinen, die ich sonst oft übersehe. Ich lasse sie an meinem inneren Auge vorüberziehen und würdige sie dafür, daß sie mein Leben bereichern und lebenswert machen. Ich bitte darum, daß mir in meinem Leben weiterhin Erfolg beschieden ist. Ganz besonders wünsche ich mir Erfolg für…

1½ TL	Weihrauch
1 TL	Myrrhe
1 TL	Benzoe Sumatra
2 TL	Zedernholz
2 TL	Eichenrinde
1½ TL	Zimtrinde
1 TL	Eisenkraut
1½ TL	Iriswurzelpulver

Diese Räuchermischung fördert:
Erfolg, Aufmerksamkeit, Dankbarkeit, den Blick für die «kleinen», aber durchaus nicht nebensächlichen Dinge

Eichenrinde und Zedernholz ziehen Wohlstand und Erfolg an.

◐ Geld, Glück, Zufriedenheit

Feng Shui

Feng Shui ist die vierte Fähigkeit, die jeder Mensch beherrschen sollte, um ein glückliches Leben zu führen: 1. Atmung – 2. Essen – 3. Ausscheidung – 4. Feng Shui!
Dr. Jes Lim

Feng Shui wird häufig als «Die Lehre vom gesunden Wohnen» bezeichnet. Dahinter verbirgt sich jedoch eine ganze Lebensphilosophie. Die weisen alten Feng-Shui-Meister nannten es, den «Klang» eines Hauses verbessern, also das Zusammenspiel aller Einzelteile. Ein wichtiger Aspekt des Feng Shui ist das *Ch'i* der häuslichen Umgebung, also die Kraft oder Energie, die ungehindert fließen sollte. Doch natürlich reicht hier der Platz nicht aus, um auch nur annähernd die komplexen Zusammenhänge zu erörtern, welche die Lehre von Feng Shui ausmachen. Doch um die Feng-Shui-Räucherung anzuwenden, ist das auch nicht nötig. Dr. Lim, einer der weltweit anerkannten Experten in Sachen Feng Shui, gab bei der Entwicklung des Rezepts wertvolle Tips und hat es für wirksam befunden, die Atmosphäre in Wohnräumen zu reinigen sowie das Ch'i zu erhöhen.

Die Feng-Shui-Räucherung können Sie anwenden, wenn Sie das Gefühl haben, Sie brauchen ein wenig frischen Wind in Ihrer Wohnung. Feng Shui sorgt für unverbrauchte Frische und bietet die etwas sanftere Alternative zur Reinigungsräucherung. Gehen Sie mit Ihrem Räuchergefäß die ganze Wohnung ab. Erspüren Sie Bereiche, die sich unangenehm, unklar oder muffig anfühlen. Räuchern Sie dort ausführlich und benutzen Sie auch Klänge, um diese Energien zu vertreiben. Falls Sie keine Zimbeln, Klangschale oder ähnliches besitzen, klatschen Sie einfach kräftig in die Hände oder setzen Sie die Stimme ein!

Tip:
Fordern Sie bevor Sie räuchern oder das Salz ausstreuen die Geister dazu auf, Ihr Haus zu verlassen!

Wenn Sie noch mehr tun möchten, um Ihr Haus gründlich von störenden Geistern, Dämonen der Vergangenheit oder schlechten Erinnerungen zu reinigen, oder einfach Lust auf einen Frühjahrsputz haben, dann versuchen Sie einmal folgendes Meersalzritual, das der Feng-Shui-Experte Wasili Pantazoglou empfiehlt: Besorgen Sie sich grobes Meersalz – bitte kein Tafelsalz! – und streuen sie es entlang der Wände und Treppenaufgänge durch das ganze Haus. Lassen Sie es dann für sechs bis acht Stunden liegen. Meersalz hat eine stark reinigende Wirkung und wird in dieser Zeit eine Menge «energetischen Abfall» an sich binden. Saugen Sie das Ganze anschließend gründlich auf; den Staubsaugerbeutel sollten Sie am besten gleich in die Mülltonne entsorgen. Wenn Sie die Salzreinigung anwenden, ist es sinnvoll, zum Abschluß mit der Feng-Shui-Mischung zu räuchern.

Während ich den reinigenden Rauch entzünde, bitte ich alle Geister, Energien und Wesenheiten, die ich nicht hierher gebeten habe, mein Haus/meine Wohnung zu verlassen. Möge der Rauch des Feng Shui alte, stagnierte und destruktive Energien vertreiben und gleichzeitig die Atmosphäre klären sowie das Ch'i harmonisieren und stärken.

1 TL	Farbweihrauch, rot
1 TL	Farbweihrauch, gelb
1 TL	Farbweihrauch, gold
1 TL	Farbweihrauch, blau
1 TL	Farbweihrauch, grün
2 TL	Sandelholz, weiß
2 TL	Sandelholz, rot
3 TL	Lavendel
1 TL	White Sage
1 TL	Salbeiblätter

Diese Räuchermischung fördert: den Fluß des Ch'i; Gesundheit, Erfolg, Reichtum

Diese Mischung enthält die Farben der fünf (chinesischen) Elemente, die zusammen ein harmonisches Ganzes bilden. Rot steht hierbei für Feuer, gelb für Erde, gold für Metall, blau für Wasser, grün für Holz.

◗ Reinigung

Frieden

*Ich muß loslassen, woran ich
mich geklammert hatte.
Solange ich diese Tatsache als
Verlust für mich ansah, war
ich unglücklich. Aber sobald
ich sie unter dem Aspekt
betrachtete, daß Leben im
Loslassen und im Tod befreit
wird, kam ein tiefer Friede
über meinen Geist.*
Rabindranath Tagore

Der Himmel verfinsterte sich zusehends. Ein frischer Wind kam auf und kündigte den bevorstehenden Wetterwechsel an. Rasch machten wir uns an den Abstieg von der Bergkuppe; so schnell hatten wir das Unwetter nicht erwartet. Gerade noch rechtzeitig kamen wir bei der Hütte auf halbem Weg ins Tal an, um uns unter das schützende Dach zu retten, da fing es auch schon heftig zu regnen an. Das Wasser rann in Sturzbächen die Schieferschindeln hinunter, mit denen die Hütte gedeckt war, und wir waren glücklich, halbwegs im Trockenen zu sein.

Als ob der prasselnde Regen nicht nur die Hitze der letzten Tage, sondern auch abgestandene, verbrauchte Gedanken sowie die Gefühle vergangener Tage hinwegwaschen würde, fühlten wir uns unter unserem Dach immer leichter und fröhlicher, je länger und stärker das Wasser auf uns herniederprasselte. Wir schnürten die Regenjacken enger und beschlossen, unseren Weg fortzusetzen, nun, da der Regen etwas weniger dicht fiel.

Die Tropfen fielen erfrischend auf unsere Gesichter, als wollten sie unsere Sinne beruhigen; das intensive Rauschen und Plätschern des Wassers zwischen Steinen und Bäumen war so gleichmäßig und intensiv, als wollte es unseren Geist besänftigen. Wir gingen beschwingten Schrittes talwärts.

Tip:
*Bitten Sie mit dieser
Räuchermischung auch
um mehr Frieden und
Toleranz auf der Welt.*

Langsam tröpfelte es weniger, bis es schließlich zu regnen aufhörte. Die Bäume, das Gras, die Blumen am Wegrand glänzten und glitzerten wie in einem freudigen Tanz, als die ersten Sonnenstrahlen ihren Weg durch die Wolkendecke fanden.

Die Welt um uns und in uns war so lebendig und still, so bewegt und in göttlicher Ruhe, daß da kein Gedanke und kein

Gefühl mehr war, das außerhalb dieses schwingenden und klingenden Seins existierte. Der Himmel, die Erde, die Sonne und die Regentropfen, unsere Herzen und unser Geist – alles war durchdrungen von tiefem, zeitlosen Frieden.

Während ich den Rauch des Friedens entzünde, lasse ich mich in den ewigen, stillen Raum in mir sinken, der niemals berührt wird von den Höhen und Tiefen, den Schmerzen und Vergnügungen des Lebens. Ich werde mir bewußt, wie der ewige Geist des Friedens durch alles und jeden schwingt und mich mit ihm verbindet.

2 TL	Benzoe Sumatra	*Diese Räuchermischung*
1 TL	Benzoe Siam	*fördert:*
1¹/₂ TL	Myrrhe	Ruhe, Frieden, innere
1 TL	Tonkabohne, gehackt	Einkehr; die Verbindung
1 TL	Styrax	mit allem Seienden
2 TL	Sandelholz, weiß	
2 TL	Wacholderholz	
¹/₂ TL	Kamille grus *oder*	
¹/₂ TL	Kamillenblüte	
alles mit		
1¹/₂ TL	Perubalsam *mischen; danach noch*	
¹/₂ TL	Rosenblüte	
1–2 TL	Lavendel *und*	☯ Glück, Harmonie,
3 TL	Iriswurzel, geschnitten *hinzugeben*	Liebe, Zufriedenheit

Gebet

Das Beten scheint bei vielen Menschen aus der Mode gekommen zu sein. Als Kindern fiel es uns leicht, zu Gott zu beten, ihn um Hilfe, Rat, Beistand oder ein neues Fahrrad zu bitten. Wir waren noch direkt verbunden mit dieser höheren Quelle, scheuten uns nicht, sie direkt anzusprechen und fanden problemlos die richtigen Worte, eine Sprache, die direkt unserem unschuldigen Herzen entsprang.

Lag es daran, daß der «liebe Gott» sich mit der Zeit in den «strafenden Gott» verwandelte, daß die meisten von uns aufhörten, der Stimme ihres Herzens Worte zu verleihen? Oder wuchsen wir einfach zu «vernünftigen» Menschen heran, die «an so etwas» nicht mehr glaubten und sich seltsam oder albern vorkamen, wenn sie weiterhin wie die Kinder zu Gott beteten?

Warum auch immer wir uns von diesem machtvollen Instrument der Rückverbindung mit einer höheren Quelle der Kraft getrennt haben – glücklicherweise haben wir jederzeit die Chance, den Kontakt wiederaufzunehmen bzw. zu verstärken. Das Räuchern ist dafür ein wunderbares Instrument, denn es schafft eine Atmosphäre der Andacht, die uns leichter mit uns selbst, unseren Wünschen und Bedürfnissen, Ängsten und Sehnsüchten verbindet. Gleichzeit stellt es eine Brücke zur «Anderswelt», zu höheren Sphären, zum Göttlichen dar.

Egal, welche religiösen Überzeugungen man hat, und auch dann, wenn diese sich nicht mit der Idee eines Gottes in Einklang bringen lassen – selbst wenn der keinen weißen Bart und wallende Gewänder trägt –, es gibt viele Möglichkeiten, unsere ganz eigene Art des Gebets zu finden. Vielleicht beten wir lieber zur Großen Mutter, zur Existenz oder ohne uns durch Namen festzulegen. Als Grundlage brauchen wir nur das Vertrauen, daß unsere Gebete von irgendeiner höheren Macht erhört werden – sowie die Gewißheit, daß unser Sehnen nach Liebe, unsere Bitten um Beistand, die Worte, die der Tiefe unseres Herzens entspringen, ein Echo finden werden. Dieses Echo kann sich auf mannigfaltige Weise manifestieren: durch ein intensiveres Lebensgefühl, mehr Dankbarkeit den «kleinen» Dingen des Lebens gegenüber, die Erfüllung eines Wunsches oder einfach das Gefühl, von der Quelle des Lebens gespeist zu werden.

Während ich den Rauch des Gebets entzünde, lasse ich meine innere Stimme sprechen: Ich bitte Dich, Gott, Großer Geist, Große Mutter …; Kräfte des Universums, bitte helft mir dabei, … Bitte unterstützt und leitet mich … gebt mir die Kraft und den Mut, die ich heute brauche.

2 TL	Weihrauch
1½ TL	Myrrhe
1½ TL	Copal oro *oder* Manila
1 TL	Opoponax
2 TL	Zedernholz
1 TL	Zedernspitzen
1 TL	Johanniskraut
¾ TL	Angelikawurzel

Diese Räuchermischung fördert:
die innere Stimme;
die Kraft, um Hilfe und Beistand zu bitten;
die Verbindung zu Gott

Weihrauch ist der klassische Stoff zum Übermitteln von Gebeten an die Welt der Götter.

◠ Anrufung, Schwitzhüttenräucherung

Geistige Klarheit

*Der beste Beweis
für Geist und Wissen
ist Klarheit.*
Petrarca

Um verschiedene Geisteshaltungen zu verdeutlichen, mit denen wir Menschen durchs Leben gehen, mag die folgende Begebenheit dienen: Vier Männern wurde die Aufgabe gestellt, einen runden und einen eckigen Pflock jeweils in ein Loch zu treiben. Zur Auswahl standen jeweils ein rundes und ein eckiges Loch.

Der Selbstsüchtige war der erste, der an die Reihe kam. Nur seine eigenen Absichten im Kopf, versuchte er, den runden Pflock in das viereckige und den viereckigen Pflock in das runde Loch zu schlagen. Wie man sich vorstellen kann, mühte er sich ziemlich, um die Aufgabe zu erfüllen. Doch unter Gewaltanwendung gelangte er schließlich ans Ziel.

Nun versuchte es der Schlaue. Er hatte eine Menge Tricks parat, um die Pflöcke auf die verschiedensten Arten in irgendwelche Löcher einzupassen. Er bearbeitete flugs den runden Pflock so, daß er in das eckige Loch paßte, und ebenso ging er mit dem eckigen vor. Es dauerte zwar eine ganze Weile, aber auch der Schlaue löste die Aufgabe am Ende.

Der Gelehrte ging natürlich ganz anders an die Sache heran. Er verfaßte zunächst eine Abhandlung darüber, weshalb wohl ein runder Pflock perfekt in ein rundes, aber nur schlecht in ein eckiges Loch paßte. Auch über die Natur eines eckigen Pflocks und dessen Unfähigkeit, in ein rundes Loch zu passen, machte er sich seine Gedanken. Er hielt es unterdessen nicht für nötig, dazu praktische Versuche anzustellen.

Tip:
Benutzen Sie Zimbeln
oder Klangschalen, um
während des Rituals
Aufmerksamkeit und
Achtsamkeit zu erhöhen.

Als letzter machte sich der Weise an die Arbeit, der nach einem langen Leben in Einfachheit geistige Klarheit erlangt hatte. Ohne Mühe trieb er den runden Pflock in das runde, den eckigen in das eckige Loch.

Das ist es wohl, was geistige Klarheit auszeichnet: Mühelo-
sigkeit und ein Sinn für das Wesentliche. Weder denken noch
forschen, weder Gelehrsamkeit noch Intelligenz sind es letztlich, die uns weiterbringen. «Es einfach tun» könnte man
diese geistige Haltung, aus der die Klarheit erwächst, auch
nennen – schlicht sein, ohne Umschweife handeln. «Es» tut
einfach durch einen hindurch, denn man ist wie ein offener
Kanal, durch den die Dinge einfach geschehen können, (fast)
wie von selbst.

*Während ich den Rauch der geistigen Klarheit entzünde, leere ich
meinen Geist von Gedanken, Grübeleien, «Wenns» und «Abers»,
Zweifeln und erlerntem Wissen. Ich wandere nach innen zu der na-
menlosen, wortlosen Quelle in mir, die einfach ist und aus der die
Klarheit entspringt.*

2 TL	Dammar	
1½ TL	Weihrauch	
1½ TL	Mastix	
1 TL	Copal oro *oder* Manila	
1½ TL	Lorbeer	
1 TL	Eisenkraut	
½ TL	Lavendel	
1 Prise	Muskantnuß	
1–2 TL	Zedernspitzen	
alles mit		
2 TL	Elemi *vermischen*	

*Diese Räuchermischung
fördert:*
innere Ruhe, Stille;
geistige Klarheit jenseits
des verstandesmäßigen
Denkens

◖ Konzentration,
Meditation

Geld

Das liebe Geld – wieviel brauchen wir davon? Wieviel wollen wir davon haben? Und: Wieviel haben wir tatsächlich? Haben wir genug zum Leben? Soviel wie wir uns wert sind? Oder vielleicht sogar zuviel?

In jedem Fall ist Geld ein Thema, das die meisten von uns immer wieder beschäftigt, auch wenn wir wissen, daß Geld allein nicht glücklich macht – doch immer sparen müssen, ebensowenig. Wie so oft im Leben, gilt es, den goldenen Mittelweg zu finden: Es müssen ja nicht gleich ein paar Millionen im Lotto sein, aber die Erfüllung einiger Träume und ein Leben ohne Geldsorgen gehören zum Glück einfach dazu.

Versuchen Sie doch einmal die folgende «Geldräucherung». Sie garantiert leider nicht, daß Ihnen das Geld plötzlich bündelweise ins Haus flattert, doch Sie können mit Hilfe der wohlriechenden Substanzen, die eine materialisierende Qualität auszeichnet, ein kleines Ritual für sich kreieren, das tatsächlich den «Geldfluß» in Ihrem Leben anzuregen vermag.

Nehmen Sie sich Zeit, um erst einmal Ihr Verhältnis zu Geld ein wenig zu beleuchten. Hatten und haben Sie in Ihrem Leben eher zuviel oder zuwenig Geld? Wie steht es mit dem Verhältnis zwischen Geben und Nehmen – ist es ausgewogen? Hätten Sie gern mehr Geld zur Verfügung? Empfinden Sie Ihre Leistungen in ausreichender Höhe durch Ihr Einkommen gewürdigt? Wie gehen Sie mit Geld allgemein um – eher sparsam oder werfen Sie es leicht «zum Fenster hinaus»?

Tip:
Beziehen Sie einige
Geldscheine oder Münzen
symbolisch in Ihr Ritual
mit ein.

Würdigen Sie das Geld, das Sie besitzen oder die Dinge, die Sie sich davon bisher leisten konnten. Lassen Sie in einem dritten Schritt Ihre Phantasie spielen: Wieviel Geld würden

Sie in Zukunft gern verdienen? Wie könnten Sie dies erreichen? Wen würden Sie gern an Ihrem Reichtum teilhaben lassen? Gehen Sie spielerisch mit Ihren Vorstellungen über das Geld um!

Während ich den Rauch des Geldes entzünde, stelle ich mir vor, wie das Geld in mein Leben fließt. Ich male mir in allen Einzelheiten aus, wie sich das anfühlt, was ich damit tue, mit wem ich es teile … Ich lasse den Reichtum bereits jetzt in mir Realität werden, während ich darauf vertraue, daß meine innere Realität die äußere anzieht und manifestiert.

2 TL	Farbweihrauch, gold
2 TL	Farbweihrauch, grün
1 TL	Myrrhe
3 TL	Zedernholz
2 TL	Zimtrinde
1½ TL	Sandelholz, weiß
½ TL	Melisse
1 TL	Pottasche
2 TL	Iriswurzelpulver

Diese Räuchermischung unterstützt:
materiellen Reichtum; Gewinnchancen

Goldweihrauch ist ein klassisches Symbol für Geld; auch die Farbe Grün wird in vielen Kulturen mit Geld in Verbindung gebracht.

◑ Erfolg, Glück

Genuß und Sinnlichkeit

Man soll dem Leib etwas Gutes bieten, damit die Seele Lust hat, darin zu wohnen.
Winston Churchill

Wie oft kommen die Sinne, unsere Sinnlichkeit zu kurz! Dabei sind sie es doch, die uns große Freude, Genuß sowie körperliche und emotionale Erfüllung ermöglichen. Wir hasten im Alltag umher, sitzen stundenlang auf Bürostühlen, abends vorm Fernseher und merken gar nicht, wie unsere Sinne langsam verkümmern.

Gönnen Sie sich heute einmal ein sinnliches Räucherritual. Egal ob allein oder zu zweit, machen Sie es sich bequem, und entzünden Sie das Räucherwerk für Sinnlichkeit und Genuß.

Nehmen Sie sich zuerst ein wenig Zeit, um von den Problemen und Geschäften des Tages Abstand zu gewinnen. Umfächeln Sie sich (gegenseitig) mit dem duftenden Rauch und lassen Sie es zu, daß das Bewußtsein Ihres Körpers langsam das Denken in den Hintergrund entläßt.

Lassen Sie den Rauch auf sich wirken und entspannen Sie sich. Spüren Sie Ihrem Atem nach, wie er den sinnlichen Rauch in Ihren Körper aufnimmt und erst Ihren Bauch, Ihre Brust, Ihren Unterleib und schließlich jeden Winkel Ihres Körpers belebt und bewußter werden läßt.

Wenn Sie dieses Ritual mit einem Partner zelebrieren, dann können Sie sich nun mit einer ausgiebigen Massage gegenseitig auf eine sinnliche Reise durch den Körper begleiten. Sind Sie allein, dann können Sie sich selbst massieren, streicheln oder, entspannt auf dem Rücken liegend, Ihren Körper mit dem Atem «von innen» erkunden.

Lassen Sie sich soviel Zeit wie Sie möchten, und legen Sie von Zeit zu Zeit frisches Räucherwerk nach. Beenden Sie das

Ritual, indem Sie sich beieinander – oder bei sich selbst – bedanken für den geschenkten Genuß.

Während ich den Rauch des Genusses entzünde, lasse ich mein Bewußtsein gänzlich in meinen Körper fließen. Ich genieße den Wohlgeruch des Räucherwerks. Ich lasse ihn mit dem Atem in mich strömen und spüre ihm nach vom kleinen Zeh bis zum Scheitel. Ich genieße.

2 TL	Sandarac
2 TL	Copal oro
1 TL	Guggul
1 TL	Styrax
¹/₂ TL	Tonkabohne
2 TL	Iriswurzel, geschnitten
1 TL	Patchouly

Geben Sie außerdem Aloeholz hinzu – soviel Sie möchten.

Diese Räuchermischung fördert:
Entspannung, körperliches Wohlbefinden, Sinnlichkeit

Aloeholz ist der Inbegriff von Genuß und Sinnlichkeit.

○ Entspannung und Balance, Liebeszauber für die Frau, Liebeszauber für den Mann, Tausendundeine Nacht

Gerechtigkeit

Wer mit Gerechtigkeit lebt,
ist allüberall sicher.
Epiktet

«Du kannst für zwei Monate in meiner Wohnung wohnen, für die Zeit, die ich in Urlaub bin,» sagte Mario, «brauchst mir natürlich nichts dafür zu zahlen.» Er teilte mir dies mit, nachdem er mich fürstlich bekocht und umsorgt und mir seine Aufmerksamkeit geschenkt hatte. Er hatte mir lange zugehört, denn es ging mir gerade nicht besonders gut. Und er verlangte absolut nichts dafür. Er erwartete kein Geld, keine besondere Aufmerksamkeit oder Anerkennung für sich selbst, keine Gegendienste in der Zukunft nach dem Motto «Du schuldest mir aber noch etwas». Wir kannten uns kaum. Ich war berührt und irritiert. «Das ist ganz einfach,» meinte Mario, «ich habe in der Vergangenheit sehr viel von anderen Menschen bekommen. Ich bin geliebt und reich beschenkt worden. Jetzt bin ich an der Reihe, zu geben. So einfach ist das.»

Vielleicht funktioniert Gerechtigkeit so. Nicht Auge um Auge. Nicht Zahn um Zahn. Jedenfalls nicht so plump. Vielleicht geht es vielmehr um eine Art «kosmischen Ausgleich», darum, daß sich in einer imaginären «Gesamtsumme» Geben und Nehmen am Ende aufwiegen – auf dem eigenen «Konto», ebenso wie in den Beziehungen mit anderen. Dieser Ansicht scheint auch Aristoteles zu sein, wenn er in seiner Nikomachischen Ethik sagt: «Diese Gerechtigkeit ist die vollkommene Tugend, aber nicht schlechthin, sondern im Hinblick auf den anderen Menschen … Vollkommen ist sie, weil der, der sie besitzt, die Tugend auch dem andern gegenüber anwenden kann und nicht nur für sich …»

Aristoteles nennt zudem ein wichtiges Stichwort: die Mitte. «Da nun der Ungerechte und das Ungerechte ungleich sind, so gibt es offenbar ein Mittleres zwischen dem Ungleichen. Dies ist das Gleiche. … Wenn außerdem das Gleiche eine

Mitte ist, so wird wohl auch das Gerechte eine Mitte sein.»
Die goldene Mitte, könnte man also sagen, bezeichnet die
Gerechtigkeit: die Mitte zwischen den eigenen Bedürfnissen
und denen des anderen; die Mitte zwischen Geben und Nehmen. Und diese Mitte gilt es zu finden.

Während ich den Rauch der Gerechtigkeit entzünde, werde ich mir
bewußt, wo es in meinen Beziehungen Ungerechtigkeit, also Un-
gleichheit gibt. Geschieht mir unrecht? Tue ich unrecht? Was hat die
Waage aus dem Gleichgewicht gebracht? Was kann ich tun, damit die
Waagschalen wieder ins Lot kommen?

2 TL	Copal Manila
1 TL	Copal oro
1 TL	Mastix
2$^{1}/_{2}$ TL	Myrrhe
$^{3}/_{4}$ TL	Benzoe Siam
$^{3}/_{4}$ TL	Bernstein
2 TL	Zedernholz
1$^{1}/_{2}$ TL	Sweetgras
1 TL	Eichenrinde
1$^{1}/_{2}$ TL	Sandelholz, weiß
$^{3}/_{4}$ TL	Lavendel
$^{1}/_{2}$ TL	Eukalyptusblätter
$^{1}/_{2}$ TL	Myrte

Diese Räuchermischung
fördert:
Gerechtigkeitsempfinden,
bringt Gerechtigkeit in
Konfliktsituationen
und gerichtlichen
Auseinandersetzungen;
hält Ungerechtigkeit fern

Die Eichenrinde ist
hier Symbol der
Gerichtsbarkeit; Prozesse
wurden in alter Zeit unter
der (Feme-)Eiche geführt.

Glück

Glücklich ist,
wer ohne Haß lebt unter
feindlich Gesinnten.
Glücklich ist,
wer frei von Gier lebt
unter Gierigen.
Glücklich ist,
wer nichts sein eigen nennt.
Den lichten Göttern
ist er gleich,
und die Seligkeit
ist seine Speise.
Östliche Weisheit

Was ist Glück? Das Gegenteil von Pech? Wenn einem die Dinge einfach in den Schoß fallen, ohne daß man etwas dafür getan hat? Sechs Richtige im Lotto? Diese Auffassung von Glück macht sich an der im Grunde unfairen, weil zufälligen und nicht beeinflußbaren Verteilung von Geld, Liebe oder einfach «glücklichen Wendungen des Schicksals» fest. Sie verdammt uns dazu, untätig und in banger Hoffnung auf Gottes Gunst oder den Zufall zu warten. Doch was tun, wenn wir nicht zu den Auserwählten gehören? Sollen wir auf ein besseres Jenseits hoffen und öfter eine Kerze in der Kirche anzünden? Oder im Glücksspiel einen noch höheren Einsatz wagen?

Die Weisen dieser Welt meinen wohl, daß Glück etwas anderes ist und mit anderen Methoden erlangt werden kann: eine innere Haltung, die man sich erarbeiten und Schritt für Schritt aneignen muß. Ein altes Sprichwort sagt auch, «Glücklich ist der, der nicht nach dem Glück trachtet», womit nicht dumpfe Resignation gemeint ist, sondern eine Änderung des Blickwinkels. Denn solange wir das Glück in der Zukunft und in dem suchen, das wir *nicht* besitzen – sondern «immer nur die anderen» –, müssen wir zwangsläufig unglücklich sein, da unser Glück an Bedingungen geknüpft ist, die wir nicht beeinflussen können.

In dem Moment, da wir jedoch erkennen, daß Glück darin liegt, unsere gegenwärtigen Umstände und Bedingungen zu akzeptieren, ohne uns von ihnen abhängig zu machen, ändern sich die Dinge. Denn Glück liegt *jenseits* von materiellem Reichtum, Gefühlszuständen oder sozialen Gegebenheiten. Glück ist ein innerer Ort, den jeder für sich kultivieren und reinhalten muß – es ist ein Raum ohne Inventar, ein Seinszustand ohne Bedingungen.

Ein Räucherritual schafft den idealen Rahmen, um sich regelmäßig – vielleicht einmal in der Woche – dem Zustand des Glücks anzunähern. Sie können dabei Ihre Idee von Glück untersuchen und sich über die Bedingungen klarwerden, an die Sie es normalerweise binden, um sich schließlich dem Ort in sich zu widmen, wo das Glück immer zu Hause ist.

Während ich den heiligen Rauch des Glücks entzünde, löse ich mich von meinen Erwartungen, die ich dem Glück gegenüber hege und erkenne es als einen Zustand an, den ich jederzeit in meinem Innern erlangen kann.

2 TL	Dammar
1 TL	Farbweihrauch, gold
1 TL	Farbweihrauch, blau
1 TL	Farbweihrauch, grün
2 TL	Kalmus
2 TL	Sandelholz, weiß
1^1/$_2$ TL	Sweetgras
^{1}/$_2$ TL	Muskatnuß
1–2 TL	Iriswurzel, geschnitten
^{1}/$_2$ TL	Melisse
alles mit	
1 TL Perubalsam *vermischen*	

Diese Räuchermischung unterstützt:
Glücklichsein, Ruhe, Zufriedenheit, die Reise in die eigenen Innenwelten der Glückseligkeit

Sweetgras dient in der Tradition der Indianer seit jeher zum Herbeirufen positiver Kräfte.

◖ Dank, Zufriedenheit

Harmonie

*Wir sind in diese Welt
gekommen,
nicht nur,
daß wir sie kennen,
sondern daß wir sie bejahen.*
Rabindranath Tagore

Nur noch wenige Tage waren es bis zur totalen Sonnenfinsternis, die wir gespannt erwarteten. Der große Schatten, der für einige Minuten auf dieses hawaiianische Fleckchen Erde fallen sollte, warf seinen sprichwörtlichen Schatten schon einige Zeit voraus. Jedenfall fühlte ich mich so – innerlich zerrissen, im Streit mit meiner Freundin, mit der ich hierhergekommen war, uneins mit mir selbst.

Eines Morgens ging ich allein hinaus in die wundervolle, intensive Natur dieser fruchtbaren Insel und ließ mich gedankenversunken auf einem großen, schwarzen Lavastein nieder. Vielleicht konnte ich mich in diesem satten Grün, aus dem fette rote Blüten sprangen, im saftigen Gras und den sich im Wind hin und her wiegenden Baumwipfeln verlieren, um mich selbst wiederzufinden.

Mein Blick schweifte nach oben: weiße kleine Wolken zogen seelenruhig vor der endlosen Weite eines tiefblauen Himmels vorüber. Plötzlich geschah etwas. Entweder kam der Himmel zu mir herunter oder ich wuchs zu ihm hinauf. Jedenfalls gab es keine Distanz mehr zwischen uns. Der Himmel war auf die Erde gekommen; ich war in den Himmel hineingewachsen. Ich war Teil dieser immens kraftvollen blauen Weite. Sie war in mir, ich war in ihr.

Nie zuvor war ich auf die Idee gekommen, die Kraft könne in der Weite, im Blau liegen. Immer hatte ich sie im Rot, im Feuer gesucht. Doch dies war die gänzlich neue Erfahrung einer Kraft, die nicht toben und wüten, die nicht hervorbrechen und explodieren muß wie ein Vulkan. Nein, hier war ich plötzlich von einer stillen, nichts wollenden Energie erfüllt, die mich in vollkommene Harmonie versetzte mit mir selbst, meiner Umgebung, mit Himmel und Erde.

Tip:
Verwenden Sie diese Räucherung auch zu zweit oder in der Gruppe.

Während ich den Rauch der Harmonie entzünde, werde ich mir be-
wußt, daß ich Teil eines großen Ganzen bin, das immer in Harmonie
schwingt. Es liegt an mir, in diese große Einheit wieder einzutreten;
ich brauche nur die Tür zu öffnen … und ich bin in vollkommener
Harmonie.

1 TL	Myrrhe	*Diese Räuchermischung*
1 TL	Dammar	*fördert:*
1 TL	Iriswurzel, geschnitten	Harmonie, Ruhe,
1 TL	Alant	innere Weite,
2 TL	Apfelstücke	Zusammengehörigkeit
1 TL	Lavendel	
1 TL	Orangenschale	
$^1/_2$ TL	Orangenblüte	Lavendelduft schafft
1 TL	Patchouly	Harmonie und Frieden.
$^3/_4$ TL	Zimtrinde	

Nach Wunsch etwas Adlerholz zugeben.

◐ Frieden, Glück,
Zufriedenheit

Heilung

Krankheit ist weder Grausamkeit noch Strafe, sondern einzig und allein ein Korrektiv; ein Werkzeug, dessen sich unsere eigene Seele bedient, um uns auf unsere Fehler hinzuweisen, um uns von größeren Irrtümern fernzuhalten … und uns auf den Weg der Wahrheit und des Lichts zurückzubringen, von dem wir nie hätten abkommen sollen.
Dr. Edward Bach

Spätestens seit Rüdiger Dahlkes und Thorwald Dethlefsens Klassiker *Krankheit als Weg* wissen wir, daß Krankheiten nicht einfach Krankheiten sind, sondern uns über das Medium Körper etwas mitteilen möchten. Jede Krankheit sagt uns zuerst einmal: «Tritt kürzer; halte einen Moment inne; höre, was dein Körper dir zu sagen hat!» Meistens haben wir ohnehin schon eine Ahnung, «warum» wir nun gerade krank werden. Vielleicht war es der unerträgliche Arbeitsstreß, von dem wir nun eine mehr oder weniger unfreiwillige Pause bekommen oder eine Beziehung, die uns belastet und in der wir nicht weiterkommen. Auch hier zeigt unser Körper an, daß wir überlastet sind und die emotionalen Schwierigkeiten unsere (Schmerz-)Grenzen gesprengt haben.

Das ist die eine Seite: ein wenig den Ursachen nachspüren, *ohne* in Begriffen wie «Schuld» oder «Fehlern» zu denken, nach dem Motto «das hab ich mir nun selbst zuzuschreiben, wäre ich nicht so blöd gewesen …» Gehen Sie liebevoll mit sich um, noch mehr Streß brauchen Sie im Moment wirklich nicht.

Die Gründe für eine Krankheit aufzuspüren ist wichtig, und es kann äußerst erhellend und letztlich heilsam wirken, dies zu tun. Doch nachdem wir ausreichend in der Vergangenheit gewühlt haben, gilt es den Blick nach vorn zu richten: Wieder gesund werden! Dies ist besonders wichtig, wenn Sie an einer schweren oder chronischen Krankheit leiden. Prentice Mulford drückte es in seinem *Unfug des Lebens und des Sterbens* so aus: «Erwarte nie Krankheit oder Schmerzen für morgen, mögen Krankheit oder Schmerzen heute noch so arg gewesen sein, für morgen erwarte nur Gesundheit und Kraft. Mit anderen Worten: Gesundheit, Schönheit und Kraft müssen zum wahren Tagestraum werden, denn Traum drückt weit

Tip: Hüllen Sie Ihre Aura mit dem heilsamen Rauch ein.

besser den richtigen Gemütszustand aus als Hoffnung und Erwartung.»

Träumen Sie diesen «Tagestraum», indem Sie für Ihre Gesundheit räuchern. Die Substanzen in der Heilungsräucherung regen Ihre Selbstheilungskräfte an, ebenso wie es Ihre Gedanken tun können. Bitten Sie die Götter, Ihr höheres Selbst, die Existenz um Heilung, und stärken Sie Ihr geistiges Bild von sich selbst, das Ihren Körper mit jedem einzelnen Organ in Gesundheit zeigt.

Während ich den Rauch der Heilung entzünde, «träume» ich mich gesund. Ich bitte die Götter um Kraft und Heilung. Dabei stelle ich mir vor, wie die gesunden Zellen in meinem Körper die kranken «besiegen».

3 TL	Myrrhe	*Diese Räuchermischung*
2 TL	Dammar	*fördert:*
1 TL	Farbweihrauch, blau	Heilung,
1 TL	Farbweihrauch, grün	Selbstheilungskräfte
½ TL	Benzoe Siam	
1 TL	Kamille grus	
1 TL	Salbei	Perubalsam ist in
1 TL	White Sage	Südamerika eine heilige
1 TL	Yerba Santa	Medizin. Johanniskraut
1 TL	Johanniskraut	und Kamille sind alte
1 TL	Lavendel	europäische Heilkräuter.
1½ TL	Zimtrinde	
2 TL	Iriswurzel	
½ TL	Ringelblume	
alles mit		◑ Energie und
1–1½ TL	Perubalsam *mischen*	Lebenskraft

Konzentration

Schulen wir unseren Geist,
sich zu wünschen,
was die Situation erfordert.
Seneca

In der östlichen Philosophie vergleicht man einen unruhigen Geist häufig mit einem Affenkäfig. Man kennt es aus dem Zoo: Die Affen scheinen nicht so recht zu wissen, wohin mit sich. Sie springen von einem Baum zum anderen, baumeln hier mit einer Hand an einem Ast und ärgern dort einen Affenkollegen. Sie springen hektisch auf und ab und kommen für keinen einzigen Moment zur Ruhe.

Wenn wir unserem Verstand freien Lauf lassen, dann verhält er sich so ähnlich wie diese Affen. Er wandert ziellos mal hierhin, mal dorthin, nimmt alle möglichen gedanklichen Fäden auf, um sie kurz darauf wieder fallenzulassen. Diese Ruhelosigkeit verhindert häufig, daß wir das tun, was wir eigentlich tun wollen, oder sie bewirkt, daß wir viel länger dazu brauchen, als nötig.

Das Gegenmittel lautet Konzentration, und die ist den wenigsten Menschen einfach so angeboren. Wir müssen es also üben, unseren Geist zu bündeln wie einen Laserstrahl. Denn mit einem derart gestärkten und trainierten Geist vervielfältigen wir unsere Möglichkeiten.

Hier ein paar Übungen, um Ruhe in den «Affenkäfig» zu bringen:

Machen Sie regelmäßig die folgende Konzentrationsübung: Atmen Sie tief und entspannt in den Bauch und richten Sie Ihre Aufmerksamkeit auf Ihre Atmung. Wenn Sie abgelenkt werden, lenken Sie Ihr Bewußtsein sanft wieder zu Ihrer Atmung zurück.

Tip:
Betrachten Sie während
der Räucherung einen
Bergkristall.

Nehmen Sie sich ein- bis zweimal am Tag einige Minuten Zeit, um einen Gegenstand Ihrer Wahl ausführlich zu betrachten. Das kann eine Blume oder ein Foto sein, das Sie in allen Einzelheiten in sich aufnehmen. Dehnen Sie diese Übung allmählich auf kompliziertere Gegenstände und eine immer längere Zeitspanne aus.

Wenn Sie sich auf eine bestimmte Tätigkeit konzentrieren wollen, und es kommen Ihnen störende Gedanken dazwischen, stellen Sie sich deutlich vor Ihrem geistigen Auge vor, wie Sie diese mit einem großen Schwamm einfach hinfortwischen wie die Buchstaben von einer Schiefertafel – um wieder im gegenwärtigen Augenblick anzukommen.

Während ich den Rauch der Konzentration entzünde, sammle ich meine Aufmerksamkeit in meinem Zentrum und spüre eine tiefe Ruhe und Klarheit in mir. Mein Geist richtet sich mit ruhiger, entspannter Kraft auf das Ziel, das Projekt, die Aufgabe, die ich jetzt angehen möchte.

3 TL	Weihrauch
1½ TL	Dammar
1–1½ TL	Copal blanco
¾ TL	Burgunderharz
2 TL	Myrtenblätter
1 TL	Lorbeer
1 TL	Rosmarin
½ TL	Eukalyptusblätter
½ TL	Pfefferminze
¼–½ TL	Angelikawurzel

Diese Räuchermischung fördert:
Ruhe, Wachheit, Klarheit, Konzentration, den Blick fürs Wesentliche

◑ Geistige Klarheit

Liebe

Und wenn ich weissagen könnte und wüßte alle Geheimnisse und alle Erkenntnisse und hätte allen Glauben, so daß ich Berge versetzte, und hätte keine Liebe, so wäre ich nichts.
Paulus, 1. Korintherbrief

Wer könnte leben ohne die Liebe? Wir brauchen die Liebe wie die Luft zum Atmen. Sie nährt uns und sie wärmt uns, sie erfreut und berauscht uns. Die Liebe ist es, die unser Herz und unsere Seele nährt, sie ist es, die unseren Körper und unsere Sinne lebendig werden läßt, sie beflügelt unseren Geist und erhebt unsere Seele. Liebe heilt unsere emotionalen Wunden. Und Liebe macht *sehend*. Mit ihren Augen erkennen wir die Schönheit eines anderen, selbst wenn er sie hinter einer Maske zu verstecken sucht.

Gleichzeitig fordert die Liebe auch viel von uns. Sie lehrt uns die härtesten Lektionen über uns selbst: darüber, wie wir versuchen, einen anderen Menschen zu vereinnahmen, zu verändern und zu verbessern. Darüber, wie wir aus Angst vor Verlust und Verletzung versuchen, ihn in unsere Schablonen und Vorstellungen zu pressen – genauso wie er es mit uns versucht. So reißt die Liebe auch die größten Wunden. Sie raubt uns, was uns am teuersten war und sie zerstört, was uns heilig ist: romantische Idealvorstellungen, die Idee, jemand anders könnte unsere tiefsten Bedürfnisse, Wünsche und Sehnsüchte erfüllen. Jean Gebser, der große Bewußtseinsforscher, beschreibt es so: «Ich habe in meinem Leben die Erfahrung gemacht, daß jede zu große Erwartung, die wir einem Menschen gegenüber hegen, auf die Dauer diese Beziehung zerstört. Das ist eine tragische Angelegenheit … Es dürfte daher doch wohl unsere wichtigste Aufgabe sein, die Idole unserer Selbsttäuschungen aufzulösen.»

Ein Mittel, den Weg der Täuschungen und Enttäuschungen zu verlassen, ist es, uns mehr und mehr im vielzitierten Hier und Jetzt aufzuhalten. Aufmerksam schauen, was ist, uns lösen von unserer Idee, wie wir die Dinge gern hätten … um eine Liebe zu kultivieren, die frei ist von Dogmen und überhöhten

Erwartungen, und die alle Spielarten der Liebe mit einzuschließen vermag: Freundlichkeit, Herzlichkeit, Zuneigung, Fürsorge, Zärtlichkeit, erotische Liebe, ein Handeln, das unserem Herzen entspringt und letztlich eine liebevolle Haltung allem Lebenden und Seienden gegenüber.

Während ich den Rauch der Liebe entzünde, gestatte ich es dem warmen Gefühl der Liebe, sich in mir auszubreiten, bis es mich ganz erfüllt. Ich lasse meine Konzepte von der Liebe, meine Erwartungen und Idealbilder los, damit meine Liebe sich immer mehr ausdehnen kann, bis sie alle Menschen und Tiere, Pflanzen und Dinge dieser Erde mit einschließt.

2 TL	Styrax	*Diese Räuchermischung*
2 TL	Tonkabohne, gehackt	*fördert:*
1 TL	Benzoe Sumatra	freie Liebe, die Liebe in all
1 TL	Dammar	ihren Schattierungen
1 TL	Myrrhe	
3 TL	Iriswurzel, geschnitten	
2 TL	Sandelholz, weiß	
1 TL	Jasminblüte	
1 TL	Patchouly	
2 TL	Rosenblüte	
1 Prise	Nelken	
alles mit		
1–1¹/₂ TL	Drachenblut *mischen*	◐ Liebe bewahren und

Wenn Ihnen der Duft der Jasminblüten zu streng ist, können Sie auch 1 bis 2 Tropfen echtes Jasminöl mit Sandelholz- oder Iriswurzelpulver vermischen.

schützen, Liebeszauber
für die Frau,
Liebeszauber für
den Mann

Liebe bewahren und schützen

Die Liebe ist ein Brunnen,
aus dem wir nur soviel
trinken,
als wir hineingeschöpft
haben,
und die Sterne,
die aus ihm blinken,
sind nur unsere Augen,
die hineinsehen.
Stendhal

Die Liebe, diese zarte und stachelige Rose, der letzte Sinn in unserem Leben, das höchste Ziel – tausend Namen trägt sie, und wie glücklich sind wir, wenn sie plötzlich in unser Leben tritt. Wir verlieben uns, schwelgen im siebten Himmel und wollen diesen Zustand der Glückseligkeit nie mehr missen. Doch meist verschwindet die Liebe früher oder später wieder, und wir wissen dann oft nicht so genau, wie das geschehen konnte.

Vielleicht haben wir nicht genug dafür getan, sie zu bewahren und zu schützen? Vielleicht wußten wir auch gar nicht genau, wie das geht. Philosophen und Gelehrte, Psychologen und Wissenschaftler trachten seit jeher danach, dem Geheimnis der Liebe und ihrer Flüchtigkeit auf die Spur zu kommen – doch mit mageren Ergebnissen.

Erich Fromm drängte darauf, daß wir unser Verständnis der Liebe ändern müssen – er erklärte sie zur Kunst, die wir erlernen und *aktiv* ausüben müssen. «Liebe ist die tätige Sorge für das Leben und das Wachstum dessen, was wir lieben.» Wer behauptet, er sei ein Blumenliebhaber und gießt seine Blumenstöcke nicht, dem wird man seine Liebe wohl nicht glauben.

Tip:
Beziehen Sie ein Foto der geliebten Person(en) in Ihr Ritual mit ein.

Verantwortungsgefühl ist für Fromm die zweite Fähigkeit, welche die Liebe nährt: «… in seiner wahren Bedeutung ist das Verantwortungsgefühl etwas völlig Freiwilliges; es ist meine Antwort auf die ausgesprochenen oder auch unausgesprochenen Bedürfnisse eines anderen menschlichen Wesens.» Das Verantwortungsgefühl könnte einen jedoch leicht dazu verleiten, den anderen beherrschen zu wollen, deshalb ist eine weitere Komponente nötig, um die Liebe zu pflegen: die Achtung vor dem geliebten Menschen.

Den vierten Eckpfeiler, der die Liebe vor der schnellen Flucht bewahren soll, ist nach Fromm die Erkenntnis, denn «Die Erkenntnis, die ein Aspekt der Liebe ist, bleibt nicht an der Oberfläche, sondern dringt zum Kern vor. Sie ist nur möglich, wenn ich mein eigenes Interesse transzendiere und den anderen so sehe, wie er wirklich ist.»

Natürlich ist all das «nur» trockene Theorie, die jeder für sich in die Praxis umsetzen muß. Das Üben dauert – hoffentlich – ein Leben lang.

Während ich den Rauch der Liebe entzünde, denke ich an die Person(en) in meinem Leben, die ich von Herzen liebe. Ich spüre meinen liebevollen Gefühlen nach und betrachte meine Beziehung zu dem geliebten Menschen. Ich nehme ihn mit innerem Abstand wahr und achte und respektiere ihn, so wie er ist.

2½ TL	Benzoe Sumatra	*Diese Räuchermischung fördert:*
1½ TL	Weihrauch	
½ TL	Farbweihrauch, rot	Verantwortung; «aktive»
2 TL	Myrrhe	Liebe
1½ TL	Mistel	
2 TL	Iriswurzel, geschnitten	
½ TL	Basilikum	In alter Zeit steckte die
2 TL	Sandelholz, rot	Liebste ihrem Ritter
2 TL	Sandelholz, weiß	Eisenkraut in die Rüstung,
1 TL	Eisenkraut	damit er heil aus der
alles mit		Schlacht zurückkehre.
2 TL	Drachenblut *vermischen, dann erst*	
½ TL	Lavendel *und*	
¾ TL	Rosenblüte *vorsichtig unterheben*	◖ Liebe, Liebeszauber für die Frau, Liebeszauber für den Mann

Liebeszauber für die Frau

*Mein Geschlecht zittert
wie ein Vögelchen
unter dem Griff deines
Blicks.*

*Deine Hände
eine zärtliche Brise
auf meinem Leib.
Alle meine Wachen fliehn.*

*Du öffnest die Tür.
Ich bin so erschrocken
vor Glück
daß aller Schlaf dünn wird
wie ein zerschlissenes Tuch.*
Hilde Domin

Tip:
Beziehen Sie einen
Gegenstand, der Ihrem
Liebsten gehört oder ein
Photo von ihm in Ihren
Liebeszauber mit ein.

Jetzt wird's richtig magisch: Mit dieser Räuchermischung können Sie Ihren Mann, Freund oder Geliebten bezaubern oder sogar einen «neuen» Mann in Ihrem Leben betören, den Sie in sich verliebt machen möchten – ganz nach dem Vorbild der guten alten Kräuterhexen. Wo die Liebe frischen Wind braucht oder erst so richtig zum Lodern gebracht werden soll, da ist diese Räucherung goldrichtig.

Am besten ist es, Sie nehmen sich ausgiebig Zeit für ein Räucherritual, bevor Ihr Liebster zu Ihnen kommt. Stimmen Sie sich mit Hilfe des magischen Räucherwerks auf den Abend ein, stellen Sie sich vor, wie Sie die Zeit mit dem Geliebten gern verbringen möchten.

Lassen Sie Ihre Phantasie spielen und malen Sie sich aus, was Sie gemeinsam tun könnten: sich gegenseitig mit Zärtlichkeiten verwöhnen; sich eine Geschichte vorlesen; ein Beziehungstarot legen; sich etwas übereinander erzählen, über die eigenen Wünsche, Träume, Ziele … Es gibt unzählige Möglichkeiten, einen wunderbaren, einzigartigen Abend zu verleben.

Stimmen Sie sich nun auf Ihre Gefühle ein, die Sie dem geliebten Mann gegenüber empfinden, und lassen Sie sie in sich ganz klar und stark werden. Initiieren Sie den Liebeszauber: Übergeben Sie Ihre Gefühle dem magischen Rauch und stellen Sie sich vor, wie er Ihre Emotionen zu Ihrem Liebsten trägt, ihn ganz darin einhüllt, ihn schließlich durchdringt und in ihm dieselben Gefühle zum Schwingen bringt, die Sie für ihn empfinden.

Beenden Sie Ihr magisches Ritual, indem Sie Ihre Ideen und Wünsche bezüglich dieses Abends in Ihr Herz sinken lassen.

Lassen Sie alle Vorstellungen und Erwartungen an die Begegnung mit dem Geliebten los und verweilen Sie nur mit dem Gefühl der Liebe im Herzen.

Bestreichen Sie nun noch Ihre Aura mit dem Rauch – das verleiht Ihnen «magische» Anziehungskräfte. Und Sie werden sehen: Der Zauber wirkt.

Während ich den Liebeszauber zelebriere, verbinde ich mich in der Tiefe meines Herzens mit meinem Gefühl der Liebe für ... Wie der Bogen die Saite einer Geige in Schwingung versetzt, so wird der magische Rauch, getränkt mit meiner Liebe, auch das Herz von ... in Liebe schwingen lassen.

1½ TL	Styrax	*Diese Räuchermischung*
1½ TL	Farbweihrauch, rot	*fördert:*
½ TL	Myrrhe	die Liebe im Herzen des
1 TL	Benzoe Sumatra	Geliebten
2–2½ TL	Apfelstücke	
2 TL	Iriswurzel	
1½ TL	Zimtrinde	Der Apfel dient in dieser
1½ TL	Patchouly	Mischung als Sinnbild der
1 TL	Rosenblüte	Verführung.
2 TL	Sandelholz, rot	
½ TL	Sandelholz, weiß	
1 Prise	Nelkenpulver	
1½ TL	Gummi arabicum *mit*	
5 Tropfen	Geraniumöl *und*	
3 Tropfen	Palmarosaöl *vermischen und zu den restlichen*	◐ Genuß und Sinn-
	Zutaten geben	lichkeit; Liebe; Liebe
		bewahren und schützen,

Wer will, kann auch 2–3 Tropfen echtes Rosenöl zugeben.

Tausendundeine Nacht

Liebeszauber für den Mann

Eines zu sein,
wie schön wäre das!
Aber wieviel schöner noch
ist es,
zwei zu sein,
die eins sein wollen.
Ludwig Strauss

Bezaubern Sie die Frau Ihres Herzens! Diese Räuchermischung macht's möglich. Alles, was Sie brauchen, sind die unten aufgeführten Ingredienzen, ein wenig Phantasie und die Kraft Ihres Herzens.

Nehmen Sie sich ausreichend Zeit, bevor Ihre Liebste zu Ihnen kommt, und zelebrieren Sie Ihren magischen Liebeszauber. Entzünden Sie die Räucherkohle, legen Sie die Substanzen darauf, und beobachten Sie, wie der Rauch aufsteigt. Stimmen Sie sich innerlich auf die Auserwählte ein, auf ihren Duft, ihr Äußeres, darauf, wie sie sich bewegt, wie sie spricht – einfach auf alles, was Sie an ihr lieben. Lassen Sie Ihre liebevollen Gefühle sich mit dem Rauch vermischen und so intensiv werden, daß Sie ganz davon ausgefüllt sind.

Erforschen Sie nun in diesem Zustand ein wenig Ihre Wünsche und Bedürfnisse, die Sie der Frau Ihres Herzens gegenüber hegen. Vielleicht ist heute der richtige Moment, ihr einige davon mitzuteilen? Oder umgekehrt: Hat sie einen Herzenswunsch, den Sie kennen und den Sie ihr heute erfüllen möchten? Das könnte ein Abendessen bei Kerzenschein sein oder viel Zeit für Berührungen, Massagen, Zärtlichkeit, Erotik … Ihnen fällt bestimmt etwas ein, das Ihre Geliebte dahinschmelzen lassen wird!

Tip:
Beziehen Sie einen
Gegenstand, der Ihrer
Liebsten gehört oder ein
Photo von ihr in Ihren
Liebeszauber mit ein.

Spüren Sie noch einmal Ihren Liebesgefühlen nach, und lassen Sie sie ganz klar und stark werden. Initiieren Sie den Liebeszauber: Übergeben Sie Ihre Gefühle dem magischen Rauch und stellen Sie sich vor, wie er Ihre Emotionen zu Ihrer Liebsten trägt, sie ganz darin einhüllt, sie schließlich durchdringt und in ihr dieselben Gefühle zum Schwingen bringt, die Sie für sie empfinden.

Bestreichen Sie schließlich Ihre Aura mit dem Rauch – das
verleiht Ihnen «magische» Anziehungskraft!

Während ich den Liebeszauber zelebriere, verbinde ich mich in der
Tiefe meines Herzens mit meinem Gefühl der Liebe für … Wie der
Bogen die Saite einer Geige in Schwingung versetzt, so wird der ma-
gische Rauch, getränkt mit meiner Liebe, auch das Herz von … in
Liebe schwingen lassen.

1 TL	Opoponax	*Diese Räuchermischung*
1 TL	Myrrhe	*fördert:*
1 TL	Dammar	die Liebe im Herzen der
1 TL	Benzoe Siam	Geliebten
2 TL	Tonkabohne, gehackt	
1 TL	Zimtblüten	
2 TL	Moschuskraut mit Blüten	Moschuskraut dient hier
2 TL	Sandelholz, weiß	als Ersatz für den
1 TL	Sandelholz, rot	Sexuallockstoff Moschus.
$1/2$ TL	Kardamom	
1 TL	Iris- oder Veilchenwurzel	
$1/2$ TL	Beifuß	◗ Liebe, Liebe bewahren
$1/2$ TL	Lavendel	und schützen, Genuß
$1/2$ TL	Eisenkraut	und Sinnlichkeit,
		Tausendundeine Nacht

Loslassen

Loslassen ist eines der schwierigsten und gleichzeitig heilsamsten Unterfangen des Lebens. Loslassen ist das Gegenteil von Festhalten und Verkrampfen, letztlich von Angst und mangelndem Vertrauen. Wir haben die Neigung, Menschen, Gefühle und Dinge, die uns viel bedeuten, festzuhalten, oder zumindest versuchen wir es. Doch oft merken wir nach einer Weile, daß wir nur noch die Hülle von etwas in Händen halten, das in dieser Form gar nicht mehr existiert − denn festhalten bedeutet immer, sich an Vergangenes zu klammern; die lebendige und sich ständig wandelnde Gegenwart läßt sich nämlich ebensowenig einfangen wie fließendes Wasser in einem Eimer.

Seltsamerweise halten wir häufig auch an negativen Meinungen über uns selbst, an schädlichen Gewohnheiten oder an Beziehungen fest, die uns überhaupt nicht guttun. Das mag daher kommen, daß wir uns mehr oder weniger gemütlich in diesem Zustand eingerichtet haben, oder daher, daß wir einfach «nichts Besseres gewohnt» sind. Oft wertschätzen wir uns selbst nicht genug und fordern deshalb auch nicht vom Leben, was uns zusteht.

Doch soviel Angst wir auch haben mögen, wieviel Trägheit wir auch überwinden müssen − loslassen und den damit verbundenen Schmerz durchleben ist der einzige Weg, heil und ganz zu werden.

Tip:
Stellen Sie sich vor, wie das, was Sie innerlich loslassen, vom Rauch davongetragen wird.

Um Altes, Einengendes und letztlich Behinderndes loszulassen, können Sie ein kleines Ritual durchführen, in dem Sie aktiv den Schmerz durchleben, der entsteht, wenn Sie Ihr inneres Bild von sich selbst, das Sie an der Freude oder an gesunden Beziehungen hindert, ganz bewußt betrachten. Erkunden Sie es noch einmal ganz genau, lassen Sie die Gefühle zu, die in Ihnen aufsteigen wollen, um sich dann von diesem alten, heute nicht mehr gültigen Bild zu verabschieden. Lassen das Bild nun vor Ihrem inneren Auge immer kleiner werden, bis es nicht mehr vorhanden ist. Atmen Sie dabei lange und ruhig aus.

Während ich den heiligen Rauch entzünde, durchforste ich im Geiste mein Leben nach Gefühlen, Beziehungen und Bildern, die mit der Zeit ihre Kraft und Lebendigkeit verloren haben und nur noch wie ein Stützkorsett wirken, das mir zwar ein Gefühl der Sicherheit gibt, mich aber in Wirklichkeit einengt und behindert. Ich lasse das Alte los in dem tiefen Vertrauen, daß so Raum für das Neue, Lebendige entsteht, das ich in meinem Leben brauche.

2 TL	Benzoe Siam	*Diese Räuchermischung fördert:*
1½ TL	Benzoe Sumatra	Loslassen, Mut, Kraft,
1½ TL	Myrrhe	Klarheit und ebnet neue
1½ TL	Gummi arabicum	Wege
2 TL	Opoponax	
2½ TL	Iriswurzel, geschnitten	
1½ TL	Zimtrinde	
1½ TL	Zedernholz	Iriswurzel unterstützt den
1½ TL	Patchouly	Prozeß des Loslassens.
2 TL	Sweetgras	Echtes ätherisches Irisöl
1 TL	Rosenblüte	wird beispielsweise in der
		Hospizbewegung
		verwendet, um das
		Loslassen vom Körper
		zu erleichtern.

Magie

Im Englischen sagt man *It's magic!*, auf französisch *C'est magique!*, wenn etwas ganz Außergewöhnliches, Faszinierendes, einfach Wunderbares gemeint ist. Wer dies ausruft, dessen Augen werden wahrscheinlich vor Begeisterung funkeln. Vielleicht spricht so ein Kind vom letzten Zirkusbesuch oder ein Erwachsener über eine unbeschreibliche Nacht mit der/dem Geliebten: so schön als wär's *Magie*.

Dem deutschen «magisch» haftet dagegen eher das mittelalterlich Verruchte an, man denkt womöglich an obskure Zauberpraktiken, an Hexen und Dämonen, Flüche und Bannsprüche. Doch borgen wir uns von den europäischen Nachbarn einfach ein wenig Leichtigkeit und Begeisterung im Umgang mit der Magie aus – und legen wir los!

Diese magische Räuchermischung ist für unsere geheimsten, innigsten Herzenswünsche reserviert, mögen sie materieller oder emotionaler Natur sein; vielleicht bezieht sich unser Wunsch auch auf unsere Gesundheit oder die eines nahestehenden Menschen. Dazu rufen wir die guten Engel, Geister, Feen – oder welche hilfreichen Wesen auch immer uns sympathisch sind – an und bitten sie, uns mit ihren Kräften zur Seite zu stehen, wenn wir nun unseren Wunsch dem magischen Rauch übergeben.

Grundvoraussetzung für die Erfüllung des Wunsches ist, daß er einem reinen Herzen entspringt, das nicht auf den persönlichen Vorteil oder Machtgewinn aus ist, sondern etwas anstrebt, das für uns selbst ebenso wie für andere eine Bereicherung darstellt.

In alter Zeit sprach man zur Einleitung von magischen Ritualen immer auch Beschwörungs- bzw. Zauberformeln, denn dem gesprochenen Wort wurde schon immer große Macht beigemessen. Lassen Sie also Ihre Phantasie spielen und setzen Sie kraftvolle Worte und Formeln ein, die Sie auch mehrmals wiederholen können. Versetzen Sie sich in einen ruhigen, meditativen Zustand, und nehmen Sie Kontakt zu Ihrer Mitte auf. Lassen Sie Ihren Wunsch Gestalt annehmen, bis Sie ein klares, lebendiges Bild oder Gefühl in sich entwickeln. Wenn Sie das Gefühl haben, das Wunsch-Bild sei komplett, dann übergeben Sie es dem magischen Rauch.

Während ich den magischen Rauch entzünde, rufe ich die Engel, hilfreichen Geister, Feen an, mir mit ihren Kräften zur Seite zu stehen. Ich übergebe meinen Herzenswunsch, den ich mit größter Klarheit in mir Gestalt annehmen lasse, dem Äther und vertraue darauf, daß er in Erfüllung gehen möge.

3 TL	Weihrauch	*Diese Räuchermischung*
3–4 TL	Sweetgras	*unterstützt:*
1 TL	Muskatblüte	magische Rituale und
1½ TL	Lorbeer	Handlungen; die Erfüllung
1 TL	Johanniskraut	eines Wunsches oder einer
1 TL	Ingwer, geschnitten	Bitte
½ TL	Ingwerpulver	
1 TL	Gänseblümchen, getrocknet	
2½ TL	Sandelholz, weiß	
1 TL	Patchouly	
½ TL	Ysop	
1½ TL	Iriswurzel, geschnitten	◑ Anrufung, Orakel

Meditation

Eine alte Geschichte erzählt die folgende Begebenheit vom Begründer des Hassidismus: Jede Nacht kam Baal Shem vom Fluß zurück. Er liebte diesen Ort, denn dort war es nachts absolut still und ruhig. Er machte es sich zur Gewohnheit, sich abends dort hinzusetzen, einfach um sich selbst zu beobachten – um den Beobachter zu beobachten. Als er eines Nachts wieder an dem großen, prachtvollen Haus vorbeikam, stand ein Wachmann am Tor.

Der Wachmann zerbrach sich seit geraumer Zeit den Kopf darüber, warum jede Nacht um die gleiche Zeit dieser Mann vom Fluß heraufkam. Diesmal gab er sich einen Schubs und sprach ihn an. «Bitte entschuldigen Sie, daß ich Sie einfach anspreche, aber ich kann meine Neugierde nicht mehr im Zaum halten. Welcher Arbeit gehen Sie nach? Warum gehen Sie so oft zum Fluß? Viele Male bin ich Ihnen gefolgt, aber Sie taten gar nichts. Sie saßen einfach nur da.»

Baal antwortete: «Ich weiß, daß Sie mir gefolgt sind, in der Stille der Nacht konnte ich Ihre Fußtritte deutlich hören. Aber ich bin genauso neugierig: Was ist Ihr Job?»

«Ich bin ein einfacher Wachmann.»

«Das ist es!» rief Baal erfreut aus, «das bin ich auch.»

Es ist nur eine Frage der Richtung. Statt nach draußen in die Welt, müssen wir den Blick nach innen richten und zum Beobachter der eigenen Innenwelten werden. Techniken sind dabei nicht das Wichtige, nur der Blickwinkel. So gesehen, kann Meditation immer und überall stattfinden. In Stille wie in Bewegung, im Tun genauso wie im Nicht-Tun.

Meditation ist eine innere Haltung, die nicht an eine bestimmte Körperhaltung oder Meditationstechnik gebunden ist, obwohl diese natürlich hilfreich sein können. Meditation jenseits der Methoden entsteht, wenn wir drei Dinge beachten: Erst einmal müssen wir uns entspannen. Außerdem sollten wir nicht versuchen, mit den Gedanken, Gefühlen oder Bildern, die während unserer Beobachtung auftauchen, zu kämpfen. In dem Moment, da wir sie ablehnen oder bewerten, verlieren wir das Beobachten sofort aus den Augen. Urteilen ist also ein weiteres Hindernis auf dem Weg des Stillwerdens.

Während ich den Rauch der Meditation entzünde, werde ich innerlich still und lasse alle Gedanken, Gefühle und Bilder an mir vorüberziehen, wie weiße Wolken vor blauem Himmel. Ich greife nicht ein; ich tue nichts, ich bewerte nichts. Ich beobachte nur. Ich bin.

2 TL	Weihrauch	
2 TL	Benzoe Sumatra	
1 TL	Sandarac	
1 TL	Gummi arabicum	
2 TL	Sandelholz, weiß	
1 TL	Sandelholz, rot	
1 TL	Myrtenblätter	
$1/2$ TL	Kamille grus *oder*	
$1^1/_2$ TL	Kamillenblüte	
alles mit		
2 TL	Elemi vermischen	

Diese Räuchermischung fördert:
Stille, Ruhe, Klarheit des Geistes, eine innere Haltung, die man «nicht-tuend» nennen könnte

Wahlweise können noch 1–1$^1/_2$ TL Vetiver oder Adlerholz dazugegeben werden.

◐ Entspannung und Balance, Gebet, Geistige Klarheit

Nostalgie

Manchmal ist es einfach schön, in Erinnerungen zu schwelgen und die Gegenwart für eine Weile gegen die Vergangenheit einzutauschen. Schließlich sind wir, so wie wir heute sind, größtenteils ein «Produkt» unserer vergangenen Erfahrungen. Unser Denken und Fühlen, unsere Ansichten und Weltanschauungen, ja sogar wie wir uns selbst und unsere Umwelt wahrnehmen und auf sie reagieren – ein Großteil davon resultiert aus der Summe aller Erlebnisse, die wir je hatten und sämtlicher Einflüsse, denen wir in unserem Leben jemals ausgesetzt waren.

Nostalgie geht meistens mit einer guten Portion Melancholie einher. Das ist nicht immer leicht zu ertragen. Jedoch was wären Erinnerungen ohne den süßen Schmerz, der nun mal allem Vergangenen anhaftet, das wir geliebt und genossen haben?

Unsere Erinnerungen formen uns, und sie erfüllen uns mit der Lebendigkeit und dem inneren Reichtum, der unsere Persönlichkeit in der Gegenwart ausmacht. Selbst die schmerzlichen Erinnerungen, die wir oftmals lieber in der Versenkung unseres Unterbewußtseins verschwinden lassen würden – und manchmal sind es gerade diese –, tragen zu unserem emotionalen Wachstum bei und wollen angenommen und integriert werden. Denn auf dem Weg der Ganzwerdung und Heilung müssen wir *allen* Gefühlen, Bildern und Erinnerungen ihren Platz in unserem Inneren zugestehen. Es bringt uns nicht weiter, nur das «Gute» behalten zu wollen, während wir versuchen, das «Schlechte», Unangenehme in uns auszulöschen.

Tip:
Bereichern Sie die
Nostalgieräucherung mit
alten Fotos, Souvenirs und
der Musik von «damals».

Die wahre Kunst der Nostalgie ist es vielleicht, alle Erinnerungen in das große Mosaik mit Namen «Ich selbst» einzu-

fügen und den Wert jeder einzelnen für unser Leben anzu-
erkennen. Denn was wäre ein Mosaik, das nur aus hellen,
glänzenden Steinen besteht? Richtig schön wird es nur, wenn
Hell und Dunkel sich abwechseln: So entsteht ein lebendiges,
buntes Gesamtkunstwerk der Erinnerungen.

Während ich den Rauch der Nostalgie entzünde, lasse ich mich für
eine Weile von den Bildern und Gefühlen meiner Vergangenheit hin-
forttragen. Ich genieße die Begegnung mit Personen und Gegebenhei-
ten, die Teil meines Lebens waren und für immer sein werden. Ich
schätze und achte sie.

2½ TL	Copal oro
1½ TL	Dammar
1½ TL	Benzoe Sumatra
1 TL	Mastix
1½ TL	Styrax
2 TL	Alant
1½ TL	Sandelholz, weiß
2 TL	Iriswurzel, geschnitten
1 TL	Zimtblüte
1 TL	Patchouly
½ TL	Lavendel
½ TL	Rosenblüte

Diese Räuchermischung
fördert:
Entspannung, Erinnerung,
«Tagträumen»

◐ Abschied und
Gedenken, Loslassen

Opferräucherung

Zu allen Zeiten und in allen Kulturen opferte man zu religiösen Zwecken kostbares Räucherwerk, Tiere und manchmal sogar Menschen, um die Götter friedlich und wohlgesonnen zu stimmen, um ihnen zu danken und sie zu ehren.

Besonders in der indianischen Tradition sah man den Großen Geist schon immer auch in Tieren und Pflanzen verkörpert; man achtete sie als gleichwertige Wesen und räucherte einem getöteten Tier oder einem gefällten Baum zu ehren, um Achtung und Dankbarkeit vor ihm und somit vor der gesamten Schöpfung Ausdruck zu verleihen. Eines der Gedichte, das zu einem solchen Zweck verfaßt wurde, stammt von dem Cherokee-Indianer Jimalee Burton. Es ist an einen getöteten Hirsch gerichtet:

> Es tut mir leid, daß ich dich töten mußte,
> kleiner Bruder.
> Aber ich brauche dein Fleisch,
> denn meine Kinder hungern.
> Vergib mir, kleiner Bruder.
> ich will deinen Mut, deine Kraft,
> und deine Schönheit ehren – sieh her!
> Ich hänge dein Geweih an diesen Baum;
> jedesmal, wenn ich vorüberkomme, werde ich an dich
> denken und deinem Geist Ehre erweisen. Es tut mir leid,
> daß ich dich töten mußte; vergib mir, kleiner Bruder.
> Sieh her, dir zum Gedenken rauche ich die Pfeife,
> verbrenne ich diesen Tabak.

Tip:
Bringen Sie ein
Speiseopfer dar oder
vergraben Sie indianischen
Ritualtabak.

Wir «zivilisierten» Menschen leben fern der Natur und kommen wohl selten in die Situation, ein Tier selbst zu töten. Doch wir können uns von der inneren Haltung der Indianer inspirieren lassen und so unseren Bewußtseinskreis erweitern, indem wir uns den Geschenken der Natur und des Lebens gegenüber mittels eines Rauchopfers dankbar erweisen. Wir können in einer kleinen Zeremonie danke sagen – sei es für ein neues Auto oder Fahrrad, dafür, daß wir genug zu Essen im Kühlschrank haben, für die Erfüllung eines Wunsches, für Freundschaft und Liebe. Durch unsere Opferräucherung schaffen wir einen Ausgleich, indem wir für eine empfangene Gabe etwas zurückgeben.

Indem ich den Opferrauch entzünde, danke ich dir, Tier, und dir Pflanze dafür, daß ihr euer Leben für mich laßt, um mich zu ernähren. Ich danke dir, dem großen Geist, Gott, der Existenz für ....., während ich aller Menschen, Tiere und Pflanzen gedenke, die zur Herstellung von ..... beigetragen haben. Möge der Rauch, den ich euch zu Ehren opfere, meinen Dank zu euch tragen.

1 TL	Weihrauch
$^{1}/_{2}$ TL	Goldweihrauch
2 TL	Myrrhe
$1^{1}/_{2}$ TL	Benzoe Siam
1 TL	Sandarac
$^{1}/_{2}$ TL	Styrax
2 TL	Sandelholz, weiß
1 TL	Alant
1 TL	Zedernholz
1 Prise	Zimtpulver
$^{1}/_{2}$ TL	Meersalz

Diese Räuchermischung fördert:
Dankbarkeit, Ausgleich

Weihrauch, Myrrhe und Gold waren auch die Opfergaben der drei Weisen aus dem Morgenland.

◖ Dank, Dank an Mutter Erde, Dem Großen Geist (im Kapitel «Der Hauch des Pflanzengeistes»)

Orakel

*Das Schicksal mischt die
Karten, und wir spielen.*
Arthur Schopenhauer

Tarot, I Ging, Runen, Pendeln oder klassisches Kartenlegen –
immer mehr Menschen besinnen sich heute zurück auf die
magische Weissagungskraft der Orakel. Uns moderne Menschen beschäftigen dabei immer noch die gleichen Fragen,
über die sich Menschen schon vor Jahrtausenden Gewißheit
verschaffen wollten: Was bringt die Zukunft? Welche Chancen habe ich in der Liebe? Wie steht es um meine Gesundheit?

Orakelbefragungen waren schon in der Antike untrennbar
mit dem Räuchern von bewußtseinserweiternden Substanzen verbunden. Ob bei der Befragung des Orakels von Delphi
oder im römischen Tempel der Juno, eine Orakelbefragung
war immer in den «Rauch des Geheimnisvollen» gehüllt – erstens, um die Priesterin in einen intuitiven, übersinnlichen
Bewußtseinszustand zu versetzen; zweitens als Opfergabe an
den Geist des Orakels – um ihn milde zu stimmen, auf daß er
seine Weisheit an die Fragenden weitergeben möge.

Auch Sie können heute einer Orakelbefragung mehr Intensität, Klarheit und Tiefe verleihen, indem Sie geeignete Räuchersubstanzen verbrennen. Besonders wenn Sie die Karten,
das Pendel oder die Münzen in einer Gruppe befragen, können Sie mit Hilfe des Rauchs ein würdiges Ritual gestalten,
das alle Teilnehmer gleichsam verbindet und dazu verpflichtet, achtsam mit dem umzugehen, was in der gemeinsamen
Sitzung zutage kommen mag.

Tip:
«Neutralisieren» Sie den
Raum vor einer
Gruppenbefragung mit
einer Reinigungs-
räucherung.

Sie können das Ritual mit einem Gong, mit Zimbeln oder
einer Klangschale einleiten und dann das Räuchergefäß einmal durch die Runde der Anwesenden wandern lassen. Jeder
befächelt sich mit dem Rauch, verweilt einen Moment in
Stille und gibt dann das Gefäß weiter. Bevor eine neue Frage

gestellt wird, können Sie durch Klang und Rauch den vorherigen Prozeß zum Abschluß bringen. Das ist hilfreich, um sich von dem gerade Geschehenen und den vielleicht noch nachklingenden Gedanken zu verabschieden und sich auf die neue Frage sowie die Person, die jetzt das Orakel befragt, einzustimmen. Zum Abschluß des gesamten Rituals schlagen Sie wieder den Gong oder die Zimbeln.

Während ich den heiligen Rauch entzünde, bitte ich das Orakel, mir/uns seine hilfreichen Antworten preiszugeben. Wir/ich werde/n unsere/meine Fragen mit reinem Herzen stellen und deine Antwort mit Respekt und Demut empfangen.

3 TL	Mastix	*Diese Räuchermischung*
2 TL	Weihrauch	*unterstützt:*
1 TL	Myrrhe	Intuition, Offenheit,
2 TL	Lorbeer	Klarheit, Einsicht
1 TL	Wermut	
1 TL	Wegwarte	
2 TL	Zedernholz	Lorbeer wurde schon dem
2 TL	Sandelholz, weiß	Orakel von Delphi
1 TL	Nelken	geopfert, um es
½–1 TL	Muskatnuß	wohlgesonnen zu stimmen.
1½ TL	Iriswurzel, geschnitten	
1½ TL	Patchouly	

○ Anrufung, Magie

Planeten

Wer hat noch nicht in einer klaren Nacht gedankenverloren in den Sternenhimmel geschaut, fasziniert von der unbeschreiblichen Schönheit und unvorstellbaren Weite des Alls? Ähnlich wie der Anblick eines Sonnenuntergangs, der Blick über ferne Reihen von Bergwipfeln oder die endlos scheinende Weite der Wüste, so erfüllt uns auch der allnächtliche Zauber Tausender und Abertausender von Sternen und Planeten, die wir am Himmel erblicken, mit Ehrfurcht und Andacht – und mit einer schwer beschreiblichen und unergründlichen Sehnsucht.

Wer sich schon ein wenig mit den Sternbildern, Sternen und Planeten befaßt hat, der weiß auch um das irgendwie beruhigende und herrliche Gefühl, sich «da oben» ein wenig auszukennen. Abends spazierenzugehen und beispielsweise am Horizont den Abend- (und Morgen-)stern Venus zu erkennen, eines der Sternbilder oder die Krater auf dem Mond, vermittelt einem ein tiefes Gefühl der Rückverbindung und Heimkehr – das Bewußtsein, Teil des Großen Ganzen zu sein, aufgehoben im Universum.

Wen wundert es da, daß die Menschen schon lange vor Beginn unserer Zeitrechnung den Himmel erkundeten, den Lauf der Sterne erforschten und den Sternen und Planeten die Namen von Göttern gaben? Die Planeten haben im Weltbild der Analogien ihren Platz und sind in diesem Sinne verkörperte Aspekte des Lebens, die sich auf andere Bereiche des Daseins übertragen lassen – so auch auf menschliche Charaktereigenschaften.

Sonne

Die symbolische Qualität der Sonne zu beschreiben, ist eigentlich unmöglich, denn sie steht für Vollkommenheit – so wie das Licht, das sie entsendet: es ist weiß, enthält aber in Wirklichkeit alle Farben des Regenbogens. Die Sonne nimmt in jeder Hinsicht eine Sonderstellung ein. In vielen Kulturen war sie die höchste der lebenspendenden Mächte der Natur. Sie ist das erste Urprinzip; sie steht für die Einheit allen Seins; sie ist der Mittelpunkt, um den sich alles dreht.

Gott verbirgt sich dem Geist des Menschen, aber er offenbart sich seinem Herzen.
aus dem Talmud

Trotz ihrer «Unbeschreiblichkeit» werden der Sonne in Bezug auf menschliche Qualitäten bestimmte Attribute zugeordnet. So steht sie für echte, «höchste» Autorität, den goldenen Mittelweg, Energie und Vitalität. Wie sich auch am Sternbild des Löwen ablesen läßt, das sie beherrscht, versinnbildlicht sie zudem Selbstbewußtsein in seiner ursprünglichen Bedeutung von «Selbstfindung», Großzügigkeit, Verantwortlichkeit und gleichzeitig, in der negativen Ausprägung, Arroganz, Selbstüberschätzung und Egozentrismus.

Diese Räuchermischung fördert:
Stärke, innere Kraft, Selbstbewußtsein, Individualität

Während ich den Rauch der Sonne entzünde, verbinde ich mich mit meinem Zentrum, dem «Solarplexus», der sich in der Mitte meines Bauchs befindet, und spüre seine Wärme und Kraft, die mich von innen wärmt und durch die Grenzen meines Körpers hindurch strahlenförmig nach außen strömt.

2 TL	Copal oro
2 TL	Weihrauch *oder*
2 TL	Dammar
1½ TL	Hagebuttenschale
1 TL	Sonnenblumenblüte
1 TL	Ringelblumenblüte
1 TL	Orangenschale
1 TL	Orangenblüte
½ TL	Lorbeer

Weitere Stoffe der Sonne
Alant, Eisenkraut, Gummi arabicum, Iriswurzel, Johanniskraut, Kamille, Lavendel, Mastix, Melisse, Mistel, Myrrhe, Rosmarin, Safran, Thymian, Wacholder, Wegwarte, Zimtblüte, -rinde, Zitronenschale

◐ Sternzeichen/Löwe

Mond

Der Mond, der in fast allen Sprachen außer der deutschen weiblich ist, bildet den rezeptiven, widerspiegelnden Gegenpol zur Sonne. Der Mond steht seit jeher für den Instinkt, die Intuition, die magische und geheimnisvolle Qualität unseres Daseins. So wie die Sonne für das übergeordnete Prinzip des Lebens steht, das sich kaum in Worte und Qualitäten pressen läßt, so ist der Mond Repräsentant unzähliger Eigenschaften und Manifestationen.

Der Mond zeigt sich ganz besonders in den Kräften der Natur, in Ebbe und Flut, in den Jahreszeiten, im Zyklus der Frauen. Ohne die lunaren Rhythmen – die Frucht empfangen (Neumond), wachsen lassen (zunehmender Mond) gebären (Vollmond) und schließlich Sterben und Vergehen (abnehmender Mond) – wäre kein Leben auf dieser Erde denkbar. Der Mond ist Symbol der Großen Mutter, des Weiblichen schlechthin. Die «Mondin» gibt und nimmt; sie läßt sterben und wiederauferstehen. Sie beherrscht das Unbewußte, Mystische, die dunkle Seite unserer Seele.

Weitere Stoffe des Mondes
Alant, Aloeholz,
Guajakharz, Kalmus,
Kamille, Kampfer, Melisse,
Mohnblüte, Muskatnuß,
Nachtschatten,
Tonkabohne, weiße
Rosenblüte, Ysop,
Zimtblüte

Indem ich den Rauch des Mondes entzünde, verbinde ich mich mit meiner weiblichen Seite, jenem Teil von mir, der rezeptiv, intuitiv und unbewußt ist. Statt zu «machen» und zu «wollen», lasse ich es zu, daß die Dinge einfach geschehen, so wie das Leben es für mich vorsieht.

Diese Räuchermischung fördert:
Intuition, Vertrauen,
Loslassen, Phantasie,
Lernfähigkeit

● Sternzeichen/Krebs

2½ TL	Myrrhe
1½ TL	Sandelholz, weiß
1 TL	Lavendel
1½ TL	Zedernholz
2 TL	Guajakholz
2 TL	Iriswurzel
1 TL	Ingwer
1 TL	Jasminblüte

Mars

Mars, der in der Mythologie durch Ares verkörpert wird, steht für die reine Kampfeslust, die sich auch auf den Bereich der Liebe erstreckt. In diesem Fall nennt man sie auch den Geschlechterkampf. In seiner negativen Ausprägung, die Ares unter den Göttern nicht eben beliebt machte, steht ihm der Sinn kompromißlos nach Mord und Krieg. Die positiven Seiten seines Charakters sind ein unbändiger Wille, große Tatkraft und Tapferkeit.

Mars geht geradewegs, ohne Umschweife oder große taktische Überlegungen, auf sein Ziel los. Das Symbol des Männlichen, der Kreis, der von einem Pfeil durchbrochen wird, versinnbildlicht in prägnanter Weise seine Qualitäten: Eine ungeheure Dynamik und Vitalität, gekoppelt mit der Geradlinigkeit des Pfeils, stehen für das ungebändigte männliche Urprinzip. Den Blick immer nach vorn gerichtet, keinen Gedanken an Rückzug oder Stillstand verschwendend – das ist Mars, der Gegenpol zur Venus.

Während ich den Rauch des Mars entzünde, verbinde ich mich mit der Tatkraft in mir, welche mich ohne Zaudern und Kompromisse auf mein Ziel zusteuern läßt. Mars bekräftigt den Impuls in mir, der vonnöten ist, um aus meiner Lethargie aufzuwachen und zur Tat zu schreiten.

2 TL	Opoponax
1½ TL	Galgant
1 TL	Wermut
1 TL	Zedernholz
1½ TL	Eichenrinde
1 TL	Pfefferkörner, schwarz
alles mit	
2 TL	Drachenblut *mischen*

Man lernt, wie ein Krieger zu handeln, indem man handelt – nicht indem man redet.
Carlos Castaneda

Weitere Stoffe des Mars
Aloe, Angelikawurzel, Basilikum, Brennessel, Eisenhut, Eisenkraut, Fichte, alle Giftpflanzen, Hopfen, Ingwer, Kalmus, Kampfer, Koriander, Labdanum, Patchouly, Pinie, Rosmarin, rotes Sandelholz, Tabak, Ysop

Diese Räuchermischung fördert:
Energie, Tatkraft, Mut, männliche Sexualität, Leidenschaft, die Qualität des Kriegers

◔ Sternzeichen/Widder, Skorpion

Venus

Schönheit ist eines der seltenen Wunder, die unsere Zweifel an Gott verstummen lassen.
Jean Anouilh

Diese Räuchermischung fördert:
Liebe, Harmonie, Weiblichkeit, Großzügigkeit, Kompromißfähigkeit, Hingabe, weibliche Erotik, Sinnesfreuden, Muse

Weitere Stoffe der Venus
Angelikawurzel, Augentrost, Eisenkraut, Kardamom, Koriander, Labdanum, Malve, Mandelbaumgummi, Myrte, Perubalsam, Pfefferminze, Rose, Rosmarin, Schafgarbe, Spitzwegerich, Thymian, Veilchenwurzel

○ Sternzeichen/Stier, Waage

Venus, in der Mythologie von der schönen Aphrodite verkörpert, ist ganz und gar von Gefühlen geprägt. Ihr Leben gilt der Liebe und der Harmonie, der Sehnsucht und dem Ausgleich. Im Mythos wird Venus aus einer Muschel geboren, also aus dem Wasser, dem Symbol der Gefühle, und wird zudem mit der Perle assoziiert, welche auch ein Sinnbild für Tränen ist. Die Liebesgöttin ist also auch mit der schmerzhaften Seite der Liebe vertraut, wenngleich sie in ihrem Harmoniestreben und ihrem Sinn für Ästhetik und Schönheit meist auf der freudvollen, lebensbejahenden Seite steht.

Der Frieden ist ein weiteres großes Anliegen der Aphrodite, und um seinetwillen ist sie zu jedem Kompromiß bereit, was bis zur Unehrlichkeit gehen kann. Doch auch in der Liebe, aus der großen Sehnsucht nach Verschmelzung heraus, ist sie zu großer Anpassung und Kompromissen bereit – zuweilen bis zur Selbstaufgabe. Liebe, Gefühl und auch Gerechtigkeit gehen Aphrodite über alles. Sie verkörpert das Urweibliche, Opferbereitschaft, Hingabe und Sensibilität.

Während ich den Rauch der Venus entzünde, lasse ich mein Bewußtsein vom Kopf ins Herz wandern. Ich verbinde mich mit meiner Weiblichkeit, der Liebe in meinem Herzen, meiner Sehnsucht nach Harmonie und meinem Sinn für ausgleichende Gerechtigkeit.

2 TL	Benzoe Sumatra
1 TL	Styrax
1 TL	Tonkabohne, gehackt
$\frac{1}{2}$ TL	Tolubalsam
$1\frac{1}{2}$ TL	Sandelholz, rot
2 TL	Iriswurzel, geschnitten
$1\frac{1}{2}$ TL	Patchouly
1 Prise	Muskat- oder Nelkenpulver

Merkur

Merkur findet seine mythologische Entsprechung in Hermes, dem Götterboten. Geschickt, behende, trickreich, redegewandt sowie mit der Fähigkeit beschlagen, die Wahrheit nach Bedarf ein wenig zu drehen und zu wenden, dabei unterhaltsam und liebenswert erschien Hermes als der perfekte Gott der Kommunikation. Nebenbei übernahm er noch zahlreiche andere Aufgaben, die jedoch immer unter der großen Überschrift des Vermittelns und Herstellens von Verbindungen standen. So wurde Hermes auch der Gott der Händler und Kaufleute, der Bettler und Diebe sowie der Reisenden. Da er immer unterwegs war, wobei ihm sein geflügelter Helm und die ebenso ausgestatteten Schuhe äußerst hilfreich waren, wußte Hermes stets über die neuesten Entwicklungen im Lande Bescheid. In zwischenmenschlichen Beziehungen hatte er meist seine geschickten, vermittelnden Finger im Spiel. Hermes war nahezu überall dort zuständig, wo oberflächliche Verbindungen geschaffen werden sollten, denn Leichtigkeit ist sein Motto, nicht Tiefe.

Während ich den Rauch des Merkurs entzünde, verbinde ich mich mit meinen kommunikativen und vermittelnden Fähigkeiten, meiner Kontaktfreudigkeit und allem, was mich mit anderen Menschen, Ideen und Dingen in Kontakt bringt. Merkur unterstützt meine Geschicklichkeit mit Leichtigkeit.

2 TL	Dammar
1 TL	Mastix
1½ TL	Mandelbaumgummi
1 TL	Lavendel
1 TL	Zitronenschale
1½ TL	Muskatblüte
1 TL	Eisenkraut
1 TL	Myrte
1 Prise	Nelkenpulver

Denn eben wo
Begriffe fehlen,
Da stellt ein Wort zur
rechten Zeit sich ein.
Johann Wolfgang von Goethe

Diese Räuchermischung fördert:
Kommunikation, Leichtigkeit, Händlergeist, geistige Beweglichkeit, berufliche wie private Kontakte

Weitere Stoffe des Merkur
Aloe, Alraune, Anis, Baldrian, Ehrenpreis, Fenchel, Fichte, Granatapfel, Haselnuß, Kamille, Majoran, Muskatnuß, Myrrhe, Pfefferminze, Salbei, Styrax, Tolubalsam, Wegwarte, Ysop, Zeder

◐ Sternzeichen/
Zwillinge, Jungfrau

Saturn

Die Freiheit besteht in erster Linie nicht aus Privilegien, sondern aus Pflichten.
Albert Camus

Im Mythos wird Saturn durch Kronos verkörpert, der besonders durch seine Grausamkeit beeindruckt. Da ihm prophezeit wurde, daß er dereinst von einem seiner Söhne entthront werde, verschlingt er aus Angst alle seine neugeborenen Kinder. Nur durch eine List seiner Frau Rhea überlebt der gemeinsame Sohn Jupiter bzw. Zeus. Erst nachdem dieser den Vater tatsächlich entmachtet, entwickelt Saturn seine nützlichen Qualitäten: Er wandelt nun sein zerstörerisches Potential in die Fähigkeit, alles Unwichtige abzutöten. So fördert er durch Einschränkung letztlich das Wesentliche. Unter Kronos' ursprünglich hemmender und begrenzender Qualität entstehen die scharfe Form und die Einfachheit.

Diese Räuchermischung fördert:
Moral, Gesetz, Pflichtgefühl; die Fähigkeit, Wesentliches von Unwesentlichem zu trennen; den Mut zur Reduktion

Saturn erfreut sich keiner besonders großen Beliebtheit, denn er steht ganz allgemein für das «Nein» – und das schmerzt, wenngleich es oft nötig ist, um das Wesentliche zu ermöglichen und alles Neue einzuleiten. Denn jedes Nein trägt den Samen für das Ja in sich.

Weitere Stoffe des Saturn
Aloe, Alraune, Baldrian, Bilsenkraut, Bockshornklee, Eiche, Fichte, Hanf, Kümmel, Mistel, Moschuskörner, Opoponax, Salbei, Spitzwegerich, Teufelsdreck, Tollkirsche, Wacholder, Weihrauch, Weißdorn, Zypresse

Während ich den Rauch des Saturns entzünde, werde ich mir bewußt, daß, um das Neue, Positive zu erlangen, das Alte, Negative erbarmungslos aussortiert und verabschiedet werden muß. Dazu gehören Mut und Klarheit und die Kraft, dem Unangenehmen ins Auge zu sehen – zugunsten einer neuen Klarheit, die von der Last des Überkommenen befreit ist.

3 TL	Myrrhe
1½ TL	Sandelholz, weiß
1 TL	Sandelholz, rot
1 TL	Moschuskraut mit Blüten
1 TL	Patchouly
1 TL	Mohnblüte
½ TL	Eisenkraut
1½ TL	Drachenblut

◐ Sternzeichen/
Steinbock

Jupiter

Jupiter oder Zeus, der Göttervater, ist vor allem für seine unbändige Wollust bekannt. Nicht nur zahlreiche Göttinnen nimmt er, wenn's sein muß mit Gewalt oder durch irgendeine List zur Geliebten, auch Sterbliche bleiben von seinem Zeugungsdrang nicht verschont. So zeugt Zeus oder Jupiter den halben Olymp und auch viele sterbliche Helden. Die Treue gehört also nicht so sehr zu seinen Tugenden. Großzügigkeit dagegen schon, ebenso die Lust am Spiel und der Sinn für Gerechtigkeit, die er, wenn nötig, mit Macht durchsetzt.

Zeus ist in jedem Fall ein gütiger Gott, der zwar zu Großspurigkeit und übertriebenem Pathos neigt, der jedoch Großmut beweist und seinen Kindern zur Seite steht, falls er nicht gerade anderweitigen Verpflichtungen (oder Vergnügungen) nachgehen muß. Zeus steht für viele Qualitäten: für Reife und dafür, aus jeder Situation das Beste zu machen; für das Ja, die Liebe zum Leben, für Optimismus, Heiterkeit und Gerechtigkeit, Offenheit und Freiheit, ja auch für Heilung und dafür, daß wir im Leben einen Sinn finden.

Während ich den Rauch des Jupiter entzünde, verbinde ich mich mit seinen Qualitäten: mit Liebe und Lust, mit Großzügigkeit und Fülle, mit Gerechtigkeit und der Fähigkeit, zu gesunden. In meinem Streben nach Reife und dem Sinn in meinem Leben, lasse ich mich von Jupiter bestärken.

2 TL	Copal Manila
2 TL	Weihrauch
1½ TL	Iriswurzel, geschnitten
2 TL	Zedernholz
1 TL	Salbei
1½ TL	Lindenblüte
1 TL	Mädesüßkraut
½ TL	Ysop

Wir brauchen eine Sittlichkeit, die sich auf die Liebe zum Leben, auf Freude am Wachstum und wirkliche Erfolge, nicht aber auf Unterdrückung und Verbote gründet.
Bertrand Russell

Diese Räuchermischung fördert:
Liebe, Reife, Optimismus, Heilkraft, Glück, Erfolg

Weitere Stoffe des Jupiter
Aloeholz, Anis, Apfel, Basilikum, Eiche, Galbanum, Jasmin, Lorbeer, Mandelbaumgummi, Mastix, Muskatnuß, Nelke, Olivenblätter, Perubalsam, Rosenblüte, rotes Sandelholz, Styrax, Tausendgüldenkraut, Wacholder, Zinnkraut (Schachtelhalm)

◗ Sternzeichen/ Schütze

Neptun

Ich komme nicht dahinter,
wo ich aufhöre und die
anderen anfangen.
Georg McCabee

Neptun findet sein mythologisches Pendant in Poseidon, dem Gott des Meeres. Poseidon ist ein undurchsichtiger Geselle, der seine wahren Absichten nicht gern zu erkennen gibt. Wo immer er kann, sorgt er für Durcheinander und Verwirrung. Unklar und verschwommen wie der Blick auf den Meeresgrund, so zeigt sich dieser Gott. Er legt sich mit jedem an und ist ein Meister der Verwandlung. Mal zeigt er sich als Pferd oder Widder, ein weiteres Mal in Gestalt eines anderen Mannes – meistens mit dem Ziel, die Frauen zu verführen, mit denen er unzählige Nachkommen zeugt.

Neptun steht für Wunder und Illusionen, für Träume und Täuschungen, außerdem für Phantasie und Einfallsreichtum. Wer sich seiner wilden Kraft und Triebhaftigkeit widersetzt, der mag in die Tiefen des Meeres entführt werden und sich dort für immer verlieren. Wer jedoch freiwillig in die Fluten eintaucht und sich davontragen läßt, der kann so in sanfter Transformation zur Einheit und Ganzheit finden.

Diese Räuchermischung
fördert:
Hingabe, Einheit,
mystische Einsicht,
Spiritualität

Während ich den Rauch des Neptun entzünde, verbinde ich mich mit der weiblichen, unbewußten, gefühlsbetonten Seite in mir. Ich öffne mich dem Geheimnisvollen, dem Mysterium des Lebens und gebe mich der großen Einheit hin.

Weitere Stoffe des Neptun
Bilsenkraut, Hanf,
Iriswurzel, Meersalz,
Mohnblüte, Safran,
Schierling, Tollkirsche,
Zedernspitzen

1 1/2 TL	Mastix
2 1/2 TL	Weihrauch
2 1/2 TL	Kalmus
1 TL	Beifuß
1 TL	Angelikawurzel
1/2 TL	Muskatnuß
1 TL	Ysop
1/2 TL	Jasminblüte
1 1/2 TL	Zedernholz
2 EL	Copaivabalsam

◐ Sternzeichen/Fische

Uranus

Uranus ist der Urvater der Schöpfung. Ohne Vater aus Gäa, der Mutter Erde geboren, läßt er endlosen, fruchtbaren Regen auf sie herabfallen, bis sie aus ihrem Leib alle Pflanzen und Tiere geboren hat. Doch Uranus läßt es weiter regnen, bis alle Öffnungen Gäas sich mit Wasser gefüllt und so die Ozeane, Seen und Flüsse der Erde entstanden sind. Endlich läßt er den Regen versiegen, damit sich ein Gleichgewicht zwischen Himmel (denn das ist die Bedeutung von «Uranus») und Erde einstellen kann. Doch das ist noch lange nicht das Ende von Uranus' Schöpferkraft. Von nun an zeugt er voller Begeisterung allerlei seltsame Wesen wie die Kyklopen, Titanen und andere Ungeheuer. Irgendwann hat Gäa genug davon und läßt Uranus von seinem Titanensohn Kronos entmannen. Doch sogar im Sterben verliert Uranus nicht seine Schöpferkraft und befruchtet Gäa durch sein Blut, woraufhin die Giganten und Erinnyen, Furien und Rachegöttinnen geboren werden. Und schließlich entsteht sogar aus dem abgeschlagenen und ins Meer geworfenen Glied die Liebesgöttin Aphrodite.

Während ich den Rauch des Uranus entzünde, lasse ich mein Verlangen zu, aus alten, erstarrten Strukturen auszubrechen. Ich gestatte es mir, aus der Reihe zu tanzen und meine Gedanken frei fließen zu lassen, um völlig neue, ja verrückten Ideen entstehen zu lassen.

2 TL	Mastix
1 TL	Weihrauch
1 TL	Myrrhe
2 TL	Eichenrinde
1 TL	Salbei
1 TL	Myrte
1 TL	Rosmarin
1 TL	Mädesüßblüte

Tausend und abertausend Ströme fließen ins Meer, aber das Meer ist nie voll. Und könnte der Mensch Stein zu Gold verwandeln, sein Herz ist nie zufrieden.
Chinesisches Sprichwort

Diese Räuchermischung fördert:
Intuition, Geistesblitze, Vorstellungskraft, Wahrheit, Freiheit, Selbstverantwortung, Erfindungsgeist

Weitere Stoffe des Uranus
Copal negro, Ehrenpreis, Eisenkraut, Elemi, Faulbaumrinde, Moschuskörner und -kraut, Pfefferminze,

◐ Sternzeichen/ Wassermann

Pluto

Gott verbietet nur jenen die Früchte am Baum der Erkenntnis, die daran zugrunde gehen. Wer aber zum Grund der Erscheinungen dringt, lebt davon auf.
Thomas Ring

Pluto wird in der Mythologie von Hades verkörpert, dem Gott der Unterwelt. Hades herrscht unbarmherzig über sein Reich, mit hinterlistiger Schläue und unverrückbaren Prinzipien. Er ist bekannt für seine dunkle Lust und seinen ausgeprägten Sadismus. Als Hades sich in die junge Kore verliebt und sie in die Unterwelt entführt, bringt das großes Unglück über die Erde, denn Demeter, Kores Mutter, läßt nichts mehr wachsen und gedeihen, bis Hades sie zurückbringt. Man schließt einen Kompromiß: Die ersten drei Monate des Jahres herrscht Kore gemeinsam mit Hades über die Unterwelt, die restliche Zeit verbringt sie auf der Erde. So wird der Winter zur Jahreszeit des Stillstands und der Metamorphose.

Wer in die Unterwelt – im übertragenen Sinne ins Reich des Unbewußten – hinabsteigt, dem blüht der Tod, sprich eine radikale Transformation des Bewußtseins. Wer dem Hades noch einmal entkommt, der kehrt geläutert heim und hat einen tiefgreifenden, initiatischen Prozeß der Wandlung erfahren. Das dunkle, zerstörerische, unerbittliche Wesen des Hades birgt in sich somit die Vorbedingung für Verwandlung; der Tod trägt in sich den Keim der Wiedergeburt.

Diese Räuchermischung fördert:
Transformation, Loslassen, Mut, Ausdauer, den Abstieg ins Unbewußte

Während ich den Rauch des Pluto entzünde, verbinde ich mich mit der unbewußten, dunklen Seite meiner Seele. Mir ist bewußt, daß ich Altes in mir sterben lassen muß, damit das Neue geboren werden kann. Ich habe den Mut, eine tiefgreifende Wandlung in meinem Leben geschehen zu lassen.

Weitere Stoffe des Pluto
Copal blanco, Drachenblut, Galbanum, Iriswurzel, Kampfer, Labdanum, Muskatnuß, schwarzer Pfeffer, Thymian

○ Sternzeichen/ Skorpion

2 TL	Weihrauch	1 TL	Eisenkraut
2 TL	Myrrhe	1 TL	Mohnblüte
2 TL	Copal Manila	1/2 TL	Rosenblüte
1 TL	Copal negro	1 1/2 TL	Zedernholz
1 TL	Galgant	1/2 TL	Pottasche
1 TL	Angelikawurzel		

Kosmos

Die Kosmos-Räucherung vereint die Kräfte aller Planeten zu einem harmonischen Ganzen. Wenn Sie das Gefühl haben, Sie seien aus dem Gleichgewicht geraten und wissen nicht so genau warum, dann ist es sinnvoll, den Kosmos um Ausgleich und Harmonisierung zu bitten.

Kosmos ist die Räucherung für Harmonie ebenso wie für Heilung und Ganzwerdung, sie schließt nichts aus, sondern bezieht alle Aspekte des Lebens mit ein. So eignet sie sich auch besonders, wenn Sie eine ausgeglichene, zugleich friedliche und lebendige Atmosphäre zaubern möchten, in der Sie entspannen und Kraft schöpfen können.

Indem ich den Rauch des Kosmos entzünde, hole ich die Kräfte aller Planeten in diesen Raum, deren Ganzheit mehr ist als die Summe ihrer Einzelteile. Ich bitte um Harmonisierung meiner körperlichen ebenso wie meiner geistigen und seelischen Aspekte. Ich verbinde mich mit der großen Kraft, die dem Kosmos in seiner Gesamtheit innewohnt.

1 TL	Weihrauch
1 TL	Myrrhe
1 TL	Benzoe Sumatra
½ TL	Tolubalsam
1 TL	Styrax
1 TL	Galgant
½ TL	Alant
1 TL	Zedernholz
1 TL	Moschuskraut mit Blüten
½ TL	Lorbeer
½ TL	Beifuß
½ TL	Lavendel
1 TL	Patchouly
¼ TL	Angelikawurzel

Erstens gibt es eine Einheit der Dinge, durch die jedes Ding eins mit sich selbst ist… Zweitens gibt es eine Einheit, durch die ein Geschöpf mit allen anderen vereint ist, und alle Teile der Welt ergeben eine Welt.
Pico della Mirandola

Diese Räuchermischung fördert:
Entspannung, Heilung, Ganzheit

Weitere Stoffe des Kosmos
Akazienblüte, Aloeholz, Burgunderharz, Copal Manila, Copal oro, Drachenblut, Eichenrinde, Elemi, Fichtennadeln, Ingwer, Iriswurzel, Kalmus, Mastix, Mohnblüte, Moschuskörner, Muskatnuß, Myrte, Opoponax, Rose, rotes und weißes Sandelholz, Sandarac, Tonkabohne

○ Elemente/Äther

Reinigung

Die Reinigung ist eine der ältesten Funktionen des Räucherns. Schon in alter Zeit – wahrscheinlich schon am Höhlenfeuer – warf man Substanzen wie Bernstein oder andere Harze in die Glut, um die Atmosphäre zu reinigen. Später räucherte man die Häuser auch gegen Krankheiten aus und natürlich um Dämonen, Geister und Hexen zu vertreiben.

Grundsätzlich hat sich am Zweck der Reinigungsräucherung bis heute nichts geändert. Wir räuchern, um «dicke Luft» oder die Ausdünstungen von Besuchern aus unserer Wohnung zu vertreiben, um die Raumluft zu erfrischen und zu beleben oder wenn wir das Gefühl haben, die Raumatmosphäre ist «irgendwie» ungut, stagniert oder abgestanden. Auch eignet sich eine Reinigungsräucherung nach Vorbild unserer Vorfahren, um während oder nach überstandener Krankheit den «Mief» zu neutralisieren und die Grippe, Erkältung oder was auch immer zum Fenster hinauszujagen.

Wenn Sie das Gefühl haben, Ihr Haus bzw. Ihre Wohnung braucht eine grundlegende Reinigung, dann können Sie dazu das folgende Ritual durchführen. Es eignet sich wunderbar als großer Frühjahrsputz, wenn Sie in ein neues Heim einziehen oder wann immer Sie das Bedürfnis nach einem Großreinemachen haben.

Tip:
Wenn Sie homöopathische
Mittel einnehmen oder
Ihnen diese Räucherung
zu stark ist, verwenden Sie
statt dessen «Feng Shui».

Beginnen Sie am besten mit einer Schutzräucherung für sich selbst, denn Sie könnten durch Ihr Ritual eine Menge Geister und andere Wesenheiten aufscheuchen. Richten Sie, bevor Sie mit der Reinigung beginnen, ein paar Worte an diese möglichen unerwünschten «Mitbewohner» und fordern Sie sie auf, das Haus zu verlassen. Falls vorhanden, arbeiten Sie mit Zimbeln, einer Glocke, Trommel oder Klangschale; alternativ können Sie auch kräftig in die Hände klatschen. Beginnen Sie in der östlichsten Ecke des ersten Zimmers und erzeugen Sie einen deutlichen, entschiedenen Ton. Arbeiten Sie sich dann im Uhrzeigersinn vor, bis Sie die ganze Wohnung durchgegangen sind. Nun entzünden Sie die Räuchermischung für die Reinigung und beräuchern – am besten mit Hilfe einer Feder oder eines Fächers – auf dieselbe Weise jeden Winkel Ihres Heims. Vergessen Sie am Ende nicht, auch sich selbst mit dem reinigenden Rauch zu befächeln. Besonders nach der Reinigungsräucherung ist es wichtig, gründlich zu lüften!

Indem ich den Rauch der Reinigung entzünde, vertreibe ich alles Unreine, Trübe, Stagnierte und Dumpfe aus diesem Haus, dieser Wohnung. Alle unerwünschten Wesen, Geister, Dämonen und schlechten Energien, die sich hier aufhalten, mögen diese Räume spätestens jetzt umgehend verlassen.

2 TL	Weihrauch	*Diese Räuchermischung*
1 TL	Myrrhe	*fördert:*
1 TL	Bernstein	Reinigung, Klärung und
2½ TL	Kampfer	Ionisierung der Raumluft
1–1½ TL	Wacholderbeeren	
1½ TL	Myrtenblätter	
1 TL	Beifuß	Kampfer duldet keine
1 TL	Rosmarin	negativen Schwingungen.
1 TL	Lorbeer	
½ TL	Angelikawurzel	
½ TL	Nelkenpulver	

Bei dieser Mischung sollten Sie nicht alle Zutaten zerkleinern, dann wirkt sie noch stärker.

○ Feng Shui,
  Schutzräucherung

Schutzräucherung

Diese Hüter oder Wächter oder Beschützer haben viele Gestalten. Sie können ein Verbündeter in Gestalt eines Tiergeists oder ein Schutzengel oder ein Haushütergeist oder auch ein beschützender Baumgeist sein.
Denise Linn

Immer mehr Menschen meditieren, machen Selbsterfahrungsgruppen und üben sich darin, sich zu «öffnen». Doch auch bereits ohne bewußt darauf hinzuarbeiten, sind wir täglich einer Menge von Reizen, Streß, Anforderungen und Einflüssen unserer Außenwelt ausgesetzt, die nahezu ungefiltert auf uns einströmen. Gesund ist das nicht. Denn um bei geistiger und körperlicher Gesundheit zu bleiben, ist es unbedingt nötig, daß wir auch lernen, uns zu schützen – gegen Reizüberflutung, die Kollegin, die einem den letzten Nerv raubt, den Kunden, der nörgelt oder drängelt. Auch in unseren Liebes- oder familiären Beziehungen gibt es häufig Verstrickungen und Umstände, gegen die wir uns schützen sollten.

Eine Schutzräucherung in Verbindung mit einem wirkungsvollen Ritual ist ein sehr geeignetes Mittel, sich gegen kraftraubende Situationen, schlechtgelaunte Menschen, schädliche Verstrickungen mit nahestehenden Personen, sowie gegen schlechte, gegen uns gerichtete Wünsche abzugrenzen.

Entzünden Sie den schützenden Rauch und sammeln Sie sich. Lassen Sie vor Ihrem geistigen Auge jene Personen, Umstände und Einflüsse in Ihrem Leben vorüberziehen, gegen die Sie sich schützen möchten. Sie müssen dazu gar nicht so genau wissen, weshalb Sie in bezug auf sie ein schlechtes Gefühl haben. Es ist ein gesundes und wichtiges Bedürfnis, Grenzlinien zu ziehen und sich darüber klar zu werden, wo die eigene (Schmerz-)Grenze liegt. Nehmen Sie das Räuchergefäß in die Hand und ziehen Sie damit einen Schutzkreis aus Rauch um sich. Nehmen Sie sich soviel Zeit wie Sie brauchen und beenden Sie das Ritual, wenn Sie das Gefühl haben, genügend Abstand zu der bedrängenden Person bzw. Situation gewonnen zu haben. Stellen Sie sich vor, daß Ihr Schutzkreis auch nach Beendigung des Rituals fortbesteht.

Tip:
Nehmen Sie bei dieser Räucherung weitere stärkende Elemente zu Hilfe, wie beispielsweise einen Schutzkreis aus Meersalz.

Wann immer Sie ihn brauchen, können Sie ihn in Ihrem Bewußtsein wieder erstehen lassen. Er verläßt Sie jetzt nicht mehr.

Gleichfalls können Sie eine Schutzräucherung einsetzen, um Ihr Haus vor negativen Kräften oder bösen Geistern zu schützen. Hier ist ein Ritual hilfreich, bei dem Sie das ganze Haus einbeziehen. Gehen Sie mit Ihrer Räucherschale von Raum zu Raum, vergessen Sie keinen Winkel und lassen Sie den Rauch sich mit Ihren schützenden Worten, Gedanken und Bitten verbinden.

Während ich den heiligen Rauch entzünde, gestatte ich mir, mich vor bestimmten Menschen, Einflüssen oder Situationen zu schützen. Der Rauch hilft mir dabei, die nötige Distanz zu den Dingen zu erreichen und zu bewahren. Ich schütze hiermit mich selbst, meine Familie, mein Haus vor …

3 TL	Sandelholz, weiß
1 TL	Bernstein
1½ TL	Weihrauch
2 TL	Myrrhe
1 TL	Beifuß
1 TL	Wacholderbeere
1 TL	Angelikawurzel
2 TL	Patchouly
alles mit	
½–1 TL	Drachenblut *vermischen*

Diese Räuchermischung unterstützt:
emotionale Stärke;
psychischen Schutz vor Neid, Mißgunst, übelwollenden Menschen und Schwarzer Magie;
Schutz vor Diebstahl und anderen Gefahren

Sandelholz wird in Indien am Abend verräuchert, um alles Böse zu bannen.

◖ Liebe bewahren und schützen

Schwitzhüttenräucherung

Der Rauch, der sich aus Erde und Feuer erhebt, wird allem gehören, was sich im Universum bewegt: den Vierbeinern, den Geflügelten und allem, was ist. Dieses Opfer von ihnen geben wir nun Dir, o Wakan Tanka! aus einem indianischen Gebet

Einer nach dem anderen kriechen wir in die niedrige Schwitzhütte. Es ist eng und duster, und es ist kalt, denn wir haben uns mitten in der kalten Jahreszeit hier eingefunden, zur Wintersonnenwende. Wir wollen in diesem Ritual uns selbst reinigen und läutern und gleichzeitig die Sonne begrüßen, die jetzt ihren langen Rückweg antritt.

Noch friere ich, doch das wird sich bald ändern. Der erste glühende Stein wird von der Feuerstelle genommen und hereingerollt. Er findet seinen Platz in der Erdkuhle in unserer Mitte. Der Älteste in der Schwitzhütte übernimmt die Aufgabe, diese Zeremonie zu leiten. Er gießt immer wieder Wasser auf die Steine, wodurch sich die Luft langsam, aber stetig erhitzt. Er erzählt uns Indianergeschichten von der uralten Tradition der Schwitzhütten.

Es wird langsam heiß hier drin und mit der Hitze scheinen auch Enge und Dunkelheit zuzunehmen. Reihum beten wir zu den Großvätern der vier Himmelsrichtungen. Einige, darunter ich, sind zum ersten Mal in einer Schwitzhütte. Die Hitze wird langsam unerträglich, man meint, die Haut müsse einem verbrennen. Ich spüre förmlich die Seelen der Anwesenden erzittern und merke, wie die Angst auf Spinnenbeinen meinen Rücken hochkriecht. Die betenden Stimmen der Schwitzenden werden schriller. *Werden wir das hier überleben?* Die Angst läßt mich in mich selbst zurückweichen, in mir drin immer kleiner werden; ich schrumpfe, bis ich nur noch ein paar Zentimeter groß bin und meine Körperhülle um mich aufragt.

Tip: Diese Räucherung eignet sich nicht nur für Schwitzhüttenzeremonien, sondern auch als Alternative für die Anrufungsräucherung.

Als ich so klein bin wie ein Embryo in der schützenden Gebärmutter, kommt plötzlich eine tiefe Ruhe über mich – *hier bin ich sicher!* Langsam wachse ich wieder in meine ursprüng-

liche Form hinein. Der Duft von Salbei, Süßgras und Zedernspitzen, die auf den glühenden Steinen schmoren, umfängt
mich. Eine stille Kraft erfüllt mich, und als ich jetzt die Geister, die Götter anrufe, um meine Bitten und Gebete vorzu-
bringen, geschieht dies mit einer Inbrunst, die ich vorher
nicht kannte. In diesem Moment begreife ich, daß diese Anrufung schon das Samenkorn der Erfüllung meiner Wünsche
in sich trägt.

Während ich den heiligen Rauch entzünde, bete ich für das Wohl
und den Nutzen aller Wesen. Ich bitte für mich selbst um Frieden,
Gesundheit und … und darum, im Einklang mit allen Wesen und
Pflanzen, in Harmonie mit Mutter Erde leben zu können.

3–4 TL	Copal oro	*Diese Räucherung fördert:*
1½ TL	Copal negro	Einssein; die Sprache des
2 TL	White Sage	Herzens; Kontaktaufnahme
2 TL	Sweetgras	mit den Göttern
1–2 TL	Yerba Santa	
1 TL	Wacholderholz	
½ TL	Wacholderbeeren	
1½ TL	Wacholderspitzen, USA	
	(ersatzweise einheimische)	◗ Anrufung, Frieden,
1–2 TL	Zedernspitzen, USA	Gebet, Heilung

Seelenbalsam

Schon ein kleines Lied kann
viel Dunkel erhellen.
Franz von Assisi

Manchmal fühlen wir uns zart und verletzlich. Vielleicht wurden wir bei einem aktuellen Anlaß verwundet, enttäuscht oder einfach «nicht gesehen», so wie wir sind. Oder alte Wunden brechen auf, weil die Zeit reif ist, weil wir gerade aus dem einen oder anderen Grund dünnhäutiger sind als sonst – und das ist gut so, auch wenn es weh tut. Denn nur wo wir seelischen Schmerz wirklich spüren und annehmen, kann Heilung geschehen.

In unserem Innern tut es höllisch weh und wir sehnen uns nach einer warmen Hülle, die uns Schutz und Geborgenheit gibt. Genau dies tut die Räucherung «Seelenbalsam». Mit Ihren wärmenden, besänftigenden und heilsamen Inhaltstoffen ist sie ein wahrer Balsam für verwundbare Seelen.

Gönnen Sie sich eine Zeit der Stille, machen Sie es sich gemütlich und verwöhnen Sie sich mit dem heilenden Räucherwerk. Tun Sie sich etwas Gutes, Sie haben es verdient. Stellen Sie das Telefon leise, schließen Sie die Tür und lehnen Sie sich zurück. Die nächste Stunde gehört nur Ihnen und Ihren Gefühlen.

Benutzen Sie den Rauch, das Feuer, die kostbaren Ingredenzien als geheiligten Rahmen, innerhalb dessen Sie Ihre Wunden und Schmerzen betrauern, Ihnen Raum geben und sie als einen Teil Ihres Lebens annehmen und integrieren können. Wehren Sie sich nicht, weinen Sie, wenn Ihnen danach ist und nehmen Sie sich selbst in den Arm – der Rauch tut es auch, indem er sich um Sie legt wie eine schützende warme Hülle. Lassen Sie sich treiben …

Irgendwann ist es Zeit, wieder aufzutauchen; benutzen Sie die Zimbeln oder eine Klangschale, um aus ihrer Gefühlswelt wieder in die Gegenwart zurückzukehren. Auch das ist wichtig: Nach einer Weile, in der wir schwierigen oder schmerzhaften Gefühlen Raum gegeben haben, wieder loszulassen, um uns nicht in den Untiefen unserer Seele zu verlieren. Kehren Sie also zurück in den Alltag, rufen Sie eine gute Freundin oder einen engen Freund an, und bitten Sie um Beistand. Oder widmen Sie sich einer Beschäftigung des Alltags, die als «Anker» wirken kann, um Ihre Füße wieder im Boden zu verwurzeln.

Während ich den heiligen Rauch entzünde, der wie Seelenbalsam meine Wunden und Schmerzen umhüllt, lasse ich für eine Weile meine Gefühle ungefiltert an die Oberfläche kommen und gebe ihnen allen Raum, den Sie brauchen, um geheilt zu werden.

2 TL	Benzoe Sumatra
2 TL	Styrax
1 TL	Tolubalsam
1 TL	Tonkabohne, gehackt
2 TL	Orangenschale
1½–2 TL	Lavendel
1 TL	Rosenblüte
½ TL	Zimtpulver

Wenn Ihnen diese Mischung zu süß ist, können Sie noch 1 TL Weihrauch zugeben.

Diese Räuchermischung unterstützt:
Heilung, Stärkung, den Mut, schmerzhafte Gefühle zu durchleben

Benzoe mit dem Inhaltsstoff Vanillin sorgt für Entspannung und hüllt besänftigend ein.

↻ Depressionen aufhellen, Entspannung und Balance, Frieden, Harmonie, Heilung

Sternzeichen

Die Beschäftigung mit Astrologie lehrt, die Inhalte und Bedeutungen «sehen» zu lernen, die an den Formen haften, selbst jedoch jenseits der Formen existieren.
Thorwald Dethlefsen

In alter Zeit wurde die Astrologie als «Königin der Wissenschaften» bezeichnet, denn in ihrem senkrechten Weltbild schließt sie nicht nur uns Menschen mitsamt allen Aspekten unseres Seins ein, sondern auf ihrer Grundlage läßt sich alles betrachten: der Kosmos, die Welt der Tiere, Pflanzen, Mineralien und Ideen, ja alle Philosophien und Wissenschaften, Lehren und Religionen. Denn das senkrechte Weltbild ist das Weltbild der Analogien und Mythen; es arbeitet mit der Urkraft der Symbole, die auf jeder Seinsebene ihre Gültigkeit haben.

Das Wunderbare an der Astrologie ist, daß sie einen Bezugsrahmen darstellt, der Erkenntnis und Verständnis fördert. Indem wir unser eigenes oder das Horoskop eines anderen Menschen in seinen komplexen Zusammenhängen betrachten, können wir bestimmte Verhaltensweisen, Schwierigkeiten, Hemmschwellen und Blockaden, ebenso wie Talente und Vorlieben ergründen und begreifen. Da, wo wir vielleicht selbst noch nicht wissen, wie wir unser Leben, unsere Beziehungen oder unsere Arbeit gestalten wollen, kann die Astrologie behilflich sein, indem sie uns auf unsere Veranlagungen sowie bestimmte Aspekte unserer Persönlichkeit aufmerksam macht. Auch wenn wir einen uns nahestehenden Menschen besser begreifen, Reibungspunkte, die sich mit ihm ergeben, aufklären oder gemeinsame Perspektiven herausfinden möchten, kann die Astrologie äußerst hilfreich sein.

Astrologie ist also – mit dem rechten Geist praktiziert – ein wunderbares Instrument, dem Wesenskern eines Menschen, seinen versteckten Anlagen, Sehnsüchten oder Ängsten auf die Spur zu kommen, sich ihm somit wirklich anzunähern und ihn verstehen zu lernen. Man kann mit ihrer Hilfe herausfinden, was einen Freund oder geliebten Menschen besonders freut oder schmerzt, wonach er trachtet und was ihm ganz besonders am Herzen liegt. Und natürlich kommt man auch seinen – und den eigenen – Schattenseiten auf die Spur, jenen Teilen von uns, mit denen wir weniger gern konfrontiert werden, die aber auch das größte Wachstumspotential in sich tragen.

Die Räucherrezepte, die auf den folgenden Seiten vorgestellt werden, sind für jedes Sternzeichen so zusammengestellt, daß sie seine besonderen Qualitäten und Veranlagungen ansprechen, bewußtmachen und fördern. Jedoch ist es schwer, den einzelnen Menschen in seiner Komplexität zu erfassen. Daher soll mit diesen Rezepten nur ein Rahmen vorgegeben werden, den Sie nach Belieben erweitern oder verändern können. Am Rand sind jeweils weitere Stoffe aufgeführt, die jedem Sternzeichen zugeordnet werden. Experimentieren Sie damit, und entwickeln Sie Ihre ganz persönliche Sternzeichenräucherung!

Widder

Um große Erfolge
zu erzielen,
muß etwas gewagt werden.
Helmut von Moltke

Der Widder braucht das Abenteuer, daheim am Herd würde er versauern und schlechte Laune bekommen. In den Tiefen seiner Seele ist er ein edler Held und treuer Ritter, und oft wird er sich einen Partner bzw. eine Partnerin suchen, die seiner Hilfe bedarf.

Der Widder handelt oft unüberlegt und impulsiv und macht sich damit nicht nur Freunde. Auch seine ausgeprägte Ungeduld, die zuweilen an Arroganz grenzen kann, macht ihn nicht gerade beliebt. Die Begeisterungsfähigkeit eines Kindes und seine unbändige Energie jedoch machen dieses Manko wieder wett. Solange man ihn nicht bremst, behält der Widder nämlich auch seine gute Laune. Er vollbringt große Taten, kämpft und mißt sich mit anderen – aus lauter Leidenschaft und Tatendrang.

Diese Räuchermischung
fördert:
Tatkraft, Dynamik, Mut,
Entschlußkraft

Während ich den Rauch des Widders entzünde, verbinde ich mich mit Mut und Tatkraft, die in mir schlummern und nur darauf warten geweckt zu werden – um Dinge, die im Moment anstehen, anzupacken und zur Tat zu schreiten. Ich tu's einfach!

Weitere Stoffe des Widders
Aloe, Eichenrinde,
Eisenkraut, Kalmus, Nelke,
Orangenblüte, Patchouly,
Perubalsam, schwarzer
Pfeffer, Thymian,
Weihrauch, Ysop,
Zedernholz

2 TL	Myrrhe
1 TL	Benzoe Siam
1 TL	Zimtrinde
½ TL	Zimtpulver
2 TL	Sandelholz, rot
1½ TL	Galgant
½ TL	Ingwerpulver
½ TL	Angelikawurzel
alles mit	
1 TL	Drachenblut *vermischen*

○ Elemente/Feuer;
Planeten/Mars

Stier

Der Stier orientiert sich zu hundert Prozent an der faßbaren, greifbaren, sichtbaren Wirklichkeit. Bevor er sich nicht von Bankkonto, Herkunft und Zuverlässigkeit eines Partners überzeugt hat, läßt er sich kaum zu vorschnellen Entscheidungen hinreißen.

Den Stier prägt eine große Liebe zu den schönen Dingen des Lebens. Meist ist er Genießer und Ästhet und hat einen Hang zu wertvollen Dingen, besonders wenn sie auch wertbeständig sind. Einen kleinen Haken hat diese ausgeprägte Schönheitsliebe jedoch: Manchmal bemerkt der Stier nicht, daß hinter der Schönheit nicht viel steckt.

Auf einen Stier kann man sich in jeder Lebenslage verlassen, wenn man sich seiner Treue einmal versichert hat: Er wird zu einem stehen, egal, was passiert. Denn eines kann er überhaupt nicht ausstehen: Veränderungen. So wird er alles daran setzen, daß die Dinge so bleiben wie sie sind. Das macht ihn zu einem verläßlichen, manchmal jedoch etwas starren Gefährten.

Während ich den Rauch des Stiers entzünde, verbinde ich mich mit meinem eigenen Wert, der von Besitz und Reichtum unabhängig ist. Ich werde mir bewußt, daß mein täglicher Beitrag zum Leben wertvoll ist. Ich gestatte es mir, mich um meine Bedürfnisse zu kümmern.

1 TL	Opoponax
1 TL	Benzoe Sumatra
1 TL	Styrax
2 TL	Tonkabohne
1½ TL	Moschuskraut
1 TL	Patchouly
2 TL	Rosenblüte

*Denn alle Lust will Ewigkeit,
will tiefe tiefe Ewigkeit.*
Friedrich Nietzsche

Diese Räuchermischung fördert:
Eigenliebe, Stabilität, Erdung, sinnlichen Genuß; Mut, Grenzen zu setzen

Weitere Stoffe des Stiers
Aloeholz, Guajak, Guggul, Iriswurzel, Jasmin, Kardamom, Moschuskörner, Myrrhe, Pfefferminze, Salbei, weißes Sandelholz, Tolubalsam, Veilchenwurzel, Vetiver

◗ Elemente/Erde; Planeten/Venus

Zwillinge

Ach lauf doch nicht
nach Witz und Weisheit
übers Meer!
Der Seele Würdigkeit kommt
von der Liebe her.
Angelus Silesius

Eines läßt sich der Zwilling sicher nicht: festlegen. Sein wacher Geist ist ständig in Bewegung. Immer hält er Ausschau nach der nächsten Abwechslung, einer neuen Idee. Sein stets waches Interesse an den Geschehnissen dieser Welt sorgt dafür, daß er sich selbst einen Überblick verschafft und eine Unzahl eigener Ideen entwickelt. Des Zwillings Talent liegt nicht darin, *eine* Sache zur Perfektion zu bringen, sondern *viele* Dinge gleichzeitig zu tun, wobei er schlimmstenfalls nichts davon zu Ende bringt.

Mit einem Zwilling hat man es nicht unbedingt leicht. Denn seine Freiheit geht im über alles. Zudem weiß man nie, welche seiner zwei inneren Persönlichkeiten gerade am Zuge ist: jene, die mit dem Göttlichen in Verbindung steht und ihn das Leben mit Leichtigkeit, Freude und geistiger Spritzigkeit leben läßt. Oder die dunklere «irdische» Seite, die mit der Sterblichkeit hadert, düsteren Gedanken nachhängt und zuweilen zynisch und hart sein kann. Diese beiden Teile seiner Persönlichkeit zusammenzubringen, ist auch das Lebenswerk des Zwillings.

Diese Räuchermischung
fördert:
Ausdrucksfähigkeit,
Offenheit,
Kommunikation, Frohsinn,
Heiterkeit

Weitere Stoffe der Zwillinge
Aloeholz, Anis, Copal
blanco, Copal Manila,
Copal oro, Eisenkraut,
Elemi, Iriswurzel, Kampfer,
Kardamom, Koriander,
Lavendel, Muskatnuß,
weißes Sandelholz,
Sternanis, Zimtrinde

Während ich den Rauch des Zwillings entzünde, verbinde ich mich mit meiner Fähigkeit zur Kommunikation. Ich sammle Informationen und gebe sie weiter; ich lerne mich auszudrücken und anderen mitzuteilen. Ich bin ständig im Fluß der Kommunikation.

2 TL	Dammar
2 TL	Mastix
1 TL	Burgunderharz
1½ TL	Muskatblüte
1 TL	Alant
½ TL	Mädesüßblüte
½ TL	Lorbeer
½ TL	Melisse

☉ Elemente/Luft;
Planeten/Merkur

Krebs

Der Krebs wird von seinen Gefühlen, Stimmungen, Ahnungen und Wünschen umspült, wie ein «echter» Krebs von Ebbe und Flut. Das macht ihn zu einer eher komplizierten, leicht verletzbaren und stimmungsabhängigen Persönlichkeit. Sein Blick geht meist zurück in die Vergangenheit zu Herkunft und Tradition. Aus dem Vergangenen schöpft er Sicherheit und Stärke für Gegenwart und Zukunft – denn vor nichts hat er mehr Angst als davor, seine schützende Schale aufzugeben und der Unsicherheit des Lebens ausgesetzt zu sein.

Man wird nicht dadurch erleuchtet, daß man sich Lichtgestalten vorstellt, sondern durch Bewußtmachung der Dunkelheit.
C.G. Jung

Das Urbild des Krebses ist die Mutter, die Bewahrende und Beschützerin. Sein Lieblingsplatz ist normalerweise im Schoße der Familie. Doch auch alleinstehende Krebse suchen auf die eine oder andere Art nach Sicherheit und Geborgenheit. Wenn sie diese erst gefunden haben, dann wachsen auch ihr Forscherdrang und die Lust auf Wandlung.

Während ich den Rauch des Krebses entzünde, verbinde ich mich mit meinen Gefühlen und gestatte mir, sie voll wahrzunehmen. Ich höre auf meine Emotionen und lasse mich vertrauensvoll von ihnen leiten.

Diese Räuchermischung fördert:
Vertrauen,
Beschützerinstinkt,
Intuition;
Kontaktaufnahme mit der eigenen «Seelenart»;
die eigenen Gefühle wahrnehmen und achten

2 TL	Mastix
1 TL	Tonkabohne
2½ TL	Iriswurzel
2 TL	Rosenblüte
2½ TL	Zimtrinde
1 TL	Lavendel
1 TL	Zedernholz
1½ TL	Patchouly
¾ TL	Myrte

Weitere Stoffe des Krebs
Aloeholz, Benzoe, Elemi,
Jasminblüte, Kampfer,
Lindenblüte, Lorbeer,
Myrrhe, Perubalsam,
Rosmarin, weißes
Sandelholz, Styrax,
Wermut, Ysop, Zimtblüte

◖ Elemente/Wasser;
Planeten/Mond

Löwe

Der Löwe ist ein hoffnungsloser Romantiker und Idealist, der noch an das «Gute» und «Böse» glaubt. Gemeinhin als zuversichtlich, stark, egozentrisch und als ein «Kind der Sonne» dargestellt, sucht der Löwe diese Eigenschaften häufig ein Leben lang zu verwirklichen, denn die Anlagen dazu trägt er in jedem Fall in sich. So ist auch seine Lebensaufgabe die Selbsterkenntnis.

Die großen Taten sind es, die den Löwen reizen, für Kleinigkeiten und den schnöden Alltag kann er nicht so die rechte Hingabe aufbringen – was ihm häufig den Ruf des «Paschas» einbringt. Er ist nun mal besser im Entscheiden und Delegieren als darin, die Dreckarbeit zu machen. Wird ihm jedoch der angemessene Respekt gezollt, zeigt er sich großmütig und großzügig. Wen er als würdig erachtet, dem offenbart er sein Herz aus Gold. Ein Lebenspartner kann sich auf Händen getragen fühlen und die idealistische, zutiefst romantische Liebe des Löwen genießen. Er sollte ihn nur nicht zu sehr mit der nackten Realität konfrontieren, denn die stört das Idealbild, das sich der Löwe vom Leben und der Liebe macht.

Diese Räuchermischung
fördert:
das innere Strahlen,
Handlungsfähigkeit,
Unabhängigkeit,
Selbstbestätigung, Vitalität

Während ich den Rauch des Löwen entzünde, verbinde ich mich mit dem Strahlen meiner inneren Sonne. Ich zeige und akzeptiere mich, so wie ich bin. Ich handle eigenständig und unabhängig von der Meinung anderer.

Weitere Stoffe des Löwen
Aloe, Copal negro, Copal oro, Ingwer, Johanniskraut, Kamille, Kampfer, Mandelbaumgummi, Muskatnuß, Ringelblume, Rosmarin, Safran, Sonnenblumenblüte, Wacholder, Wegwarte, Zeder, Zimtblüte

1 TL	Weihrauch
1 TL	Benzoe Sumatra
2 TL	Zimtrinde
2 TL	Sandelholz, rot
1 TL	Galgant
1 TL	Muskatblüte
$^3/_4$ TL	Angelikawurzel
$^1/_2$ TL	Lorbeer

◑ Elemente/Feuer;
Planeten/Sonne

Jungfrau

Bei Jungfrau denkt fast jeder gleich an Ordnung, Sauberkeit und einen festen Haushaltsplan. Doch dieses Zeichen wird schon viel zu lange verkannt. Perfektionismus ist nämlich gar nicht die Domäne der Jungfrau, sondern vielmehr ein tief wurzelndes Bedürfnis nach Differenziertheit. Kaum ein Sternzeichen vermag nämlich die Wirklichkeit so klar und scharfsinnig zu betrachten. Die Jungfrau ist vielleicht das realistischste aller Zeichen, was ihr Leben nicht gerade leichter macht. Denn sie wägt in jeder Situation alle erdenklichen Möglichkeiten, ab, sortiert, etikettiert und wählt am Ende ganz bewußt. Wider Erwarten muß die Jungfrau nicht unbedingt eine penibel aufgeräumte Wohnung haben – ihr Ordnungssinn mag sich auf ganz anderem Gebiet austoben, zum Beispiel auf der psychischen bzw. seelischen Ebene. Alle Menschen, Situationen oder Konzepte, die ihr begegnen, wird sie versuchen, in ihr Weltbild einzupassen und mit anderen Aspekten in Einklang zu bringen. Gelingt dies nicht, wird das Neue einfach wieder verworfen. Unter ihrer «ordentlichen» und manchmal rauhen Oberfläche versteckt sich bei der Jungfrau jedoch ein romantisches Wesen mit Tiefgang – man muß sich nur die Mühe machen, es zu entdecken.

Während ich den Rauch der Jungfrau entzünde, verbinde ich mich mit meiner Analyse- und Kritikfähigkeit, die ich konstruktiv einsetze. Ich tue Arbeit, die mir guttut und diene damit mir selbst – und dadurch auch anderen. Ich lasse mich auf Menschen ein, verliere dabei aber nicht den Kontakt zu mir selbst.

1½ TL	Benzoe Sumatra	1 TL	Beifuß	
1 TL	Weihrauch	1 TL	Fichtennadeln	
1 TL	Opoponax	½ TL	Pfefferminze	
1 TL	Styrax	¼–½ TL	Nelkenpulver	
3 TL	Iriswurzel			

Ein Floh kann einem Löwen mehr zu schaffen machen als ein Löwe einem Floh.
kenianisches Sprichwort

Diese Räuchermischung fördert:
Stärke, Klarheit, Offenheit

Weitere Stoffe der Jungfrau
Akazienblüte, Apfel, Mastix, Myrrhe, Myrte, weißes Sandelholz, Thymian, Tonkabohne, Wacholder, Zeder, Zimtrinde

◖ Elemente/Erde;
Planeten/Merkur

Waage

Die Waage ist bekannt für zwei Dinge: zum einen, daß sie am liebsten niemals allein ist, und zum andern, daß sie sich nie entscheiden kann. Genaugenommen resultiert aber das zweite aus dem ersten, denn in Wirklichkeit weiß eine Waage schon genau, was sie will – aber da ihr immer an einem positiven Konsens gelegen ist, ist ihr die Meinung anderer oft wichtiger. Die Waage meint nämlich nicht, daß ihre Sicht der Welt die einzig wahre sei. Für manche fast erschreckend, läßt sie fast jede Meinung gelten und ist so die geborene Diplomatin. Jedoch wird ihr oft auch vorgeworfen, sie sei eine Heuchlerin und drehe sich wie das Fähnchen im Wind.

Außerdem weiß man von der Waage, daß sie einen Sinn fürs Schöne und Ästhetische hat. Sie ist Idealistin, die ihre Vorstellung von der Welt nicht gern mit der harten Realität konfrontiert, weshalb sie sich häufig in einer schützenden Beziehung versteckt. Die Liebe spielt im Leben einer Waage die wichtigste Rolle, jedoch bleibt sie häufig ein theoretisches, hochstilisiertes Konstrukt. Eine Lebensaufgabe ist es daher, die Liebe vom Kopf ins Herz zu befördern.

Diese Räuchermischung
fördert:
Selbstliebe, Loslassen,
Unabhängigkeit, sinnliche
Ausstrahlung,
Ausgewogenheit

Während ich den Rauch der Waage entzünde, verbinde ich mich mit meiner Eigenliebe und Begegnungsfähigkeit. Ich liebe mich selbst und kann meine Liebe deshalb frei an andere verschenken, ohne von deren Liebe abhängig zu sein.

Weitere Stoffe der Waage
Aloeholz, Copal oro,
Dammar, Jasminblüte,
Koriander, Labdanum,
Lavendel, Mastix, Melisse,
Moschuskörner, Myrte,
Nelke, Safran, Sternanis,
Thymian, Zimtblüte

2 TL	Copal Manila
2 TL	Benzoe
1 1/2 TL	Tonkabohne
1/2 TL	Galbanum
1 1/2 TL	Rosenblüte
1 TL	Sandelholz, rot
1 1/2 TL	Moschuskraut mit Blüten
1/2 TL	Eisenkraut

◗ Elemente/Luft;
Planeten/Venus

Skorpion

Der Skorpion ist gefühlsbetont, sensibel sowie mystisch veranlagt – und vielleicht gerade deshalb äußerst mißtrauisch. Er kennt wie kein anderes Zeichen die dunkle Seite des Lebens und ist sich immer bewußt, daß nicht alles Gold ist, was glänzt. Leider läßt ihn diese Gabe oft zynisch werden. Sein intuitives Gespür für die Gefühle und Schwächen anderer macht ihn zudem vielen Menschen unheimlich, scheint er doch geradewegs in ihre Seele zu blicken. Wenn ein Skorpion sich einer Sache verschrieben hat, dann tut er sie mit Leib und Seele und großer Hartnäckigkeit; er ist damit auch der sprichwörtliche Freund fürs Leben. Die berühmte skorpionische Sexualität rührt nicht etwa von einer ausgeprägten Triebhaftigkeit, sondern vielmehr von einem intensiven, seelischen Bedürfnis her, in die Tiefen des Lebens vorzudringen.

Der Skorpion gehört sicher nicht zu den unkomplizierten Zeichen. Was er im Leben vor allem lernen muß, ist Toleranz, denn in seiner subjektiven, gefühlsbetonten Sicht der Welt ist er anderen gegenüber zuweilen hart und ohne Mitleid. Besondere Vorsicht ist vor Skorpionen geboten, die unterdrückte Wut mit sich herumtragen – entweder sie vermitteln einem in subtiler Weise Schuldgefühle, oder sie fahren irgendwann plötzlich den sprichwörtlichen Stachel aus, und das kann äußerst unangenehm werden.

Während ich den Rauch des Skorpions entzünde, lasse ich los: meine Bindungen an die Vergangenheit, alte Beziehungen, fixe Ideen. Ich werde mir bewußt, daß Transformation im Loslassen geschieht.

1½ TL	Myrrhe	1 TL	Iriswurzel
1 TL	Copal negro	1 TL	Patchouly
½ TL	Muskatnuß	½ TL	Rosmarin
1 TL	Moschuskörner	1½ TL	Drachenblut

Der Schmerz ist der große Lehrer des Menschen. Unter seinem Hauch entfalten sich die Seelen.
Ludwig Börne

Diese Räuchermischung fördert:
Entspannung, Loslassen, Transformation, Spiritualität, mystische Ausstrahlung

Weitere Stoffe des Skorpions
Aloeholz, Angelikawurzel, Basilikum, Benzoe, Galbanum, Kampfer, Labdanum, Meersalz, Nelke, schwarzer Pfeffer, Teufelsdreck, Vetiver, Wermut

◗ Elemente/Wasser;
Planeten/Pluto

Schütze

Der Schütze muß aktiv sein, sich auf den Weg machen, alles Unbekannte und Unerforschte erkunden. Er liebt Reisen, Abenteuer und vor allem die Abwechslung. Deshalb wird man ihn selten lange bei einer Tätigkeit antreffen und häufig auch mit wechselnden Partnern – es sei denn, der bzw. die Geliebte versteht es, ihn an der «langen Leine» zu lassen. Dann kann der Schütze ein Freund fürs Leben sein.

Sein intuitiver Blick für das Neue und Innovative machen ihn häufig zum Vorreiter, der einen Trend erkennt, lange bevor andere darauf aufmerksam werden. Häufig führt ihn dieser gute Riecher zur richtigen Zeit an den richtigen Ort, weshalb er von seinen Mitmenschen oft als Glückspilz bezeichnet wird. Doch es ist seine eigene Wachsamkeit und seine immer vorhandene Begeisterung für alles Neue, die den Schützen leitet.

Diese Räuchermischung fördert:
Wachheit, Aktivität, Schaffensdrang, Entschlossenheit, Bewußtseinserweiterung

Tief in seinem Herzen trägt der Schütze – ähnlich wie der Löwe – den Drang, in die Tiefen des Lebens vorzudringen, es zu erforschen und zu verstehen. Man kann das auch als religiöses Bedürfnis bezeichnen, das den Schützen – gekoppelt mit einem Hang zum Geheimnisvollen – zu immer neuen Abenteuern in Außen- wie in Innenwelten antreibt.

Weitere Stoffe des Schützen
Aloe, Angelikawurzel, Anis, Copal negro, Drachenblut, Jasminblüte, Koriander, Lorbeer, Melisse, Muskatnuß, Opoponax, Salbei, Sandelholz, Thymian, Weihrauch, rotes Zedernholz

Während ich den Rauch des Schützen entzünde, verbinde ich mich mit meinem Drang nach Sinnfindung, Bewußtseinserweiterung und Expansion. Ich vertraue darauf, daß ich mich durch das Leben selbst entwickle und die Dinge in all ihrer Tiefe verstehe und begreife.

1 TL	Benzoe Sumatra	2 TL	Zimtrinde
1 TL	Myrrhe	3/4 TL	Ysop
1½ TL	Galgant	½ TL	Nelkenpulver
1 TL	Kalmus	1 Prise	Kardamom
1½ TL	Lavendel	1 Prise	Ingwer, gemahlen

◐ Elemente/Feuer; Planeten/Jupiter

Steinbock

Der Steinbock hat den Ruf, von nichts als Ehrgeiz und Disziplin getrieben zu sein. Doch so ganz stimmt das nicht. Zwar plagt er sich tatsächlich mehr als viele andere, denn er betrachtet dies als ganz normal, was für seinen tief verwurzelten Realismus spricht. Doch es geht ihm nicht in erster Linie um Erfolg, sondern darum, die äußere Welt zu organisieren und letztlich zu meistern. Das ist keine leichte Aufgabe, und dem oft geheimnisvollen Vertreter dieses Zeichens gelingt dies auch durch eine Portion verborgener magischer Fähigkeiten.

Miß nie die Höhe eines Berges, bevor du den Gipfel erreicht hast. Dann erst wirst du sehen, wie klein er war.
Dag Hammarskjöld

Den Steinbock wirklich zu kennen, ist fast unmöglich, denn er bewahrt sich unter allen Umständen Bereiche in seinem Innern, die für niemanden sonst zugänglich sind – selbst dann nicht, wenn er in einer intimen Beziehung sein Herz öffnet. Dies jedoch geschieht nicht so leicht, und der von Natur aus mißtrauische Steinbock muß dazu erst einmal einige Panzerschichten ablegen. Die Entscheidung für den (Ehe-)Partner wird er übrigens niemals nur vom Herzen her treffen, dazu sind ihm Sicherheit und Kontinuität viel zu wichtig.

Diese Räuchermischung fördert:
Klarheit, Stärke, Loslassen, Übersicht, Großzügigkeit

Die Lebensaufgabe des Steinbocks: öfter mal loslassen, die Kontrolle ein wenig aus der Hand geben – und einfach entspannen!

Weitere Stoffe des Steinbocks
Benzoe Siam, Fichtennadeln, Guajak, Iriswurzel, Jasminblüte, Kalmus, Opoponax, Sandarac, weißes Sandelholz, Veilchenwurzel

Während ich den Rauch des Steinbocks entzünde, verbinde ich mich mit meiner Fähigkeit, Ordnung und Struktur zu schaffen. Ich gestatte mir, mein eigenes inneres Recht und meine eigenen inneren Gesetze zu entwickeln und danach zu handeln.

2 TL	Weihrauch	1½ TL	Wacholderholz
2 TL	Myrrhe	1 TL	Wacholderbeere
1 TL	Burgunderharz	1 TL	Beifuß
2 TL	Zedernholz	½ TL	Myrte

◗ Elemente/Erde; Planeten/Saturn

Wassermann

Auf seine Freiheit zu verzichten heißt, auf seine Menschenwürde, Menschenrechte, selbst auf seine Pflichten zu verzichten.
Jean-Jacques Rousseau

Den Wassermann prägen hochfliegende Ideale und ein ausgeprägter Sinn für Demokratie. Sie zu verwirklichen ist sein oberstes Ziel. Dabei nimmt er auf Individuen ebensowenig Rücksicht wie auf seine eigenen Vorlieben und Bedürfnisse. Er möchte die Welt verändern – verbessern natürlich – und zwar gleich. Denn Geduld und Flexibilität zählen nicht gerade zu seinen Stärken. Jedoch ist er in seinem meist selbstlosen Bestreben, bis an die Grenzen des Möglichen zu gehen, äußerst ausdauernd, was im schlimmsten Fall in Fanatismus ausarten kann.

Diese Räuchermischung fördert:
Wissensdurst, Kreativität, geistige Klarheit, Ideenreichtum, freie Beziehungen

In Gefühlsdingen haben Wassermänner zuweilen echte Schwierigkeiten, denn sie sind sehr beherrscht und im Reich des Geistigen zu Hause – da können Gefühle eher peinlich und störend, ja geradezu irritierend sein. Oft auch sind die Emotionen stark mit Moralvorstellungen und Idealen verbunden, was in einer Beziehung zuweilen sehr blockierend wirken kann. Zum Ausgleich sind Wassermänner jedoch die besten Freunde, denn sie sind tolerant, verständnisvoll, ehrlich und treu. Solange man also auf tiefe Gefühlsbekundungen und große Romantik verzichten kann, ist der Wassermann ein unschätzbarer Gefährte.

Weitere Stoffe des Wassermanns
Burgunderharz, Copal oro, Eisenkraut, Elemi, Iriswurzel, Kardamom, Lavendel, Mastix, Myrte, Perubalsam, Rosmarin, Salbei, weißes Sandelholz, Vetiver, Zypresse

Während ich den Rauch des Wassermanns entzünde, werde ich mir bewußt, daß Freiheit nur im Moment gelebt werden kann. Ich öffne mein Herz und schüttele alte Zwänge ab. Ich fühle mich frei, auch wenn ich in einer Beziehung bin.

2 TL	Copal Manila	1 1/2 TL	Kalmus
2 TL	Dammar	1 TL	Pfefferminze
2 TL	Kampfer	1 TL	Melisse
1 1/2 TL	Alant	1/2 TL	Eukalyptus

◐ Elemente/Luft;
Planeten/Uranus

Fische

Fische sind die geborenen Mystiker. Sie tragen scheinbar von Geburt an eine tiefe Verbindung zum Transzendenten, Grenzenlosen, Unfaßbaren in sich. In einer Welt jenseits des Materiellen fühlen sie sich in Wirklichkeit zu Hause; mit der harten Realität auf dieser Erde kommen sie weniger gut zurecht. Häufig legen Fischegeborene eine etwas träge Gleichgültigkeit an den Tag, lassen sich ausnutzen oder nehmen mit unglaublicher Leichtigkeit Schicksalsschläge hin, die andere heftig aus dem Gleichgewicht bringen würden. Doch Fische sind ohnehin nicht von dieser Welt. Ihre Unfähigkeit, Grenzen wahrzunehmen, ist es auch, die Fische oft unberechenbar macht und sie zuweilen in arge Schwierigkeiten bringt. Sie trinken zuviel, essen ohne Maß und trampeln auch mal über die Gefühls- oder Geschmacksgrenzen anderer hinweg. Doch von diesem Manko einmal abgesehen prägen den Fisch im allgemeinen Feinfühligkeit, Sanftheit und Gefühlstiefe, oft auch ein Hang zur Ergebenheit. Er ist jederzeit zu Opfern bereit – und würde leicht sich selbst opfern, um zu verschwinden und endlich zu verschmelzen mit dem Reich des Transzendenten …

Während ich den Rauch der Fische entzünde, verbinde ich mich mit meiner Fähigkeit zur Hingabe. Ich vertraue meinem feinen Gespür und dem Gefühl für meine eigenen Grenzen. Ich verschmelze und ich fühle mich sicher dabei.

1 TL	Benzoe
1 TL	Mastix
1 TL	Styrax
³/₄ TL	Tolubalsam
1 TL	Moschuskraut mit Blüten
1¹/₂ TL	Patchouly
³/₄ TL	Jasmin
³/₄ TL	Wermut

Wenn die Fenster der Wahrnehmung rein wären, erschiene dem Menschen alles, wie es ist: unendlich.
William Blake

Diese Räuchermischung fördert:
Vertrauen, Achtsamkeit, Stärke, mystische Erfahrungen, Romantik, Spiritualität

Weitere Stoffe der Fische
Iriswurzel, Kampfer, Meersalz, Melisse, Mistel, Moschuskörner, Muskatnuß, Opoponax, Salbei, Tolubalsam, Zimtblüte,

◐ Elemente/Wasser; Planeten/Neptun

Tatkraft und Selbstvertrauen

*Verantwortlich ist man nicht
nur für das, was man tut,
sondern auch für das,
was man nicht tut.*
Laotse

Jeder von uns fühlt sich von Zeit zu Zeit einmal hilflos, mutlos, abgeschlagen. Man sieht sich einer Situation ausgeliefert
und hat das übermächtige Gefühl, sie nicht bewältigen zu
können: Meine Freundin oder mein Freund hat mich verlassen, und ich fühle mich schrecklich allein. Mein Job befriedigt
mich nicht, und ich habe weder die Kraft noch die rettende
Idee, wie ich etwas daran ändern könnte.

Wir verstricken uns in Selbstvorwürfen, verfallen in Lethargie, während in uns das Gefühl nagt, daß wir dringend etwas
tun müßten – doch wir wissen nicht, in welche Richtung der
nächste Schritt gehen soll. Gleichzeitig schwant uns bereits,
daß bestimmte Veränderungen anstehen, aber uns fehlen
(noch) der Mut und das Vertrauen in die eigenen Fähigkeiten,
um die Sache anzugehen.

Wenn Sie gerade in einer solchen oder einer ähnlichen Situation stecken, tun Sie erst einmal eines: Steigen Sie aus! Machen Sie wenigstens für eine kurze Weile Pause vom Leben.
Zelebrieren Sie ein stärkendes Räucherritual, um für eine
Weile «abzuschalten» und sich selbst wieder ein Stück näher-
zukommen. Im selben Moment werden Sie Abstand von dem
Problem gewinnen. Der heilsame Rauch wird Sie stärken und
Sie dabei unterstützen, den Mut aufzubringen, um die Augen
zu öffnen, und der Situation und den unangenehmen Gefühlen ins Angesicht zu blicken: Es tut verdammt weh, daß ich
verlassen worden bin. Ich fühle mich machtlos gegenüber
einer unbefriedigenden Arbeitssituation. Ich habe Angst, den
entscheidenden Schritt zu tun.

Tip:
Die Wirkung der
Räucherung wird noch
verstärkt, indem Sie Ihre
Hände zum Gefäß formen
und sich mit dem Rauch
«übergießen».

Allein das Hinsehen, so schmerzhaft es sein mag, bringt uns
einen wichtigen Schritt weiter. Es leitet einen Prozeß der
Heilung ein, der uns die Kraft und das Vertrauen gibt, unser

Leben dort, wo es uns vorübergehend entglitten ist, wieder in die Hand zu nehmen.

Während ich den stärkenden Rauch entzünde, sehe ich meiner gegenwärtigen Situation ohne Angst ins Auge. Was kann ich tun, um meine Lage zu verändern? Wo muß ich ansetzen? Wer kann mich dabei unterstützen? Ich nehme die Dinge jetzt in die Hand. In mir selbst finde ich die nötige Kraft dazu.

2^1/$_2$ TL	Myrrhe
1 TL	Guggul
1 TL	Guajakharz
^{1}/$_2$ TL	Bernstein
1^1/$_2$ TL	Lorbeer
1 TL	Eichenrinde
1 TL	Fichten- oder Tannennadeln
2 TL	Zedernholz
1 TL	Kalmus
1^1/$_2$ TL	Sandelholz, weiß
1 Prise	Ingwerpulver

Diese Räuchermischung unterstützt:
Tatkraft, Selbstvertrauen, Mut, Vertrauen in die eigene Stärke

Zedernholz verleiht Tatkraft und Mut.

◐ Energie und Lebenskraft, Heilung

Tausendundeine Nacht

Eine Welt der Schönheit und Wunder, prunkvoller Gewänder, königlicher Paläste, Zaubertiere und fliegenden Teppiche – und natürlich voller berauschender Düfte des Orients: Die Geschichten aus Tausendundeiner Nacht entführen uns in ein zeitloses Märchenreich von Magie und Wohlgeruch, Zauber und Erotik.

Es waren einmal die wunderschöne Prinzessin Scheherazade und der unglückliche Prinz Omar, beide auf der Suche nach der Liebe ihres Lebens. Jedoch lebten sie in Königreichen, die tausende von Kilometern voneinander entfernt lagen. Die dienstbaren Djinnis Abhu und Dhabi, die im Reiche Prinz Omars weilten, kamen auf die Idee, die liebreizende Prinzessin Scheherazade nach Kaledan in Omars Palast zu holen – doch nur für eine Nacht. Sie legten sie neben den schlafenden Omar. Der erwachte, sah Scheherazade und verliebte sich sofort in sie. Sodann schlief er wieder ein. Nun erwachte die Prinzessin und entdeckte den schönen Omar. Sie wußte sofort: Das war ihr Traumprinz. Auch sie fiel wieder in tiefen Schlaf, und die Djinnis brachten Scheherazade zurück nach Hause, ins ferne China. Am nächsten Morgen erwachten Prinz und Prinzessin in Liebe entflammt, doch sie waren getrennt! Omar war krank vor Liebe und Verlangen, auch Scheherazade verzehrte sich nach dem Mann, dem sie in der magischen Nacht begegnet war. Sie schickte ihren Freund Marzuan aus, um den Prinz zu finden. Eines Tages, nachdem er durch viele Länder gereist war, kam Marzuan endlich nach Kaledan. Omar war überglücklich, Nachricht von seiner geliebten Prinzessin zu erhalten. Auf einem Pferd, schnell wie der Wind, reiste er mit Marzuan nach China. Omar und Scheherazade stellten fest, daß sie wirklich füreinander bestimmt waren. Kurz später wurde die Hochzeit ausgerichtet. Auf dem prunkvollen Fest waren natürlich auch die unsichtbaren

Djinnis Abhu und Dhabi dabei. Sie waren sich einig, daß Omar und Scheherazade das schönste Paar waren, das sie je gesehen hatten. Und sie lebten glücklich ...

Auch wir können die wunderbare Welt der Djinnis, Prinzen und Prinzessinnen ganz leicht zum Leben erwecken ... mit einer Räucherung aus Tausendundeiner Nacht!

Während ich den magischen Rauch entzünde, lasse ich meine Phantasie in die märchenhafte Welt aus Tausendundeiner Nacht eintauchen. Ich schließe die Augen, lehne mich genüßlich zurück und lasse Bilder von goldenen Palästen, magischen Schleiern und prunkvollen Festen an mir vorüberziehen.

2 TL	Benzoe Sumatra	*Diese Räuchermischung*
1 TL	Benzoe Siam	*fördert:*
1¹/₂ TL	Myrrhe	Entspannung,
1¹/₂ TL	Goldweihrauch	Wohlbefinden, Phantasie,
1 TL	Sandarac	den Zauber des Orients,
2 TL	Styrax	Sinnlichkeit und Erotik
1 TL	Zimtrinde	
¹/₂ TL	Rosenblüte	
1 TL	Zedernholz	
³/₄ TL	Kalmus	
¹/₂ TL	Kardamom	
1 Prise	Nelkenpulver	

Auch eine gute Portion Aloeholz sollte in dieser Mischung nicht fehlen.

◗ Genuß und Sinnlichkeit

Transformation

Zwei Augen hat die Seel,
eins schaut in die Zeit,
das andre richtet sie hin
in die Ewigkeit.
Jakob Böhme

Der tibetische Lehrer Chögyam Trungpa spricht in seinem Buch *Aktive Meditation* von dem wichtigen Unterschied zwischen einem fähigen und einem unfähigen Bauern. Der unfähige hat keine Lust, sich schmutzig zu machen und zuviel Arbeit zu leisten. Er wirft den Mist seines Viehs und das Unkraut vom Feld einfach weg und kauft fertigen Dünger beim Nachbarn.

Der fähige Bauer jedoch ist der, der den Mist und die Abfälle sorgfältig sammelt und kompostiert, und damit seinen Dünger selbst herstellt, auch wenn er sich die Finger dabei schmutzig macht.

Auch derjenige, der sich auf die Suche nach dem Nirwana begibt, wird als erstes, wenn er die Regeln gelernt und die Absicht verstanden hat, versuchen, alles Unreine in sich vom Reinen zu trennen, auszusortieren und loszuwerden. Wenn er sich dem Zölibat verschrieben hat, wird er versuchen, seine Sexualität zu unterdrücken. Er wird seine Begierden und Laster auslöschen wollen und nur noch dem Guten und Wahren huldigen.

Er begeht jedoch denselben Fehler wie der Bauer, der den Mist wegwirft. Denn schon der Gedanke, daß etwas «gut» oder «schlecht» sei, bewirkt eine Spaltung, die jedem spirituellen Wachstum abträglich ist. Wann immer man ein Büschel Unkraut ausgerupft hat, wird ein größeres nachwachsen. Das Ich wird einen immer wieder überlisten. Je mehr man sich bemüht, es zu vertreiben, desto listiger wird es.

Wenn man sich also auf die Suche nach dem Nirwana begibt, sollte man vorgehen wie der zweite Bauer. Statt Gier und Laster, schlechte Gewohnheiten und «negative» Eigenschaften loswerden zu wollen, sammelt man sie zuerst einmal, um sie ganz genau anzuschauen und zu erforschen. Danach weiß man, wie es im eigenen Innern wirklich aussieht und kann damit arbeiten.

Wie der Bauer streut man dann all diesen inneren Kompost auf dem Feld aus. Wenn die Zeit reif ist, wird er sich zu einem prächtigen Dünger entwickelt haben, der geistiges und spirituelles Wachstum nährt.

Während ich den Rauch der Transformation entzünde, erforsche ich ohne Wertung meine innere Welt. Ich betrachte das, was ich für meine «schlechten» oder «hinderlichen» Eigenschaften halte, mit den gleichen Augen wie meine «guten» und «nützlichen» Seiten. Ich werde mir bewußt, daß alles, was ich in mir finde, Dünger meines spirituellen Wachstums sein kann.

3 TL	Weihrauch
2 TL	Mastix
1 TL	Opoponax
1 TL	Anis
1 TL	Kampfer
1 TL	Baldrian
1 TL	Wermut
2 TL	Zedernholz
1 TL	Zedernspitzen

Diese Räuchermischung fördert: Transformation; einen klaren Blick für unsere Innenwelt; Wachheit; die Verbindung zum höheren Selbst

Wem es nicht zu teuer ist, der kann noch eine gute Prise Safran zugeben.

Trauerbewältigung

*Unser ganzes Dasein ist
flüchtig wie Wolken
im Herbst;
Geburt und Tod der Wesen
erscheinen wie Bewegungen
im Tanze.
Ein Leben gleicht dem Blitz
am Himmel,
es rauscht vorbei wie ein
Sturzbach den Berg hinab.*
Buddha

Ein unfaßbarer Schmerz stürzt auf uns ein, wenn jemand stirbt, den wir geliebt haben. Der Schmerz scheint überall zu stecken: in den Erlebnissen und Gefühlen, die man miteinander geteilt hat; in den Gelegenheiten, die man verpaßt hat; in den kleinen und großen alltäglichen Dingen, die nun plötzlich fehlen, da sie untrennbar mit der geliebten Person verbunden waren.

Besonders schwer ist es oft, mit der Trauer umzugehen, wenn man ein schwieriges Verhältnis zu der gestorbenen Person hatte. Vielleicht steckte man gerade in einer Krise oder hatte sich gestritten; möglicherweise hatte man schon immer ein zwiespältiges Verhältnis – zu Mutter, Vater, Onkel oder Tante – und war immer noch voller Hoffnung, daß sich dies irgendwann ändern würde.

Viele Menschen, die trauern, werden plötzlich wütend auf den Verstorbenen, weil er sie einfach «im Stich gelassen» hat und machen sich womöglich noch Selbstvorwürfe wegen ihrer Wut. Jedoch sind solche Gefühle völlig normal und gehören zum Trauern einfach dazu.

Zu alledem kommt die Tatsache, daß in unserer Gesellschaft der Tod eines der großen Tabuthemen ist. Die meisten Menschen wissen nicht so genau, wie sie sich einem Trauernden gegenüber verhalten sollen, und einige werden sogar einen ängstlichen Bogen um Sie machen, wenn Sie sich gerade in dieser außerordentlich schwierigen und kräftezehrenden Situation befinden, denn die Konfrontation mit dem Tod nimmt kaum einer freiwillig auf sich.

Tip:
Wiederholen Sie diese
Räucherung, sooft es
Ihnen guttut. Übernehmen
Sie sich nicht!

Trauer ist in jedem Fall keine leichte Aufgabe, und man braucht eine Menge Kraft und Mut, um sich diesem schmerzhaften Prozeß zu stellen. Manchmal kann es Jahre dauern, über den Tod eines geliebten Menschen hinwegzukommen. Doch es gibt nur einen einzigen Weg, mit Trauer umzugehen, und der führt mitten durch sie hindurch.

Während ich den heiligen Rauch entzünde, lasse ich die Gefühle, die ich ob des Todes von ..... empfinde, in einem Maße in mir aufsteigen, das ich heute bewältigen kann. Ich bin mir bewußt, daß ich nur wieder heil und ganz werden und mein Leben ohne ihn/sie meistern kann, wenn ich meine Trauer und andere Gefühle, die jetzt an die Oberfläche kommen wollen, annehme und durchlebe. Ich bin geduldig mit mir selbst und lasse mir dafür soviel Zeit, wie ich brauche.

2½ TL	Myrrhe
1 TL	Farbweihrauch, schwarz
1 TL	Farbweihrauch, gold
1 TL	Styrax
1½ TL	Tonkabohne, gehackt
1 TL	Benzoe Sumatra
½ TL	Benzoe Siam
1½ TL	Zimtrinde
½ TL	Zimtblüte
2 TL	Sweetgras
2 TL	Zedernholz
½ TL	Myrte
½ TL	Rosenblüte
½ TL	Orangenblüte
alles mit	
1½ TL	Perubalsam *vermischen*

Geben Sie eventuell etwas Galbanum zu.

Diese Räuchermischung unterstützt:
Trauerbewältigung, emotionale Klärung, innere Stärke; Heilung, Loslassen

◐ Abschied und Gedenken, Depressionen aufhellen, Loslassen

Träume

Und ist es nicht ein Traum,
an den keiner von euch sich
erinnert, der eure Stadt baute
und alles schuf, was darin
ist? (…) Und wenn ihr das
Geflüster des Traums hören
könntet, würdet ihr keinen
anderen Ton mehr hören.
Khalil Gibran, Der Prophet

Träume sind Mitteilungen der Psyche an die Psyche. Sich an Träume zu erinnern und mit ihnen zu arbeiten, kann uns zu einem tieferen Verständnis von uns selbst verhelfen. Denn in unseren Träumen erfahren wir Dinge über uns, die uns im Alltagsbewußtsein oft verborgen bleiben. Probleme oder versteckte Ängste machen in Traumbildern auf sich aufmerksam. Gleichzeitig steckt in den Symbolen, durch die unsere Psyche im Schlaf zu uns spricht, auch ein ungeheures kreatives und heilsames Potential.

Träume, das Tor zu unseren Innenwelten, können unser Leben bereichern, doch nur wenn wir selbst etwas dazu tun: Wir müssen sie beachten und lernen, sie zu verstehen. Ebenso können wir sie aktiv nutzen, um etwas über uns zu erfahren und um das kraftvolle, schöpferische Potential der Träume anzuzapfen, das ja in Wirklichkeit unser eigenes ist.

Um mit Ihren Träumen zu arbeiten, brauchen Sie keine Technik, sondern nur die klare Absicht, daß Sie mit ihnen arbeiten *wollen.* Das Räucherwerk wird Sie dabei unterstützen.

Nehmen Sie sich vor dem Einschlafen einige Minuten Zeit, um innerlich still zu werden. Entzünden Sie das Räucherwerk und sprechen Sie in Gedanken mit Ihrem Unbewußten: «Ich möchte mich morgen beim Aufwachen an meine Träume erinnern.» Spüren Sie diesen Wunsch deutlich in sich. Legen Sie sich Stift und Papier neben das Bett, um Ihre Träume gleich beim Aufwachen aufzuschreiben.

Tip:
Streuen Sie noch eine letzte Prise Räucherwerk auf die Kohle, direkt bevor Sie sich schlafen legen.

Auch können Sie Ihre Psyche bitten, Ihnen im Traum die Lösung eines Problems aufzuzeigen oder Ihnen unklare Gefühle zu enthüllen. Haben Sie Geduld, wenn es nicht gleich klappt, oft muß man diese Bitte öfter wiederholen.

Wenn Ihnen ein Traumsymbol besonders in Erinnerung geblieben ist, das Sie jedoch nicht entschlüsseln können, dann tragen Sie es ein wenig mit sich herum. Lassen Sie es in sich reifen, kramen Sie es ab und zu wieder hervor und gestatten Sie weiteren Bildern, die Ihnen Aufschluß über dessen Bedeutung geben können, aus Ihrem Unbewußten aufzusteigen.

Indem ich den Rauch der Träume entzünde, bitte ich mein Unbewußtes, mir einen Traum zu schicken, der mir ganz allgemein zeigt, wo ich gerade auf meinem Lebensweg stehe, oder der mir in bezug auf ..... eine Lösung aufzeigt. Außerdem bitte ich darum, daß ich mich morgen früh bei Aufwachen deutlich an diesen Traum erinnern kann.

2 TL	Opoponax	*Diese Räuchermischung*
2 TL	Copal blanco	*fördert:*
1½ TL	Mastix	wichtige Träume
1 TL	Dammar	
1½ TL	Myrrhe	
2 TL	Myrte	
1½ TL	Kalmus	
1½ TL	Zimtrinde	
1 TL	Lorbeer	
alles mit		
2–2½ TL	Elemi *gut vermischen*	◗ Vision

Vision

Bei indianischen Völkern ist sie seit jeher gang und gäbe: die Visionssuche. Um die Richtung herauszufinden, in die das eigene Leben führen soll und um den eigenen Platz in der Welt zu finden, begibt man sich auf die Suche nach einer Vision, die uns den Weg in die Zukunft weist. Letztlich geht es dabei auch um die Frage: «Wer bin ich?»

Auch hierzulande ist das Konzept der Visionssuche mittlerweile ein Mittel der Selbsterkenntnis und Zielfindung im Leben geworden. Man geht allein in die Natur, nimmt die Zwiesprache mit den Tieren und dem Reich der Pflanzen auf. Man horcht auf die Sprache des Wassers und das Flüstern der Baumwipfel. Man liest die Zeichen der Natur. Die Wolken formieren sich zu großen Abbildern von Göttern, Krafttieren oder anderen Symbolen, die in den Urschichten unserer Seele Resonanz finden. Die Schatten der Nacht spiegeln Angst- und Traumbilder unserer Seele wider. Wir begegnen der Natur und damit uns selbst.

Und eine solche Begegnung kann richtungsweisend sein. «Kein Mensch beginnt zu sein, bevor er seine Vision empfangen hat,» sagen die Ojibwa-Indianer. Damit drücken sie aus, wie wichtig es im Leben ist, ein Ziel vor Augen zu haben. Wir mögen kleine Ziele haben, die in ein paar Monaten oder wenigen Jahren zu erreichen sind, und die uns die Kraft geben, weiterzumachen, auch wenn sich Schwierigkeiten auftun mögen. Doch eine Vision ist eine Art Lebensmotto, eine große Aufgabe, die man zu erfüllen hat – nicht weil man sie erfüllen *will*, sondern weil man sich dazu berufen fühlt.

Die Vision erfüllt unser Leben mit einem tieferen Sinn. Albert Schweitzer drückte es so aus: «Das Kostbare im Leben ist das, daß wir nicht für uns selber leben, sondern für das, was geschehen muß für die Menschen und für die Wahrheit und für das Gute.»

Die Visionsräucherung enthält Substanzen, welche die körpereigenen Endorphine «herauskitzeln». Sie versetzt uns damit in einen Zustand, in dem sich unser Bewußtsein weitet, jedoch nicht im Sinne einer Droge, denn das würde verfälschend wirken, sondern indem sie unsere Intuition stärkt und damit Klarsicht und Visionen fördert.

Während ich den Rauch der Vision entzünde, begebe ich mich an den Ort in meinem Innern, welcher immer mit den Geschöpfen und Erscheinungen der Natur in Verbindung steht und werde mir bewußt, daß ich selbst ein Teil der Natur bin. Ich öffne mich der bewußtseinserweiternden Kraft des Rauches und bitte um eine Vision ...

3 TL	Mastix	
1½ TL	Farbweihrauch, rot	
1½ TL	Farbweihrauch, schwarz	
2 TL	Beifuß	
1½ TL	Wegwarte	
1 TL	Angelikawurzel	
2 TL	Wacholderbeeren	
2 TL	Sandelholz, weiß	
1 TL	Sandelholz, rot	
½ TL	Nelkenpulver	

alles mit
2–2½ TL Elemi *durchmischen*

Wer will, kann noch 1½ TL Patchouly zugeben.

Diese Räucherung fördert: Intuition, Klarsicht, Visionen, das Bewußtsein, Teil der Schöpfung zu sein

Mastix wurde schon im Altertum verwendet, um Visionen zu empfangen.

◖ Anrufung, Träume

Zufriedenheit

*Wieviel Freuden werden
zertreten, weil die Menschen
meist nur in die Höhe
gucken und was zu ihren
Füßen liegt nicht achten.*
Goethes Mutter an
ihren Sohn

«Wäre es nicht wichtig, herauszufinden, warum Sie suchen?»

«Oh, ich weiß, warum ich suche: weil ich mit allem so durch und durch unzufrieden bin, selbst mit dem, was ich gefunden habe. Immer wieder überfällt mich die Unzufriedenheit so schmerzlich. Mitunter glaube ich, ich hätte etwas verstanden, aber bald genug verblaßt es wieder, und der Schmerz der Unzufriedenheit kehrt zurück. Auf alle erdenkliche Weise habe ich versucht, diesen Drang zu überwinden, er ist jedoch zu stark in mir, und ich muß etwas finden – Wahrheit oder was es auch sei –, das mir Befriedigung und Frieden gibt.»

«Sollten Sie nicht lieber dankbar sein, daß es Ihnen nicht gelungen ist, die Flamme der Unzufriedenheit zu ersticken? Ihr Problem war das Besiegen der Unzufriedenheit, nicht wahr? Sie haben nach Befriedigung gesucht und sie zum Glück nicht gefunden. Finden bedeutet Stillstehen und Abstumpfen.»

Dieser Ausschnitt aus einem Gespräch zwischen Jiddu Krishnamurti und einer spirituellen Sucherin (aus: *Die Wahrheit ist ein pfadloses Land*) bringt die Sache auf den Punkt. Wir sind unzufrieden und wir versuchen dieser Unzufriedenheit zu entkommen – meistens indem wir uns durch allerlei «Zeitvertreib» ablenken oder so sehr mit dem Suchen und Finden befaßt sind, daß wir die Sache an sich, die Beschäftigung mit der Unzufriedenheit, nur aufschieben.

Doch in der Unzufriedenheit liegt ein großer Wert: Sie hält uns wach, sie läßt uns nicht in den Dämmerschlaf der schnellen Befriedigung verfallen.

Um noch einmal mit dem großen weisen Mann Krishnamurti zu sprechen: Verschmelzen Sie mit Ihrer Unzufriedenheit, harren Sie mit ihr aus, und Sie werden etwas finden, das jenseits von ihr liegt, etwas, das nicht mit dem Geist zu erlangen ist, sondern das einem als Segen zuteil wird. Vielleicht könnte man es eine tiefe Zufriedenheit nennen?

Während ich den heiligen Rauch entzünde, spüre ich dem Gefühl der Unzufriedenheit in mir nach. Ich schaue ihm geradewegs ins Gesicht, ohne den Versuch, einen Bogen darum zu machen. Wie fühlt es sich an? Was liegt dahinter? Ich spüre dem nach, auch wenn ich nicht gleich Antworten finde.

2 TL	Benzoe Siam
1½ TL	Labdanum
1½ TL	Galbanum
½ TL	Tolubalsam
2 TL	Iriswurzel
1 TL	Alant
2 TL	Sandelholz, weiß
1 TL	Lavendel
½ TL	Orangenblüte

Auch bei dieser Mischung sollte eine ordentliche Prise Adlerholz nicht fehlen!

Diese Räuchermischung fördert:
Zufriedenheit, geistige Wachheit; ein Annehmen dessen, was ist

◐ Entspannung und Balance, Frieden, Glück, Harmonie

Kleines Lexikon der Räucherstoffe

Alant, der früher als Heilpflanze auch in Europa angebaut wurde, wächst heute hierzulande noch in verwilderter Form, wird aber zumeist aus Zentralasien importiert. Alant ist einer der biblischen Räucherstoffe. Auch bei den Griechen und Römern genoß er hohes Ansehen und galt als Allheilmittel. Eine Erklärung für seinen botanischen Namen stammt von den Griechen, die in ihm die herabgefallenen Tränen der Helena sahen.

Im Altertum und Mittelalter wurde Alant als Amulett getragen, um Dämonen und Hexen abzuwehren und damit auch Beschwerden, die von solchen herrühren sollten, zum Beispiel Hexenschuß oder Geisteskrankheiten. In der Magie verwendete man die Pflanze zur Herstellung von Liebestränken. Sogar ein magenstärkendes Bier wurde aus ihr gebraut. Alant ist außerdem Bestandteil des «Neunerlei Kräuterbuschen», den man an Mariä Himmelfahrt zur Kräuterweihe in die Kirche trägt. Ein Tee daraus soll besonders heilsam sein. Auf den kanarischen Inseln wird der Alant bei Fieber im Zimmer der Kranken verbrannt; in der Volksmedizin wird das Kraut seit jeher bei Atemwegserkrankungen, als verdauungsförderndes Mittel sowie als Diuretikum verwendet.

Duft und Wirkung: In der Räucherung wirkt Alant gedächtnisstärkend, aufbauend und schützend. Außerdem wirkt er sich günstig auf die Atemwege aus. Sein Duft ist holzig, leicht und mild.

Die Aloe ist auf den kanarischen Inseln, im Mittelmeergebiet, in Ostafrika sowie Südarabien heimisch, wird aber in vielen weiteren Ländern kultiviert. Anwendungen mit Aloe wurden bereits auf Tontafeln erwähnt, die zirka 3.700 Jahre alt sind.

Alant
Inula helenium

Alant erhält den Geist gesund.
Altes lateinisches Sprichwort

Aloe
Aloe vera

Auch in der Bibel wird die Pflanze als Räucherstoff genannt, wobei aber wahrscheinlich meist das Aloeholz gemeint war. Im Johannesevangelium erscheint sie als Duftstoff für Leichentücher; in Ägypten fand die Aloe Verwendung bei der Einbalsamierung. Von Kleopatra weiß man, daß sie Kosmetika aus Aloe anwendete – so wie der Pflanzensaft heute noch Bestandteil vieler Cremes und Salben ist. Schon die alten Römer, Griechen und Afrikaner wußten um die Heilkraft der Aloe und setzten sie zur Behandlung von Wunden ein. Plinius der Ältere sagte ihr große Heilkraft bei Geschlechtskrankheiten nach und lobte sie als einzige Pflanze, die als Abführmittel gleichzeitig den Magen beruhigt. Das Aloeharz besteht aus dem eingedickten Saft der Blätter. Noch heute wird es in der Naturheilkunde als starkes Abführmittel verwendet.

Duft und Wirkung: An dem leicht stechenden, aber gleichzeitig wärmenden und entspannenden Duft der Aloe scheiden sich die Geister. In jedem Fall ist ihr blubberndes, dampfspeiendes Schauspiel auf der Räucherkohle sehenswert.

Aloeholz
Aquilaria agallocha Roxb.

Das Aloeholz hat viele Namen, darunter Adlerholz, Agarwood, Ud, Oud oder Jinko. Es ist der kostbarste und teuerste pflanzliche Räucherstoff, welcher vom Aloebaum stammt, einem immergrünen Gewächs, das in den Bergen von Assam in Indien, in Kambodscha, Indonesien, ganz selten auch in Thailand oder Vietnam wächst. Das frische Holz ist weich, leicht, elastisch und gilt nicht als besonders wertvoll. Bestenfalls werden daraus Spazierstöcke, Holzperlen, Bleistifte oder Einbäume gefertigt.

Als kostbares Räucherwerk sowie für die Parfümindustrie wird das Holz erst interessant, wenn es 50 bis 80 Jahre alt und von Pilzen befallen ist. Je weiter der Pilzbefall fortgeschritten ist, desto duftender und damit hochwertiger wird das Holz. Die höchste Qualität stammt jedoch von abgestorbenen Bäumen, bei denen sich der Fermentationsprozeß über mehrere hundert Jahre hinweg vollzogen hat. Sie enthalten die größte Menge an Agarholz – eine dunkle, stark duftende Substanz im

Innern des Stammes, aus welcher auch das kostbare und hochpreisige Agaröl (*haloud*) gewonnen wird. Dieses war in arabischen Ländern schon vor den Zeiten des Aftershaves ein begehrter Männerduft und diente zur Beduftung von Haar und Bärten. Weltweit wird es in hochwertigen Parfüms verarbeitet.

In Japan unterscheidet man sechs verschiedene Qualitäten von Agarholz, wobei das teuerste, *Kyara* genannt, weit über dem Goldpreis gehandelt wird. *Jinko*, der japanische Name des Aloeholzes, stammt übrigens von seiner Eigenschaft, schwerer als Wasser zu sein, er bedeutet «das sinkende Holz». Je schwerer – und dunkler – es ist, desto höher die Qualität.

Agarholz ist aus der Geschichte und Gegenwart arabischen und asiatischen Räucherwerks nicht wegzudenken. Es verbreitet einen solch vielseitigen, aromatischen und köstlichen Duft, daß es besonders zu den wichtigen Gelegenheiten des religiösen wie gesellschaftlichen Lebens geräuchert wird, sowie zur geistigen Versenkung und zur Ehre der Götter. Es ist elementarer Bestandteil des edelsten japanischen Räucherwerks; arabische Frauen beduften ihre Kleider und Körper mit *Ud*, um ihrem Geliebten zu gefallen.

Agarholz gilt unter anderem als stimulierend, antiasthmatisch, tonisierend und aphrodisisch. Auch soll es gegen Durchfall, Rheuma, Gicht und sogar bei Lähmungen wirksam sein.

Duft und Wirkung: Der Duft des Agarholzes ist einzigartig. Er reicht von balsamisch-süß bis würzig-bitter und scheint immer neue Duftnoten hervorzubringen. Der köstliche Wohlgeruch reinigt die Seele, lenkt die Aufmerksamkeit der Götter auf uns und entführt uns in die tieferen Mysterien des Seins.

Sandelholz gilt als Duft für Anfänger in der Räucherkultur, Adlerholz jedoch ist ein Schatz für Eingeweihte.
Susanne Fischer-Rizzi

Ambra
Ambergris

Ambra ist ein pathologisches Gewächs; das wahrscheinlich als Schutzfunktion an der Darmwand des Pottwals entsteht, wenn dieser durch nicht verdaubare Schalen von Tintenfischen gereizt wird. Der Ambraklumpen wird vom Wal ausgeschieden oder erbrochen. In früherer Zeit wurden solche Klumpen dann auf dem Meer schwimmend oder am Strand gefunden und zu Höchstpreisen verkauft. Besonders das weiße bis hellgraue Ambra, bei den Franzosen als «ambre gris» geschätzt, ist von hoher Qualität und wurde lange Zeit in der Parfümindustrie als Fixiermittel benutzt, das besonders die Fähigkeit hat, den Duft anderer Substanzen zu verstärken und zu erheben. Ambra wurde früher über Jahrzehnte in Alkohol gelagert, um zu reifen und mit ähnlichem Aufwand regelmäßig gewendet wie Champagner. Aufgrund der Ausrottung des Wals ist Ambra heute jedoch kaum mehr erhältlich und nahezu unbezahlbar.

Ambra wurde in allen Kulturen als Aphrodisiakum geschätzt. Die Spanier beispielsweise verzehrten es zur Potenzsteigerung auf einem gekochten Ei. Heute ist es in seltenen Fällen noch Bestandteil sehr teurer orientalischer Parfüms. Die Parfümindustrie verwendet im allgemeinen nur noch synthetische Ambraprodukte, beispielsweise Grisambol, die aber als Räucherstoff nicht in Frage kommen. Beim Räuchern kann man als Ersatz auf nebenstehendes Rezept oder auf Styraxharz zurückgreifen, das aus dem Amberbaum gewonnen wird. Die botanische Bezeichnung für diesen Baum lautet *Liquidambar orientalis*, was frei übersetzt «flüssiger Bernstein» bedeutet. Diese Tatsache hat schon viel Verwirrung gestiftet, da Bernstein, der – um das Verwechslungsspiel komplett zu machen – englisch *amber* heißt, in Wahrheit ein fossiles Harz ist, das von Jahrmillionen alten Kiefern stammt. Das indische «Ambra», das oft in kleinen, hölzernen Döschen angeboten wird, besteht im besten Fall aus verschiedenen Harzen, Kräutern und Ölen, die jedoch meist mit synthetischen Substanzen versetzt werden.

Duft und Wirkung: Ambra riecht animalisch, modrig, erdig, durchdringend und etwas fäkalisch. In sehr hoher Verdünnung wirkt es dagegen sehr erogen und anziehend. Daher wurde es früher in Räucherungen verwendet, die Liebe und Lust förderten.

Ambraersatz in der Räucherung:
Jeweils 1 TL Styrax, Benzoe, Patchouly im Mörser fein mahlen, 1 TL Sandelholzpulver mit 2–3 Tropfen ätherischem Jasminöl mischen und ½ TL Iriswurzelpulver zugeben. Alles mit ½ TL Perubalsam und einem großzügigen Stück Labdanum verkneten. Nach Belieben gemahlene Moschuskörner zugeben.

Angelika
Angelica archangelica

Die Kräfte dieser mittel- und nordeuropäischen Pflanze, so sagt man, wurden ihr von den Erzengeln verliehen, was ihr ihren Namen eintrug. Auch unter Engelwurz oder Erzengelwurz ist sie bekannt. Allein der Ausspruch ihres Namens soll in alter Zeit manche Hexe in die Flucht geschlagen haben.

Angelika wird in der Zubereitung von Likören verwendet; ihre kandierten Wurzeln und Stengel werden als Energiespender sowie zur Vorbeugung gegen Infektionen verzehrt oder als Tee getrunken. Angelika werden starke Schutzwirkungen gegen Schwarze Magie, Dämonen und sonstigen «Malefiz» nachgesagt. Man kann die Wurzel zu diesem Zweck auch als Schutzamulett tragen. Zusammen mit dem Harz des Drachenblutbaumes wurde sie seinerzeit für exorzistische Austreibungen verwendet.

Der Duft der Engelwurz ist Rückkehr zur Quelle und Verwurzelung.
René A. Strassmann

Duft und Wirkung: Angelikawurzel zeichnet sich in der Räucherung durch stark erdende Qualitäten aus. Mit ihrem würzigen und kräftigen Duft wirkt sie stärkend auf Immunsystem und Psyche und macht damit unangreifbar auf allen Ebenen.

Anis und Sternanis sind zwei verschiedene, nicht miteinander verwandte Pflanzen, die sich jedoch in ihren Eigenschaften stark ähneln. Das ätherische Anisöl kam schon bei Plinius als «anisum», bei Theoprast als «anison» medizinisch zum Einsatz. Anis ist eine der meistverwendeten Zutat in japanischen Räucherstäbchen, findet aber auch Verwendung bei der Herstellung von Süßigkeiten und Likören.

Anis/Sternanis
Pimpinella anisum/ Illicium anisatum

Duft und Wirkung: Anis wie Sternanis zeichnet ein frischwürziger, etwas holziger Räucherduft aus, welcher wärmende und entspannende Wirkungen hat. Er lindert psychischen Schmerz und sorgt für seelisches Gleichgewicht.

Der Apfel gilt aufgrund seiner Form als Sinnbild für die Erde und den Kosmos. In vielen Liebesritualen spielte er als Fruchtbarkeitssymbol eine zentrale Rolle, denn er wird ebenso mit weiblichen Brüsten wie männlichen Genitalien assoziiert. In der griechischen Mythologie erfand Dionysos, der Gott des Weines, den Apfel und schenkte ihn der Liebesgöttin Aphrodite. Ebenso werden Demeter, die babylonische Göttin Ischtar und die ägyptische Hathor mit dem Liebes-

Apfel
Malus communis

symbol Apfel in Verbindung gebracht. Seit jeher gilt das Über-reichen eines Apfels als Zeichen der Liebe, wovon heute noch die «Liebesäpfel» auf den Jahrmärkten Zeugnis geben. So dient auch beim amerikanischen Halloween das «Apfelfischen» als Heiratsorakel. Im Mythos von Adam und Eva steht der Apfel für Verführung und Versuchung, wurde hier jedoch zum Symbol für die Sünde. Auch Zwietracht verkörpert die runde Frucht, was sich im Bild des Zankapfels widerspiegelt. Im Germanenglauben stand der Apfel für ewige Schönheit, Kraft und Unsterblichkeit; die Kelten benutzten ihn als Medium zur Kontaktaufnahme mit der Anderswelt.

Post pirum da putum
Post pomum vade cacatum.
Nach der Birne – Pipi
Nach dem Apfel – Kaka.

In der Volksmedizin kennt man den Spruch «Ein Apfel am Tag hält den Doktor fern», denn dem Apfel werden viele Heilwirkungen zugeschrieben, unter anderem soll er bei Rheuma, Gicht, Hautkrankheiten, Leber- und Nierenschä-den und nicht zuletzt als Abführmittel hilfreich sein.

Duft und Wirkung: Beim Räuchern entfaltet sich ein ange-nehmer Bratapfelduft, der inspirierend und anregend wirkt. Seinen Platz hat der Apfel vor allem in Liebesräucherungen.

Beifuß
Artemisia vulgaris

Das in Europa, Asien und Nordamerika verbreitete Beifuß-kraut soll den Angelsachsen als eines von neun heiligen Kräu-tern geschenkt worden sein. In der frühen Volksmedizin wendete man es bei Epilepsie und Hysterie an. Auch bei Gei-steskrankheiten, die man auf den Einfluß von Hexen, Dämo-nen und Geistern zurückführte, galt Beifuß als bewährtes Mittel. Dioskurides beschrieb seine menstruationsfördernde und sogar abortive Wirkung. Nach altem Volksglauben soll das Kraut auf Reisen vor Erschöpfung, Sonnenstich, wilden Tie-ren und dem bösen Blick schützen. In Japan und China wird eine besondere Art des Beifuß – die *Artemisia moxa* – für die bekannten Moxa-Anwendungen bei Gicht und Rheuma er-folgreich angewandt.

…Mit diesem letzten
Büschel Beifuß werden Haus
und Stall geräuchert und die
zur Feier der Jahreswende
geopferte Gans geweiht.
Wolf-Dieter Storl

Duft und Wirkung: In der Räucherung wurde und wird der würzig-krautig duftende Beifuß zum Hellsehen verwendet, zum Bannen böser Elemente und als allgemeines Schutzkraut.

Sage ist im Amerikanischen ein Überbegriff für verschiedene Salbei- und Beifußarten. Der Desert Sage – Wüsten-, Prärie- oder Steppenbeifuß – gedeiht in den höheren Lagen des nordamerikanischen Westens. Besonders die Berge in der Gegend um Taos sind bekannt für ihren Duft, der besonders nach Regenschauern die Luft erfüllt.

Desert Sage, die Nationalpflanze des Staates Nevada, spielt in fast allen rituellen Handlungen der nordamerikanischen Indianer eine Rolle. Im Sonnentanz wird er als Teil der traditionellen Kostüme in Form von Kränzen auf dem Kopf sowie an Hand- und Fußgelenken getragen. Ebenso ist er wichtiges Beiwerk in indianischen Medizinbeuteln bzw. -bündeln. Einige Stämme wickeln heilige Gegenstände, zum Beispiel ihre Pfeifen, in den Blättern der Pflanze ein, um sie zu schützen. Desert Sage wird außerdem, zu Brei zerstampft, als Wundheilmittel eingesetzt.

Duft und Wirkung: Desert Sage entfaltet in der Räucherung einen intensiven, feurigen Duft, der an Marihuana erinnert. Er wird geräuchert, um Gebeten einen würdigen Rahmen zu verleihen und um Zeremonien und Opferrituale zu begleiten.

Desert Sage
(Wüstenbeifuß)
Artemisia tridentata

Benzoe Siam ist in Hinterindien heimisch und liefert ein gelblich-weißes bis gelbbraunes Harz, während die aus Indonesien und Indochina stammende Benzoe Sumatra ein rötlich- bis dunkelbraunes Harz absondert. Wie Weihrauch wird auch die Benzoe gewonnen, indem der Baum durch Einritzen der Rinde zur Harzbildung angeregt wird. Beide Sorten finden Verwendung in der Parfüm- und Kosmetikindustrie sowie als Aromastoff in Lebensmitteln und Limonaden. Auch der von der katholischen Kirche verwendete Balsam zur «letzten Ölung» enthält das duftende Harz. Benzoe Sumatra spielt in der Lackindustrie sowie bei der Lederverarbeitung eine wirtschaftliche Rolle. Benzoe Siam hingegen wird zur Konservierung von Fetten verwendet und von der Pharmaindustrie bevorzugt eingesetzt.

Der Unterschied zwischen den beiden Benzoearten liegt

Benzoe Siam/
Benzoe Sumatra
Styrax tonkinensis/
Styrax benzoin

Es (das Benzoeharz) legt eine Schicht von Balsam auf unsere wunde Seele, die sich in dieser wohligen Geborgenheit von ihren Verletzungen erholen kann.
Michael Kraus

zum einen im Preis: Benzoe Siam ist wesentlich teurer als Benzoe Sumatra und wird in fast der gesamten Fachliteratur als die edlere gepriesen. Jedoch gibt es auch einzelne Stimmen, die der Sumatra Benzoe den Vorzug geben, da sie ein etwas weicherer, sanfterer Duft auszeichnet, der selbst bei Überdosierung nicht zum Hustenreiz führt, wie das bei ihrer teuren Schwester aus Siam der Fall sein kann.

Duft und Wirkung: Beide Benzoearten weisen in der Räucherung eine leicht schokoladig-süß-balsamische Note sowie ein äußerst angenehmes, zartes Aroma auf, das vor allem auf den Inhaltsstoff Vanillin zurückzuführen ist. Benzoe wirkt harmonisierend, ausgleichend, entspannend; man fühlt sich warm von ihr eingehüllt, was besonders bei seelischen Verletzungen heilsam wirkt.

Bernstein
Succinum

Bernstein ist Jahrmillionen altes, versteinertes Harz von Laub- oder Nadelhölzern. Die größten Vorkommen finden sich nach wie vor an den Küsten der Ostsee, wo das Meer ihn aus den fossilen Gesteinsschichten ausschwemmt. Der Name Bernstein wird unter anderem vom niederdeutschen Wort «Börnstein» hergeleitet, was Brennstein bedeutete und auf seine Verwendung als Räucherwerk hindeutet, das mit rötlich-bläulicher Flamme verbrennt.

Schon in vorgeschichtlicher Zeit wurde der Bernstein als Tauschmittel und als Räucherbeigabe genutzt. Die alten Griechen wurden erstmals aufmerksam auf die elektrostatischen und heilwirkenden Eigenschaften des Bernsteins. Thales von Milet nannte ihn daher 600 v. Chr. «Electron». Seine starken Schutzwirkungen brachten dem Bernstein bei den Balten Bezeichnungen wie «ginti», bei den Preußen den Namen «gentars» ein, was «schützen» und «wehren» bedeutete.

Neben dem bekannten gelblichen oder bräunlichen Bernstein, wurde im Mittelalter auch das weiße bis elfenbeinfarbige, manchmal bläulich oder rötlich schimmernde versteinerte Harz für Arzneien und Tinkturen verwendet. Es war als Allheilmittel bekannt und wurde zu den sechs wirksamsten

Arzneien gezählt, das man gegen Rachitis, Schwindsucht, als Wundbalsam, bei Frauenkrankheiten, gegen Cholera, Pest und viele andere Krankheiten einsetzte. Bernstein-Likör, den man durch Einlegen in Alkohol erhält, Bernsteinöl sowie -granulat werden auch heute noch in vielen osteuropäischen Ländern gegen Rheuma oder Kopfschmerzen, auf Zucker und im Tee gegen Erkältungskrankheiten sowie als luststeigerndes Mittel eingesetzt. Auch das Tragen von Bernsteinketten soll Wirkungen gegen rheumatische Beschwerden oder Kropfbildung entfalten und bei Kleinkindern das Zahnen erleichtern. Räucherstäbchen aus Bernstein kommen vor allem in Polen gegen Streß und zur Reinigung der Luft zum Einsatz.

Zum Räuchern ist es nicht nötig, den von Oma geerbten Schmuck zu opfern, man kann statt dessen auf im Fachhandel erhältliches Granulat zurückgreifen. Dabei sollte Bernstein nicht mit dem teilweise auch bis zu 5.000 Jahre alten Copal verwechselt werden, der ihm sehr ähnlich sieht und gern als Bernsteinfälschung verkauft wird.

Duft und Wirkung: Als Räucherharz hat Bernstein ein kräftiges, herb-würziges Aroma; er wirkt ionisierend und dadurch stark reinigend. Bernstein hat aufbauenden und stärkenden Einfluß bei Überempfindlichkeit des Nervensystems sowie bei Ermüdungs- und Erschöpfungszuständen. Auch zeichnet er sich durch stark abwehrende und schutzbringende Kräfte aus.

Deine Küsse duften wie geriebener Bernstein.
Martial, lat. Dichter

Burgunderharz ist das Harz der Rottannen, die zur Gattung der einheimischen Fichten gehören. Aber auch aus Pinien wird das gelbe Harz gewonnen. Bei der Verarbeitung wird das einem Schmelzprozeß unterzogene Burgunderharz in Holzkisten gegossen, wo es langsam härtet. Im Handel ist es in großen Brocken erhältlich, die im Mörser leicht zu zerkleinern sind. Früher wurde Burgunderharz als Weihrauchersatz verwendet, da es schon immer auch für den kleinen Geldbeutel erschwinglich war. Heute erhält man es nur noch selten, da es für die Lackindustrie nicht mehr von Bedeutung ist und deshalb kaum mehr geerntet wird.

Burgunderharz
Resina pini burgundica

Räucherungen mit Fichten- oder Pinienharz werden in der Volksmedizin wegen ihrer desinfizierenden und keimtötenden Wirkung bei vielerlei Leiden empfohlen, zum Beispiel bei Erkrankungen der Atemwege, aber auch bei Rheuma, Abgespanntheit und streßbedingten Leiden.

Duft und Wirkung: Burgunderharz kennzeichnet beim Verbrennen ein kräftiger, würziger Geruch nach Nadelbaum, jedoch auch starke Rauchentwicklung. Daher empfiehlt es sich besonders für Räucherungen im Freien oder in kleiner Dosis in Räuchermischungen. Burgunderharz wirkt stärkend und weist eine leichte Reinigungswirkung auf.

Copaivabalsam
Copaifera langsdorfii,
Copaifera officinalis u.v.a.

Die zur Familie der Schmetterlingsgewächse gehörenden Copaifera-Gewächse gedeihen vor allem in den tropischen Gebieten Südamerikas. Die verschiedenen Sorten des Copaivabalsams, ein Gemisch aus äherischem Öl und Harz, das durch anbohren der Baumstämme gewonnen wird, werden in der dortigen Volksmedizin äußerlich und innerlich bei Verletzungen, Haut- und Atemwegserkrankungen sowie bei Störungen im Urogenitalbereich angewandt. Die Einnahme ohne ärztliche Aufsicht ist jedoch nicht ungefährlich, da der Balsam bei Überdosierung toxisch wirkt. Auch in der europäischen Medizin wird er als schleimlösendes Mittel verwendet. Die früher in Europa verwendeten Arten *Copaifera reticulatat Ducke* und *Copaifera guyanensis Benth.* wurden zur Behandlung von Gonorrhö (Tripper) eingesetzt.

Copaivabalsam umgibt die
Seele mit einer weichen,
einhüllenden Atmosphäre,
in der sie Trost, Wärme und
Zufriedenheit erfährt.
Michael Kraus

In frischem Zustand hat Copaivabalsam, der leichter ist als Wasser, eine hellgelbe Farbe und dünnflüssige Konsistenz, je älter er ist, desto dunkler und dickflüssiger wird er. In Räuchermischungen ist es wichtig, ihn erst zum Schluß beizugeben, damit er sich gleichmäßig auf alle Stoffe verteilt.

Duft und Wirkung: Copaivabalsam ist von eigentümlichem, aromatischem Duft mit erfrischender, harziger und leicht vanilliger Note. Er dient zur Reinigung der Atemluft, wirkt anregend auf die Sexualorgane und ist daher ein bewährter Bestandteil von Räucherungen für Liebe und Erotik.

«Copal» ist ein Sammelbegriff für verschiedene bernsteinartige Harze, die von Bäumen unterschiedlicher Pflanzenfamilien stammen. Die einzelnen Bezeichnungen richten sich nach der jeweiligen geographischen Herkunft. Bei uns werden diese Harze hauptsächlich in der Farbenindustrie, vor allem als Bindemittel für hochwertige, glänzende Öllacke und Tiefdruckfirnisse oder für die Herstellung von Linoleum verwendet.

Der Mythos Copal stammt jedoch von den Mayas, die diese ihnen heilige Substanz im Sonnenkult den Göttern opferten. Auch ist überliefert, daß die Zahnärzte der Mayas und Azteken die Zähne ihrer Könige mit Copal füllten, um ihren Worten heilige Klarheit zu verleihen. In einem der vier heiligen Bücher der Mayas, dem «Popul Vuh», das als «Instrument des Sehens» den Lauf der Zeit und das Tun der Götter aufzeichnete, spielt Copal als Opfergabe eine bedeutende Rolle. Das kostbare Harz sollte die Aufmerksamkeit und das Wohlwollen der Götter erregen.

Copal, das in Mexiko den gleichen Stellenwert einnimmt wie bei uns der Weihrauch, wird noch heute während Einweihungs- und Prophezeiungszeremonien verbrannt, um den Göttern Botschaften zu überbringen. Allen Copalarten werden hohe magische und heilende Kräfte zugesprochen, gleichermaßen auch reinigende und schützende.

Bei uns auf dem Markt erhältliche Copalarten sind zumeist Copal Kongo – *Copaifera demeussei*, Copal Kauri – *Agathis australis* und Copal Manila – *Agathis dammara*. Zum Räuchern ist wegen seines angenehm frischen und vollen Aromas jedoch nur der letztere zu empfehlen. Teilweise wird der Copal Manila auch fossil gewonnen.

Seit einiger Zeit sind in Geschäften, die erlesenes Räucherwerk führen, auch die feineren südamerikanischen Sorten erhältlich: Copal blanco, negro und oro. Alle drei Arten werden zumeist von Pflanzen der Familie der *burseraceae* gewonnen, die zu den Balsambaumgewächsen zählen. Ein weiterer wichtiger Lieferant der erlesenen Copalharze ist der brasilianische Heuschreckenbaum, *Hymenaea courbarie*. Während Copal oro

Copal
Protium copal

Die drei hatten ihren Weihrauch und verbrannten diesen in der Richtung der aufgehenden Sonne. Sie weinten sanft, während sie ihr brennendes Kopal schüttelten, das edle Kopal.
Alfred Savinelli

und negro, das auf natürliche Weise von den Pflanzen ausgeschieden wird, während der Wintersaison nur eingesammelt zu werden braucht, wird der weiße Copal im Frühjahr geerntet, nachdem die Rinde der Bäume mit dem Messer eingeritzt wurde. Das sehr flüssige Harz wird auf Blätter gegossen, zu flachen Fladen geformt und getrocknet.

Duft und Wirkung: Copal oro zeichnet ein warmer, harziger Duft aus, der klärend, aufbauend und stimmungsaufhellend wirkt. Copal oro eignet sich besonders zur Begrüßung des neuen Tages bei Sonnenaufgang und fördert kreatives Schaffen sowie die Fähigkeit, sich auf das Wesentliche zu konzentrieren.

Copal negro entfaltet einen mystischen, balsamischen, erdigen Duft, der die tiefsten Schichten der Seele erreicht. Copal negro bringt uns auch mit den dunklen Seiten unseres Daseins in Verbindung und hilft uns in Lebenskrisen, wieder den richtigen Weg zu finden. Traditionell wird Copal negro den Verstorbenen als Nahrung für die Reise ins Jenseits mitgegeben. Auch zum Gedenken und zur Kontaktaufnahme mit den Verstorbenen, wird diese Copal-Sorte geräuchert.

Copal blanco kennzeichnet ein feiner, leicht zitroniger, etwas waldiger Duft. Als Räucherwerk verbrannt, wirkt er erfrischend und reinigend und eignet sich daher für Reinigungs- und Segnungszeremonien. Dieses Harz öffnet die Wahrnehmung für das Göttliche. Copal blanco «verleiht Flügel»!

Dammar
Shorea wiesneri,
Canarium strictum,
Canarium prostratum u.a.

Dammar, auch unter dem Namen Katzenaugengummi bekannt, ist ein Überbegriff für die Harze verschiedener, miteinander verwandter Bäume, die vorwiegend in Malaysia, Indonesien, Sumatra und Indien beheimatet sind. Das Harz wird in verschiedenen Qualitäten angeboten und reicht in seinem Farbenspektrum von einem klaren hellgelb bis hin zu rötlichem Braun.

Dammar wird in der Farbenindustrie als Firnis- und Lackrohstoff gebraucht, ebenso bei fototechnischen Anwendungen wie dem Retuschieren; in der Parfümerie setzt man Dammar als Fixativ ein.

Duft und Wirkung: Dammar heißt im Malaiischen «Licht», und so wirkt es auch: Das hellgelbe Harz mit seinem zitrusartigen, feinen Duft zeichnet sich durch stark stimmungsaufhellende Eigenschaften aus. Bei Schwermut, Melancholie, Trübsal oder Traurigkeit ist Dammar das geeignete Mittel, um bedrückende Emotionen dem Rauch zu übergeben. Dammar klärt die Gedanken und steht mit seiner leichten, unbeschwerten Qualität für das Element Luft. Dammarharz ist leider kaum bekannt und wird daher in Räuchermischungen viel zu selten verwendet – dabei ist es unter den Räucherstoffen ein wahrer «Lichtblick».

Drachenblut
Daemenorops draco Bl.,
Dracaena draco

Unter der Bezeichnung Drachenblut, *Sanguis draconis,* versteht man das Harz der verschiedenen, besonders zur Familie der Palmengattung *Daemenorops draco* gehörenden Pflanzen. Im Altertum hat man das Drachenblut der *Dracaena cinnabari* als Räucherstoff verwendet, das aus dem Lande Punt stammen sollte. Plinius nannte das Drachenblut «das Blut des durch die Schwere der sterbenden Elefanten zerdrückten Drachen». In Arabien nennt man es bis heute *Dum-ul-akhawein* – «das Blut der zwei Brüder». Die ersten Angaben zum Drachenblut der kanarischen Inseln, dem *Dracaena draco L.,* welches großes Interesse erregte, reichen zum Teil über 2.000 Jahre zurück. Das uralte Volk der Kanaren, die Guanchen, verfertigten aus dem Holz des Drachenbaumes, den sie als heilig verehrten, Schilde und verwendeten es zum Einbalsamieren der Toten. Außerdem war Drachenblut begehrte Tauschware. Um das Jahr 1712 gaben westliche Forscher an, daß mehrere Sorten Drachenblut im Handel vorkamen, die aus verschiedenen Weltgegenden und von unterschiedlichen Pflanzenarten stammten. Sie erwähnten unter anderem das Harz von den kanarischen Inseln und weitere, die aus Äthiopien, Madagaskar, Malaysia und Java kamen.

Das heute auf dem Markt erhältliche Drachenblut wird hauptsächlich aus den Früchten der Drachenblutpalme, *Daemonorops draco*, gewonnen, die wie *Calamus draco* und über 150 weitere Arten zu den lianenartigen Rotang-Kletterpalmen gehört. Aus diesen bis zu 100 Meter langen Pflanzen, die sich mit ihrem Stengel wie Efeu an riesenhaften tropischen Waldbäumen emporranken, wird unter anderem das bekannte spanische Rohr gewonnen. Aus diesem widerstandsfähigen Material werden unter anderem Korbwaren, Spazierstöcke und Möbel gefertigt; manch einem dürfte es auch noch in Form des Rohrstocks aus der Schulzeit bekannt sein.

Drachenblut wurde in der Volksmedizin als austrocknendes Mittel bei übermäßigem Speichelfluß, Lungenauswurf, Durchfall etc. verabreicht. Unter die Matratze gelegt, sollte es Impotenz kurieren. Mancherorts diente es auch als Heilmittel für das Vieh. Äußerlich wendete man das Drachenblut bei skorbutischen Zähnen an, auch war es Bestandteil von Pflastern und Salben zur Wundbehandlung. Die Kunsthandwerker benutzten es für feine Firnisse, und von den Geigenbauern der früheren Epochen weiß man, daß sie den Lack mit Drachenblut versetzten. Auch für feine Tischlerarbeiten wurde das Drachenblut gebraucht. Heute dient das rote Harz noch als Aroma- und Färbemittel in der Limonadenindustrie. Es wird entweder in pudriger Pulverform oder in großen Kugeln angeboten.

Duft und Wirkung: Als Räucherwerk war das Drachenblut lange Zeit der meistgebrauchte Stoff bei exorzistischen Austreibungen. Doch auch in Liebes- und Fruchtbarkeitsräucherungen war das tiefrote Harz mit seinem eigentümlich bitterwürzigen, mystischen Duft unentbehrlich; außerdem ist es zur atmosphärischen Reinigung sowie in Schutzräucherungen ein äußerst wirksames Mittel, das sofortige, starke Wirkungen entfaltet. Drachenblut entwickelt intensiven rötlichen Rauch und ist deshalb eher zur Anwendung in Räuchermischungen zu empfehlen.

> *Das Harz diente zur Einbalsamierung der Toten; man hat in alten Grabkammern der Guanchen Drachenblut gefunden, und der Baum selbst soll von denselben verehrt worden sein.*
> Hugo Lojander

Eiche
Quercus

Die Eiche, von der es an die 500 Arten gibt, wächst nahezu weltweit. Man nimmt an, daß das lateinische Wort *quercus*, von dem wahrscheinlich auch unser Wort «Kirche» abstammt, aus dem Keltischen kommt, denn den Kelten galt die Eiche als heilig und sie benutzten es zu magischen Zwecken. Als besonderes Zeichen betrachteten sie es, wenn Misteln auf ihr wuchsen. Das Wort Druide stammt vom urkeltischen Wort *dru-uid(-es)*, was man mit «Eichenkundiger» bzw. «die sehr Gelehrten» übersetzen kann. Auch den Germanen galten ihre riesigen Eichenwälder als heilig. Die Eiche war Donar oder Thor, dem Gott des Donners und der Fruchtbarkeit, geweiht, wurde jedoch auch als Verkörperung Jupiters oder zumindest als sein Sitz angesehen. Bei den Griechen wurde das Rauschen der Eichenblätter, das den Willen Jupiters verkündete, zum Orakeln herangezogen. Auch Herkules, dem Sohn des Zeus, war die Eiche geweiht, zudem galt sie als Heimat von Nymphen und Dryaden. Griechen wie Römer verehrten den Baum als die ursprünglichste aller Pflanzen. Sie führten gar die Existenz des Menschen auf sie zurück, und es galt als streng verboten, den heiligen Baum zu fällen.

In ihren Wipfeln rauscht die Welt, ihre Wurzeln ruhen im Unendlichen…
Hermann Hesse

Bei Homer steht die Eiche für Sicherheit und Gerechtigkeit, weshalb unter ihr Verträge unterzeichnet wurden, wie man auch lange Zeit unter den sogenannten Feme-Eichen Gericht hielt. Die mythische Bedeutung der Eiche als Sinnbild für Stärke, Härte, Kraft sowie das Ungestüme und Wilde mag darauf zurückzuführen sein, daß ihr Holz schwer und hart ist und selbst über Jahrtausende nicht vermodert.

Getrocknetes Eichenlaub galt dereinst als teufel- und dämonenbannend und zauberwidrig, weshalb man es in Stall und Haus aufhängte.

In der Medizin früherer Tage wurden Auszüge aus der Eichenrinde wegen ihres Gerbstoffgehalts bei Vergiftungen durch andere pflanzliche Stoffe verabreicht. Auch heute noch wendet man sie gegen Durchfall, Ausschläge und Fußschweiß an.

Duft und Wirkung: Die Eichenrinde mit ihrem warm-würzigen Holzduft, der ein wenig an prasselndes Kaminfeuer erinnert, steht in der Räucherung für Macht, Erfolg, Ruhm, Härte, Kraft, langes Leben, Charakterstärke und Gerechtigkeit.

Eisenkraut
Verbena officinalis

Eisenkraut wächst in allen gemäßigten Zonen der Erde und ist häufig auf Feldern, Wiesen und an Wegrainen zu finden. Es hatte viele Namen, darunter Träne der Isis, Venus- oder Junoträne. Die Römer nannten es *hiera botane* – heiliges Kraut; auch der Name Verbena leitet sich aus dem römischen ab; *verbenaca* hieß Heiliger Zweig oder Zauberstab. Bei den keltischen Druiden war das Eisenkraut ebenfalls hochgeschätzt. So schnitten sie es nur mit silbernem oder gar goldenem Werkzeug, während sie Beschwörungsformeln rezitierten. Schon in der Antike verwendete man die Pflanze bei Opferzeremonien; mit ihm wurden Dichter und Helden bekränzt.

Verbeen, agrimonia, modelger / Charfreitags graben hilfft dir sehr / Daß dir die Frawen werden holdt, / Doch brauch kein eisen, grabs mit goldt!
L. Thurneysser zum Thurn, 1596

Im Altertum glaubte man, Eisenkraut könne die Glut einer sterbenden Liebe neu entfachen; die germanischen Frauen steckten ihren Rittern ein Bündel Eisenkraut in die Rüstung, denn es sollte «hieb- und stichfest» machen. Ebenso galt die Pflanze den Germanen bei Kriegs- bzw. Friedensverhandlungen als Talisman. Waffen wurden vor Gebrauch in Eisenkrautsaft getränkt, denn man sagte ihm nach, es habe die Macht, Eisen zu härten. Auch war es Sitte, Neugeborene in einem Eisenkrautsud zu baden, um sie fürs Leben «hart» zu machen.

Plinius der Ältere meinte, eine Einreibung mit Eisenkraut erlöse einen von allen Krankheiten. In Essig gekocht, wurde Eisenkraut bei Hexenschuß aufgelegt, denn es galt auch als starker Schutz gegen angehexten Zauber. Am Körper getragen, so glaubte man, solle das Wunderkraut Wohlstand und Reichtum anziehen. Doch auch heute noch schreibt man dem Eisenkraut allerlei Wunderwirkungen zu: Unterm Kopfkissen soll es Träume fördern. In die Erde gesteckt, soll es eine gute Ernte bescheren und, zusammen mit Johanniskraut verbrannt, vor Gewitter, Hagel und Blitzschlag schützen. Eisenkrautblätter finden in der Volksmedizin zahlreiche Anwendungsgebiete: als Tee, Tinktur, in Salben oder Mundspülungen.

Duft und Wirkung: In der Räucherung entfaltet Eisenkraut einen frischen, zitronigen, leicht krautigen Duft, der in Liebesräucherungen, zum Anziehen von Wohlstand und als Schutzzauber eingesetzt wird.

Elemi ist ein Sammelbegrif für eine Anzahl von Harzen, die alle aus Pflanzen der Familie der Balsambaumgewächse stammen, welche in tropischen asiatischen Gegenden beheimatet sind. Das bei uns erhältliche Harz ist im allgemeinen philippinischer Herkunft und von ausgezeichneter Qualität.

Wegen seiner zähen, klebrigen Konsistenz muß Elemi in Räuchermischungen sorgsam eingearbeitet werden, wobei sich sehr die Verwendung von Einmalhandschuhen empfiehlt.

Duft und Wirkung: Elemi entfaltet einen sehr angenehmen, leichten, klaren, mastixähnlichen Duft, der erfrischt, inspiriert und die Sinne schärft sowie reinigend und stimmungsaufhellend wirkt. In einer Mischung zur Förderung von Hellsichtigkeit und Konzentration ist Elemi unverzichtbar, denn es energetisiert und klärt den Geist.

Elemi
Canarium luzonicum Gray

Erstmals erwähnt wurden die Eukalyptusbäume 1777 von Dr. W. Anderson, der als Chirurg an der dritten Expedition mit Kapitän Cook teilnahm. Man kennt heute etwa 600 Arten, die hauptsächlich in Australien vorkommen. Für den angenehm minzigen Duft des Eukalyptus ist das in ihm enthaltene ätherische Öl verantwortlich, bekannt aus Bonbons, Kaugummis und Erkältungsmitteln. Italienische Mönche stellten aus den Früchten des Eukalyptus einen Likör her, von dem sie glaubten, er würde sie vor der Malaria bewahren, was ihm auch den Namen «Fieberbaum» einbrachte. Die australischen Ureinwohner verwenden ihn seit alter Zeit als Mittel gegen Fieber und Infektionen, und auch in der modernen Medizin gilt Eukalyptus als antiseptisch und antiviral. Er wird heute als Tee oder Tinktur bei entzündlichen Erkrankungen im Magen-Darm-Bereich sowie bei schweren Lebererkrankungen eingesetzt.

Duft und Wirkung: Der Eukalyptus wirkt beim Räuchern reinigend auf die Raumluft und eignet sich daher hervorragend bei Erkältungen, nach überstandener Krankheit und um böse Geister und Dämonen zu vertreiben. Mit seinem krautigen, frischen, an Kampfer erinnernden Duft beschleunigt er den Heilungsprozeß und erhöht die Konzentration.

Eukalyptus
Eukalyptus globulus

Fichte
Picea abies / Picea excelsa

Die Fichten gehören mit den Tannen und Kiefern zu den ältesten Bäumen, die bereits vor zirka 200 Millionen Jahren auf der Erde wuchsen und bis heute in großen Teilen der gemäßigten und nördlichen Zonen zu finden sind. Die Fichte spielt im Wald eine ganz besondere Rolle: ihre heruntergefallenen, lansgam vermodernden Nadeln lassen auf jedem noch so ausgezehrten Boden neue, fruchtbare Erde entstehen.

Guten Morgen, Frau Fichte,
da bring' ich dir die Gichte!
Volksmund

In der Walpurgisnacht steckte man früher Fichtenzweige in den Misthaufen, um den Hexen den Zutritt zu Haus und Hof zu verwehren, da man den spitzen Fichtennadeln apotropäische Kräfte nachsagte. Auch galt die Fichte im Volksglauben als Herberge für Geister und Feen. Man brachte ihr große Verehrung entgegen: Der Nadelbaum mußte magische Kräfte besitzen, da er im Winter sein grünes Kleid nicht verliert.

Duft und Wirkung: Fichtennadeln verströmen beim Räuchern einen sehr «grünen», waldigen, erdigen Duft. Auch die Wirkung ist eine erdende. Ersatzweise können auch Kiefer- oder Piniennadeln verbrannt werden.

siehe auch Burgunderharz

Galbanum
Ferula galbaniflua

Galbanum, ein Doldengewächs Persiens und Afghanistans, ist auch unter dem Synonym «Mutterharz» bekannt, was auf seine positiven Wirkungen bei Frauenleiden hindeutet. Es zählt zu den Gummiharzen und wird aus dem weißen, harzigen Ausfluß gewonnen, welcher beim Anritzen der Wurzeln des fenchelartigen Gewächses entsteht.

Mit Wein und Myrrhe
genommen ist es
(Galbanum) ein
Gegenmittel gegen Gift.
Dioskurides

Schon Dioskurides empfahl Teile der Pflanze als Mittel «wider den Natternbiß» sowie zur Behandlung von Nasenbluten. Wie Plinius beschreibt er den Galbanumrauch als menstruationsfördernd sowie von abortiver Wirkung. In der Medizin wird Galbanum als krampflösendes und auswurfförderndes Heilmittel eingesetzt.

Galbanum zählt zu den biblischen Räucherstoffen, wo es nicht – wie beispielsweise Weihrauch – nur für zeremonielle Zwecke, sondern auch im Haus geräuchert werden durfte.

Duft und Wirkung: Galbanum ist ein aromatisch-würziger, bitter-süßer Räucherstoff, der einen scharfen und kräftigen Duft entfaltet. Galbanum ist ein sehr starkes Mittel mit Tiefenwirkung: Es bricht verkrustete Denkstrukturen auf und löst tief wurzelnde seelische Verspannungen.

Galgant
Alpinia officinarum

Galgant ist in ostasiatischen Ländern heimisch und wird besonders in Thailand, Indien und Südchina angebaut. Die Pflanze kommt als Pulver oder Tinktur bei Appetitlosigkeit oder Magenerkrankungen zur Anwendung. Die Heilige Hildegard von Bingen bezeichnete den Galgant als «das Gewürz des Lebens» und eine von Gott gegebene, krankheitsabwehrende Pflanze. Als Mittel gegen Seelenkrankheit ist Galgant, der dereinst von arabischen Ärzten nach Europa gebracht wurde, seit langem bekannt. Dioskurides empfahl bei «Magengrimmen» eine «Brüh» aus Galgant. Auch gegen Schlangen- und andere giftige Tierbisse solle er ein probates Mittel sein. Zudem ist das Gewächs Bestandteil des bekannten Tonikums «Klosterfrau Melissengeist».

Duft und Wirkung: In der Räucherung steht Galgant mit seiner wärmenden Kraft für das Element Feuer. Sein Duft besitzt eine angenehm leichte, scharfe Würze; er wirkt stärkend, vitalisierend und anregend.

Gewürznelke
Eugenia caryophyllata /
Syzygium aromaticum /
Caryophyllum aromaticum

Die Gewürznelken waren eines der begehrtesten Gewürze zur Zeit der großen Entdecker. Wie auch Pfeffer und Muskat, wurde die geschätzte Spezerei mit Gold aufgewogen. Der Gewürznelkenbaum, der heute im gesamten tropischen asiatischen Raum angebaut wird, stammt ursprünglich von den Molukken. Was wir auch heute noch als Gewürz verwenden, sind die getrockneten Blütenknospen des Baumes.

Bei den Chinesen war die Nelke bereits 200 Jahre v. Chr. als hocharomatisches Würzmittel geschätzt. In asiatischen Räucherstäbchen und -mischungen sind Nelken bis heute unverzichtbarer Bestandteil.

Wegen ihrer desinfizierenden Wirkung wurden Nelken bereits in Pestzeiten geräuchert. Heute wird das Nelkenöl medizinisch in der Zahlheilkunde angewandt. Industriell benutzt man es zur Parfümherstellung sowie zur Vanillinsynthese, In der Mikroskopie dient Nelkenöl als Aufhellmittel. Und nicht zuletzt verwenden es die Lebkuchenbäcker zur Herstellung von Weihnachtsleckereien.

Duft und Wirkung: Man räuchert die Nelke mit ihrem typischen, angenehmen Aroma zur Desinfektion sowie um lästige Insekten fernzuhalten. Die ganzen Nelken verstömen dabei ein sehr feines Aroma, während sie in pulverisierter Form wesentlich stärker wirken. Nelken eignen sich zur Reinigung der Aura, stärken das Selbstwertgefühl sowie das Vertrauen in die eigene Attraktivität. Sie haben leicht aphrodisische Wirkung, vertreiben böse Geister und ziehen Glück und Wohlstand an.

Guajak
Guajacum officinale,
Lignum sanctum

Der in Südamerika, den tropischen Regenwäldern und der Karibik beheimatete Guajakbaum liefert uns zwei Stoffe, die beim Räuchern Verwendung finden: zum einen sein Holz, das auch unter dem Namen Pock- oder «Franzosenholz» bekannt ist und für die Herstellung harn- und schweißtreibender Mittel in der Medizin eingesetzt wird. Durch seine extreme Härte wird es nicht nur für Kunsttischlerarbeiten und zur Herstellung von Kegel-Kugeln herangezogen, sondern auch als Aphrodisiakum ersten Ranges gewertet. Die Härte des Holzes soll sich hierbei auf ein gewisses männliches Körperteil übertragen.

Während das Holz recht günstig zu erwerben ist, zählt der zweite Räucherstoff des Guajakbaumes, sein Harz, zu den eher teuren Rohstoffen. Guajakharz wird durch tiefe Einschnitte an lebenden Bäumen gewonnen oder indem man gefälltes Holz erwärmt, das zuvor der Länge nach angebohrt wurde. Schon Aufzeichnungen der Ureinwohner der Karibik aus der Zeit um 1500 zeugen von der Anwendung des Guajak speziell bei der «Franzosenkrankheit», Syphilis, wobei es jedoch nur vorübergehend wirkte. Auch in vielen anderen Kulturen diente das Harz zur Behandlung verschiedener Beschwerden: als Bestandteil von Wundbalsamen zur Behandlung von Verbrennungen und offenen Wunden; in Rum aufgelöst zum Gurgeln bei Entzündungen des Mund- und Rachenraumes; als Tinktur bei Rheuma. Als Abkochung soll es den Abtransport von Giftstoffen aus dem Körper fördern und wird auch in der Homöopathie eingesetzt. Das Harz wird außerdem in der Gerichtsmedizin zum Aufspüren von Blutflecken verwendet.

Duft und Wirkung: Guajak zeichnet sich in der Räucherung mit seinem warmen, würzigen Duft durch anregende und erotisierende Eigenschaften aus.

Guggul
Commiphora mukul

Guggul ist ein aus Indien stammendes Harz, welches auch unter dem Namen Bdellium bzw. falsche Myrrhe bekannt ist. Guggul wird in der ayurvedischen Medizin bei vielerlei Leiden angewendet; so soll er sich durch desinfizierende und adstringierende Eigenschaften auszeichnen, die in Salben, Tinkturen, Pastillen sowie in alkoholischen Auszügen zum Tragen kommen. Guggul ist wichtiger Bestandteil vieler tibetischer, nepalesischer und indischer Räucherstäbchen. Im Handel ist das Harz eher selten erhältlich.

Duft und Wirkung: Der Rauch des Guggul entwickelt bei Erkrankungen der Atmungsorgane, seelischer Instabilität und Streß heilsame Wirkungen. Seit jeher wird er zu magischen und spirituellen Zwecken verräuchert. Auch als Aphrodisiakum entfaltet Guggul mit seinem äußerst aromatischen, leicht süßlichen Duft «zauberhafte» Wirkungen. Guggul eignet sich für die Räucherung am Abend, da er die Dämonen der Nacht vertreibt und einen ruhigen, erholsamen Schlaf verspricht.

… es (Guggulharz) wurde traditionell von indischen Jungfrauen verbrannt, um sich die Liebe eines Mannes zu sichern.
Naveen Patnaik

Gummi arabicum
Acacia senegal

Gummi arabicum stammt von wildwachsenden Bäumen in West- und Ostafrika. Haupterzeugerland ist der Sudan. Um die Gummiproduktion künstlich anzuregen, werden die Bäume verletzt, indem man zirca einen Meter lange und fünf Zentimeter breite Streifen aus der Rinde löst, von denen das zum Schutz der Wunde ausgetretene Gummi während der Trockenzeit mehrmals eingesammelt wird.

Schon im alten Ägypten wurde Gummi arabicum 2.000 Jahre vor unserer Zeitrechnung zur Herstellung von Farben verwendet und als «Gummi aus Punt» verehrt, dem großen Umschlagplatz für Räucher- und Duftstoffe. Dioskurides empfahl eine Salbe mit Gummi arabicum und Ei bei Verbrennungen.

Früher diente Gummi arabicum zur Gummierung von Briefmarken und auch heute noch ist er für verschiedene Industriezweige ein wichtiger Rohstoff. In der Lebensmittelindustrie braucht man ihn unter anderem als Emulgator und Stabilisator für Gummibärchen und Nüsse sowie als Glasur für Lebkuchen und Magenbrot; auch dient er als ökologischer Tapetenkleister. Bei der Herstellung medizinischer Präparate wirkt der Gummi arbacium als Bindemittel, was ihn auch für die Herstellung von Räucherwerk interessant macht. Als Fixativ verbindet er die einzelnen Stoffe zum Beispiel in Räucherkegeln und vereint sie zu einem harmonischen Ganzen.

Duft und Wirkung: Wenn man einer Räuchermischung ätherische Öle zufügen möchte, dient Gummi arabicum als Trägersubstanz. Er entfaltet auch einen sanften, feinen Eigengeruch, der Sensibilität und Einfühlungsvermögen stärkt.

Ingwer
Zingiber officinale

Der Ingwer stammt aus dem tropischen Asien und wird auf der ganzen Welt – frisch oder getrocknet – als aromatisches Gewürz geschätzt. In östlichen Heilsystemen wie dem Ayurveda gilt Ingwer als heiß, scharf und trocken, weshalb man ihn in China bei «innerer Kälte» anwendet. Auch genießt der Ingwer aufgrund seiner heißen Eigenschaften einen Ruf als wirksames Aphrodisiakum. Er wird auch im Westen schon seit über 2.000 Jahren als Heilpflanze verwendet und gehörte zur Zeit Hippokrates (468–377 v. Chr.) zu den teuersten Gewürzen. Im Mittelalter meinte man sogar, er stamme aus dem Garten Eden. Ingwer wirkt unter anderem schweißtreibend, entblähend, verdauungsfördernd und allgemein stimulierend.

Duft und Wirkung: In der Räucherung steht Ingwer für das Element Feuer. Sein scharfer, würziger Duft weckt die Lebensgeister und entfacht das Feuer der Liebe.

Die Iris hat ihren Zweitnamen Schwertlilie von den harten Blättern, die wie Schwerter von ihr abstehen; außerdem gehört sie botanisch zu den Schwertliliengewächsen. Iris bedeutet Regenbogen und weist wohl auf die Götterbotin Iris hin, welche die Seelen der Verstorbenen über den Regenbogen ins Reich des ewigen Friedens begleitete, weshalb sie wohl im Orient als Grabschmuck verwendet wird. In der griechischen Mythologie ist die Irisblüte auch der Juno geweiht, denn man sagte, daß die Himmelsgöttin diese wunderbare Blume aus der Milch ihrer Brüste sprießen ließ.

Die Iriswurzel ist frisch fast geruchlos und wird bis zu sechs Jahre gelagert, um ihren angenehm veilchenartigen Duft zu entwickeln. Aufgrund dieser Eigenschaft erhielt die Iriswurzel auch den irreführenden Namen Veilchenwurzel, mit der sie aber nicht zu verwechseln ist. Unter ihrem falschen Namen ist die «Veilchenwurzel» vielen als Zahnhilfe für Kleinkinder geläufig. Iriswurzel wird häufig in Hautpudern verarbeitet; das äußerst feine Pulver eignet sich auch gut als Träger von feinen ätherischen Ölen wie Rosen- oder Jasminöl.

Iriswurzelöl, das zu den teuersten ätherischen Ölen gehört, ist ein äußerst wirksames Mittel, um loszulassen, weshalb es auch in der Hospizbewegung eingesetzt wird, um den Abschied vom Leben zu erleichtern.

Duft und Wirkung: Die Iriswurzel entfaltet in der Räucherung ein sehr feines, mildes Aroma, das Sensibilität und Feingefühl unterstützt, seelische Spannungen mildert und ganz allgemein harmonisierend wirkt. Außerdem wohnt der Iriswurzel ein starker Liebeszauber inne, der zusammenführt, was zusammengehört.

Der echte Jasmin wurde in der ersten Hälfte des 16. Jahrhunderts von Persien nach Europa gebracht. Sein edler Duft ließ ihn zu einem wichtigen, wenngleich sehr teuren Grundstoff

Iriswurzel
Iris germanica / Iris florentia

Sanft stärkt sie (die Iriswurzel) die Nerven und vermittelt zwischen Innerem und Äußerem, zwischen Himmel und Erde, zwischen Hell und Dunkel und zwischen Mann und Frau.
René A. Strassmann

Jasmin
Jasminum grandiflorum

der Parfümindustrie werden. Denn um einen Liter Essenz zu erhalten, müssen zwei Tonnen handverlesene Blüten verarbeitet werden, die nur in den ersten Morgenstunden geerntet werden dürfen, da während dieser Zeit der ätherische Ölgehalt am höchsten ist.

Ich habe keine Lust,
Verse zu schreiben /
also zünde ich meine
Räucherpfanne an /
mit Myrrhen, Jasmin
und Weihrauch / und die
Verse wachsen in meinem
Herzen / wie Blumen in
einem Garten.
Von einem Schüler des
persischen Dichers Hafiz
(15. Jh.)

In der indischen Mythologie ist der Jasmin eng mit der Liebe verknüpft. So schießt Kama, der Gott der Liebe, mit Pfeilen aus Jasminblüten, um die Herzen zu entfachen und die Sinne anzuregen. Die Chinesen verwenden Jasminblüten nicht nur, um ihren Tee zu aromatisieren, sondern räuchern ihn auch im Zimmer eines Kranken, um dessen Stimmung zu heben und die Luft zu reinigen.

Duft und Wirkung: Jasminblüten haben als Räucherstoff keinen herausragenden Eigenduft. In Liebesräucherungen und um eine erotische Stimmung zu erzeugen, darf die Blüte jedoch aufgrund ihres Symbolgehaltes nicht fehlen, denn Jasmin garantiert seit jeher das erotische Abenteuer, nicht zuletzt wegen seines betörenden Duftes, der auch stimmungsaufhellend wirkt. Wer ihn schätzt, der sollte in der Räucherung auf ätherisches Jasminöl zurückgreifen und es, auf Sandelholzpulver oder Gummi arabicum geträufelt, verräuchern.

Johanniskraut
Hypericum perforatum

Kleeblatt, Eisenkraut,
Johanniskraut und Dillen
nehmen der Hexe
ihren Willen.
Volksmund

Das Johanniskraut ist fast weltweit vertreten, das bei uns erhältliche stammt jedoch meist aus Ost- und Südosteuropa. Seinen Namen trägt es, da es um den 24. Juni herum, dem Johannistag, seine Blüten öffnet. Die Beinamen Hexenkraut, Hartheu, Teufelsflucht, Teufelsbanner und andere mehr deuten auf die Teufel und Dämonen abwehrende Kraft der Pflanze hin – Johanniskraut galt im alten Volksglauben als probates Mittel gegen jegliche Zauberei. Sogar der botanische Name *Hypericum perforatum* soll auf die griechischen Wörter *hyper eikona* zurückgehen, was «gegen Spuk und Geister» bedeutet. Johanniskrauttropfen wurden daher auch den Hexen vor der Folter eingeflößt, um sie zu Bekenntnissen zu veranlassen und das Bündnis mit dem Teufel zu lösen.

Den Rittern des Johanniterordens diente das Johanniskraut

auf Kreuzzügen als Wundkraut. Paracelsus lobte die Pflanze, die auch unter dem Namen *Christi Wundenkraut* oder *Herrgottskraut* bekannt ist, als Universalmedizin. Heute kommt es als nebenwirkungsfreies Mittel gegen Depressionen, Melancholie und Schwermut zu neuen Ehren.

Geräuchert wurde das Johanniskraut in alter Zeit zur Abwehr von «angezauberter Liebe» sowie zum Bannen von Blitz, Donner und Gewitter. Das Zimmer eines Neugeborenen segnete man mit seiner Hilfe, auch sollte es das Kind vor dem Zugriff dämonischer Kräfte bewahren. Bei der traditionellen Sonnenwendfeier spielt Johanniskraut als Altarschmuck sowie als Räucherwerk eine wichtige Rolle: Man übergibt symbolisch Krankheit und Unglück dem Feuer.

Duft und Wirkung: In der Räuchermischung wirkt das Johanniskraut mit seinem an frisches Heu erinnernden, würzigen Duft antidepressiv, stimmungsaufhellend und wird, wie seit alter Zeit, zum Bannen von bösen Geistern und Dämonen verwendet.

Kalmus
Acorus calmus

Kalmus ist eine Sumpfpflanze, die fast weltweit in feuchten Gegenden zu finden ist. Sein aromatisches Rhizom, der Wurzelstock, wurde in der Volksmedizin zur Nervenberuhigung eingesetzt, und wird heute noch in Tees und als aromatisches Bittermittel verwendet. Man nennt ihn auch den «deutschen Ingwer». Jedoch ist sein Genuß in Maßen anzuraten, da er in hoher Dosis leicht toxisch wirkt und Langzeitwirkungen nicht geklärt sind. Als eine der wichtigsten Pflanzen der ayurvedischen Medizin gilt der Kalmus auch als verjüngend, gesundheitsfördernd sowie aphrodisisch, weshalb er heute in Italien noch *Erba di venere*, Pflanze der Venus, genannt wird. Als Badezusatz soll Kalmus die sexuelle Lust steigern.

Der nordamerikanische Kalmus wird zur Kräftigung auf langen Wanderungen gekaut und als Schutzsymbol im Haus aufgehängt oder im Medizinbeutel getragen. Als Räucherstoff ist die Pflanze vor allem als Bestandteil des Kyphi bekannt, der traditionellen Räuchermischung der Ägypter.

Duft und Wirkung: Kalmus duftet bitter-würzig und zeichnet sich durch seinen feurigen Aspekt aus; seine Wirkung ist stärkend, streßabbauend und leicht aphrodisisch.

Kamille
Matricaria recutita

Die Kamille wächst in vielen Teilen der Welt; die Handelsware stammt überwiegend aus Ägypten, Argentinien und Osteuropa.

Bei den Griechen wird die Kamille aufgrund ihres Geruchs auch «geriebener Apfel» genannt. Ansonsten ist sie *die* Pflanze für Heilung, die wohl in keiner Hausapotheke fehlt. Sie wird auf vielerlei Weise in der Volksmedizin angewandt, zum Beispiel bei Erkältungen, Magen- Darmbeschwerden und Entzündungen sowie als Beruhigungsmittel und Einschlafhilfe. Im Kräuterbuch des Hieronymus Bock von 1539 wird Kamille bei beinahe allen Leiden als wirksam erklärt.

Duft und Wirkung: Zum Räuchern empfiehlt sich der sogenannte Kamillegrus, der nur aus den zarten Blütenköpfchen besteht und einen sehr feinen, sanften Duft verströmt. Die Kamille steht in der Räucherung zuallererst für Heilung, kommt jedoch auch in Mischungen zur Meditation, Beruhigung, Entspannung sowie bei Ängstlichkeit zum Einsatz. Ebenso eignet sie sich zusammen mit Myrrhe für Segnungszeremonien sowie um Ritualgegenstände zu weihen.

Kampfer
Cinnamomum camphora

Kampfer wird aus einem Baumriesen mit über 40 Metern Höhe und mehreren Metern Durchmesser gewonnen, der in Japan, China und auf Formosa heimisch ist. Durch Wasserdampfdestillation gewinnt man aus dem Stammholz den Rohkampfer, der anschließend raffiniert wird.

Die medizinischen Eigenschaften des Kampfers lobten die Araber schon zu Anfang des 11. Jahrhunderts, als er noch ein sehr seltenes und teueres Heilmittel war, weshalb er auch erst Jahrhunderte später weitere Verbreitung fand. Auch in China verwendete man Kampfer zu Heilzwecken, beispielsweise bei Augenerkrankungen. Ganz Hartgesottene gaben puren Kampfer direkt in die Augen, um sie zum Strahlen zu bringen. Doch es gibt noch viel frühere Zeugnisse des Kampfergebrauchs; so spielte er im asiatischen Raum schon vor Beginn unserer Zeitrechnung eine wichtige Rolle als Räucherstoff, Heilmittel und für die Einbalsamierung der Toten. Seine Bedeutung kam dort der des Weihrauchs bei Völkern des Abendlandes gleich.

Die Heilige Hildegard empfiehlt den Kampfer mit seinen «kalten» Eigenschaften in ihrer *Physica* als Heilmittel zur Einnahme mit Myrrhe und Aloe, um «gesünder als gesund» zu werden.

Kampfer wird in medizinischen Produkten als hautreizendes Mittel verwendet und jeder kennt wohl den typischen Geruch aus Erkältungssalben zum Einreiben. Auch die Zelluloidindustrie ist ein wichtiger Abnehmer der weißen, kristallinen Substanz. Dessen optische Eigenschaft, polarisiertes Licht abzulenken, ist das einzige Merkmal, das den natürlichen Kampfer von dem synthetischen unterscheidet. Dieser ist nämlich optisch inaktiv, weist ansonsten aber die gleichen Eigenschaften auf. Beim Räuchern sollten wir jedoch auf natürlichen Kampfer zurückgreifen, der die «wahre Seele» der Pflanze transportiert. Da sich natürlicher und synthetischer Kampfer auch bei genauerem Hinsehen nicht unterscheiden lassen, muß man sich beim Kauf auf die Ehrlichkeit des Händlers verlassen.

Ein sehr geschätzter Inhaltsstoff japanischer Räucherstäbchen ist der Borneo-Kampfer, *Dryobalanops camphora*, der jedoch von einer anderen Pflanzenart stammt, und bei uns nur selten im Handel erhältlich ist.

Duft und Wirkung: Kampfer duldet keine negativen Schwingungen – so könnte man die Wirkung dieses wichtigen Räucherstoffes auf den Punkt bringen. Des weiteren klärt er mit seinem sehr frischen, minzigen Duft den Geist, fördert die Konzentration, desinfiziert die Raumluft und wirkt stärkend und heilsam, besonders auf die Atemwege. Kampfer wird häufig auch in buddhistischen Klosterräucherstäbchen verwendet, was wohl auf seine die Liebeslust dämpfende Eigenschaft zurückzuführen ist.

Kardamom
Elettaria cardamomum

Kardamom zählt zu den Ingwergewächsen; sehr gute Qualitäten sind besonders auf Sri Lanka und in anderen tropischen Gegenden zu finden. Kardamom ist sowohl Aromastoff als auch Heilmittel. Er wirkt hilfreich bei Blähungen sowie Krämpfen und regt Magen und Nerven an. Hierzulande wird das aromatische Gewürz in der Weihnachtsbäckerei verwendet; in arabischen Ländern dient er als Gewürz für den Kaffee. Und auch bei indischen Tees wie dem bekannten Yogi-Tee sowie anderen ayurvedischen Teemischungen ist Kardamom ein wichtiger Bestandteil. Schon im alten Ägypten war das heute aus der asiatischen Küche bekannte Gewürz als Räuchermittel in Gebrauch. Dazu eignet sich am besten pulverisierter Kardamom.

Duft und Wirkung: Der intensive, exotische, süßlich-würzige sowie frische Duft des Kardamom wirkt stärkend, energetisierend, appetitanregend, er weckt die Lebensgeister und stärkt das Selbstbewußtsein.

Labdanum
Cistus ladaniferus /
Cistus incanus

Labdanum hat den schönsten Geruch und stammt doch aus dem übelriechendsten Ort, nämlich vom Bart der Ziegenböcke.
Herodot

Labdanum wird aus der Gummiharz-Zistrose gewonnen, die hauptsächlich auf der spanischen Halbinsel, in Nordafrika und Südfrankreich vorkommt. Die beste Qualität des Harzes gewinnt man jedoch aus den auf Kreta wachsenden Zistrosengewächsen.

Die Gewinnung des Labdanums, die teilweise bis heute so praktiziert wird, ist wohl einzigartig kurios: Man schickt eine Herde Ziegen in die Sträucher, welche sich sodann an den Blättern und Zweigen der Pflanzen gütlich tun. Dabei bleibt das Labdanumharz an den Ziegenbärten kleben, die hinterher ausgekämmt werden. Die modernere Version besteht aus dem *Ladanisterion*, einer Art Rechen aus Lederstreifen, an denen das Harz festklebt. Es wird vorwiegend in der Mittagszeit geerntet, da die Zistrose in der prallen Sonne das meiste Harz «ausschwitzt».

In der Antike zählte Labdanum zu den begehrtesten Harzen; heute ist es eine wahre Rarität und daher recht teuer. Dioskurides empfahl eine Labdanumräucherung, um die Nachgeburt auszutreiben. Vermischt mit Myrrhe, Wein und

Myrtenöl solle Labdanum gegen Haarausfall wirken und auch in Wundsalben gute Dienste tun.

Ein kleiner Tip, wenn Sie Labdanum in einer Räuchermischung verwenden: Das Harz ist um so klebriger und schwieriger im Gebrauch, je wärmer es wird. Deshalb empfiehlt es sich, es im Kühlschrank aufzubewahren oder zumindest eine Stunde vor der Räucherung kühlzustellen – sonst kann es Ihnen so ergehen wie den Ziegen im Zistrosenstrauch.

Duft und Wirkung: Heute verwenden wir Labdanum in der Räucherung, um uns zu erden und uns von seinen warmen, weichen, moorigen Eigenschaften einhüllen zu lassen. Das braunschwarze Harz verströmt einen komplexen Duft mit vielen Nuancen, welche an Ambra und Moschus erinnern. Labdanum ist ein wunderbarer Seelenbalsam.

Lavendel
Lavandula angustifolia Mill.

Lavendel ist ein buschiges Strauchgewächs, das im gesamten Mittelmeerraum beheimatet ist; die größten und bekanntesten Lavendelfelder werden jedoch heute in Frankreich und Italien kultiviert.

Der Sage nach versinnbildlichen die kleinen, lilafarbenen Blüten die Tugendhaftigkeit. Das Wort Lavendel stammt vom lateinischen «lavare», was reinigen bedeutet. So wurde es mit anderen Kräutern zum Ausräuchern von Pesthäusern und Krankenzimmern verwendet, um «schlechte Dünste» abzuwehren und Epidemien zu verhindern. Auf seinen reinen, frischen Duft ist auch die Tatsache zurückzuführen, daß Lavendel immer in Großmutters Schrank zu finden war. Auch heute noch wird er als Mottenschutz und wegen seines Duftes in kleinen Beuteln in den Kleiderschrank zwischen die Wäsche gelegt. In der Medizin findet Lavendel Anwendung bei nervösen Magen-Darm-Beschwerden, Unruhezuständen, Einschlafstörungen und Appetitlosigkeit.

Lavendel ist die Seele der Provence.
Jean Giono

Lavendelblüten sind in sehr unterschiedlichen Qualitäten bis hin zum Industrielavendel erhältlich. Für die Räucherung empfiehlt es sich, auf hochwertige Ware zurückzugreifen, die an der kräftigen, lila-blauen Farbe zu erkennen ist.

Duft und Wirkung: Lavendel wird zum Räuchern vor allem für Reinigungszwecke verwendet, denn er reinigt die Aura von negativen Schwingungen. Mit seinem intensiven, angenehm aromatischen Duft und seiner sehr sanften Schwingung wirkt er beruhigend, besänftigend sowie Liebe und Frieden stiftend und eignet sich so besonders bei Gereiztheit und Nervosität sowie zum Räuchern vor dem Schlafengehen. Lavendel lindert körperliche und seelische Schmerzen.

Lorbeer
Laurus nobilis

Der Lorbeerbaum wurde schon von den Römern in ihren Gärten angebaut und ist bis heute im ganzen Mittelmeerraum beheimatet. In der Gegend um den Gardasee ist er sogar noch in Wildwuchs zu finden. Seit jeher wird der Lorbeer als Gewürz feiner Speisen verwendet.

Der Lorbeer gehörte, wie Bogen und Leier zu den Attributen des Apollo. Er trug ihn zur Erinnerung an seine unglückliche Liebe zu Daphne. Zeus half der lieblichen Nymphe, die eine der Jüngerinnen der Artemis war, vor Apollos Annährungsversuchen zu fliehen, indem er sie in einen Lorbeerstrauch verwandelte. Griechische Einwanderer brachten den Brauch, Lorbeerbäume um den Tempel herum anzupflanzen, mit dem Apollokult nach Italien. Auch die reinigende Kraft des Apollo wird auf den Lorbeer zurückgeführt, der nicht nur ein zerstörerischer Gott war, sondern auch die Krankheiten der Menschen heilen konnte. Der Lorbeer wurde auch zum Zeichen der Dichter, da sie als Jünger des Apoll galten. Laut Cicero schmückten die Römer die Bilder ihrer Ahnen und Götter mit Lorbeer, um sie zu ehren. Auch die Sieger kränzte man im alten Rom zum Zeichen ihres Ruhms mit den Blättern des Lorbeers, was darauf zurückzuführen ist, daß Apollo nach der Tötung des Drachen Phyton als Lorbeerbekränzter Sieger in Delphi einzog. Berühmtheit erlangte die Pflanze auch durch seine Rolle im Orakel von Delphi, wo die Priesterinnen sich auf sie betteten, sie – zusammen mit anderen, psychoaktiven Pflanzen – kauten und räucherten, um in Trance das Orakel zu befragen.

Ich möchte deine hohe Stirne kränzen mit Lorbeer und mit duft'gem Blütenschnee. Den Goldpokal der Freude dir kredenzen, bis du vergessen hast dein ird'sches Weh…
Elsbeth Ebertin

Duft und Wirkung: Heute räuchern wir den Lorbeer bei Anrufungen und um Visionen zu erzeugen. Sein klärender Duft ist frisch-krautig, aromatisch und eignet sich auch hervorragend für Reinigungs- und Heilungszwecke.

Mädesüß
Filipendula ulmaria

Mädesüß ist in Europa und Asien heimisch und zeichnet sich durch seinen besonderen Wohlgeruch aus. Es wurde von seinem früheren Standort, den Bergwiesen, ins Flachland versetzt, um es für rituelle und kultische Handlungen jederzeit zur Verfügung zu haben. Schon den Druiden war Mädesüß heilig.

In Quellen aus dem 14. Jahrhundert wird beschrieben, daß sein Duft das Herz erfreut, fröhlich stimmt und die Sinne anregt. Mädesüß war eine der Kranzblumen des Theoprast. Im Mittelalter wurde es in Wein gekocht und gegen das Viertagefieber eingesetzt. Auch war Mädesüß eine der Pflanzen, aus denen anfänglich Salicylsäure, das aspirinähnliche Schmerzmittel gewonnen wurde. Der extrahierte Wirkstoff kann zu Magenblutungen führen, während die medizinische Anwendung der ganzen Pflanze jedoch unbedenklich ist.

Duft und Wirkung: Der liebliche Duft der Mädesüßblüten harmonisiert und schafft eine friedliche Stimmung, in der die Liebe gedeiht. Auch das Kraut eignet sich für die Räucherung; es verströmt einen würzig-krautigen, tabakartigen Duft. Mädesüßkraut reinigt besonders nach einem Streit die Atmosphäre und besänftigt die Gemüter. Kraut wie Blüten werden in Mischungen für die Liebe verwendet.

Mandelbaumgummi
Resina amygdalus

Der Mandelbaumgummi stammt zumeist vom Mandelbaum, ist jedoch auch bei verschiedenen Obstbaumarten zu finden, zum Beispiel bei der einheimischen Kirsche.

Der wasserlösliche Gummi mit seinen quellenden Eigenschaften wird heute beim Restaurieren alter Kunstwerke verwendet. Auch zum Fälschen alter Gemälde wird er wohl manchmal gebraucht, da es die neuen Farbschichten aufspringen läßt und sie so «alt» erscheinen läßt. Anstelle von Gummi arabicum oder Traganth wird Mandelbaumgummi manchmal auch als Bindemittel verwendet. Schon Dioskurides lobte die erwärmenden und zusammenziehenden Eigenschaften des Mandelbaumgummis und empfahl es – in Essig gelöst eingenommen – zur Vertreibung von Flechten.

Duft und Wirkung: Das Mandelbaumgummi stammt von verschiedenen Fruchtbäumen. Es verströmt beim Räuchern ein sanftes, fruchtiges Aroma, das an den Duft von Nüssen und Karamel erinnert. Diese anregende Duftnote darf vor allem in Räuchermischungen für die Liebe nicht fehlen.

Mastix
Pistacia lentiscus

Es handelt sich hier um das Harz der Mastixpistazie, eines strauch- oder baumförmigen Gewächses. Die Mastixpistazie ist im Mittelmeerraum beheimatet und kommt speziell in Griechenland auf der Insel Chios in bester Qualität vor. Mastix ist ein blaßgelbes bis grüngelbes Harz von zitrusfrischem, fruchtigem, unaufdringlichem Duft.

In der Industrie wird Mastix für Lacke und Firnisse gebraucht und zur Herstellung von Likör. Schauspieler kleben sich mit Mastix die falschen Bärte und Augenbrauen an. Er findet jedoch auch im medizinischen Bereich Anwendung in Pflastern und zahnfleischstärkenden Kaugummis. Mastix ist überhaupt der «Vater» des Kaugummis, denn schon im Altertum wurde Mastix gekaut, um guten Atem zu erzeugen und die Zähne gesund zu erhalten. Das englische Wort *masticate* – kauen – hat hier seinen Ursprung, denn *mastic* heißt Mastix. Dioskurides empfahl das Harz auch gegen langanhaltenden Husten und blutigen Auswurf.

Mastix ist fahlgelb, und sein Parfum ist einzigartig sauber und frei von jedem Vorurteil.
Aleister Crowley

Duft und Wirkung: Mastix duftet angenehm rein und frisch. Das Harz erhöht die Kraft und Intuition des Räuchernden und wird verbrannt, um Visionen zu erhalten oder hellseherische Fähigkeiten zu fördern. Auch in Anrufungsräucherungen ist es wichtiger Bestandteil.

Melisse
Melissa officinalis

Die Melisse ist in Mittel- und Osteuropa sowie in Teilen Asiens heimisch. In der Volksmedizin werden Melissenblätter bei Magen-Darm-Beschwerden sowie bei Erkältungskrankheiten als schweißtreibendes, nervenberuhigendes und kräftigendes Mittel eingesetzt. Schon die Heilige Hildegard beschrieb sie als Pflanze, die Geist und Herz erfreut.

Duft und Wirkung: Die Melisse hat einen aromatisch-würzigen, leicht zitronigen Duft, der allerdings beim Räuchern nicht unbedingt zur Geltung kommt. Doch steht hier der Symbolgehalt der Pflanze im Vordergrund. Melisse versinnbildlicht in der «Blütensprache» Frohsinn, Freude und Freundschaft. Außerdem soll sie Geld anziehen und findet sich daher seit alter Zeit in allen Erfolgs- und Reichtumsräucherungen. Auch in Abendräucherungen, die der Entspannung und Beruhigung dienen und so das Einschlafen fördern, hat sich die Melisse bewährt. Sie stärkt außerdem das Immunsystem bei nervlicher Belastung und wirkt stimmungsaufhellend bei Melancholie.

*Legt mir aufs Haupt
Melissen, meine Träume sind
so wild.*
Martin Greif

Moschus
Moschus moschiferus

Der klassische Moschus, indisch für «Hoden», stammt vom Moschushirschen, welcher im Himalayagebiet beheimatet und heute vom Aussterben bedroht ist. In einem taschenartigen Beutel, der die Sexualdrüsen beherbergt, trägt das männliche Tier den berühmten Sexuallockstoff, der auch für die Bedrohung seiner Art verantwortlich ist. Denn seit Jahrtausenden wird diese kostbare Substanz weltweit als Parfümrohstoff und Zutat für edles Räucherwerk geschätzt.

Bei den Arabern war schon zu Zeiten Mohammeds der Moschus einer der beliebtesten Duftstoffe, mit dem man verschwenderisch ganze Paläste einduftete. Sogar für Gebäck wurde die kostbare Moschussubstanz verwendet. Bei den Chinesen ist Moschus nicht nur ein begehrtes Aphrodisiakum, sondern auch ein hochgeschätztes Heilmittel bei allerlei Beschwerden. Echter Moschus wurde und wird bei Totenzeremonien zu Ehren der Ahnen und in modernen Hexenkulten als Aphrodisiakum geräuchert.

Heute ist die Jagd auf Moschustiere verboten, was skrupellose Händler nicht davon abhält, es weiterhin zu tun, da es immer noch Abnehmer für die begehrte und extrem teure

Um die Mächtigen des Himmels zu erfreuen, wurde beim Tempelbau Moschus dem Mörtel beigemischt. Sein Duft sollte die heilige Stätte weithin riechbar machen und auf diese Weise das Werk krönen.
Günter Ohloff

Substanz gibt. Vor allem in Japan und den arabischen Ländern wird es bis heute als unverzichtbarer Duftstoff edlem Räucherwerk und Parfümen beigemischt.

Moschus ist ein höchst intensiver, animalischer Duftstoff, der nur in sehr hoher Verdünnung seinen erotischen, betörenden, warmen und weichen Duft entwickelt.

In der Industrie wird heute synthetischer Moschus in großer Menge verwendet, wovon es an die 80 verschiedene Arten gibt, unter anderem poly- und makrozyklische sowie Nitromoschusverbindungen. Diese Stoffe finden sich in zahlreichen Produkten des täglichen Lebens wie Waschmitteln, Kosmetika und Seifen. Sie stehen jedoch im Verdacht, gesundheitsschädlich zu sein. Daher verwenden wir in der Räucherung folgende Ersatzstoffe: zum einen die Moschuskörner, *Abelmoschus moschatus*, die Samen einer brasilianischen Hibiskusart, zum anderen das Moschuskraut, *Adoxa moschatellina*, welches in feuchten Wäldern Deutschlands, aber auch in den Alpen sowie im Zentralappenin beheimatet ist. Vor allem seine wenigen grünen Blüten sind es, die den moschusartigen Duftstoff enthalten.

Duft und Wirkung: Beim Verbrennen verströmt Moschuskraut, ebenso wie die Moschuskörner einen moschusartigen, schweren, balsamisch-süßen Duft, der anregend und erotisierend wirkt.

Muskat
Myristica fragrans

Die von den Molukken stammende Muskatnuß ist ein narkotisches Gift, das schon beim Verzehr von zwei oder drei ganzen Nüssen ernstzunehmende Vergiftungserscheinungen hervorrufen kann; früher sagte man auch, Muskat mache «delirisch», denn er kann zu Krämpfen und Herzrasen führen. Man gebrauchte die Muskatnuß zum Schutz vor den Mächten der Unterwelt. Die Muskatblüte, Macis genannt, verarbeitet man in der Volksmedizin in Rheumasalben.

Duft und Wirkung: Beim Räuchern ist die Muskatnuß mit Vorsicht zu genießen, da sie bei Überdosierung Kopfschmerzen, Übelkeit und sogar Erbrechen hervorrufen kann. Trotzdem ist sie in mancher Räucherung unverzichtbar, denn sie kann starke Visionen erzeugen und fördert die Hellsichtigkeit. Außerdem verleiht sie Kraft und Stärke, Mut, wirkt stimmungaufhellend, stimulierend und beeinflußt unsere Träume. Sehr fein in der Räucherung und nicht so stark wie die Muskatnuß ist die Muskatblüte. Sie duftet voll-aromatisch, würzig, fruchtig und gibt verschiedenen Räucherungen den letzten Schliff.

Wenn ein Mensch Muskatnuß ißt, öffnet es sein Herz und putzt seine Sinnesschärfe und trägt ihm etwas Geniales ein.
Hildegard von Bingen

Myrrhe

Commiphora myrrha /
Commiphora molmol /
Commiphora abyssinica

Myrrhe ist zusammen mit Weihrauch das älteste bekannte Gummiharz. Der Myrrhebaum oder -strauch, von dem es weit über 150 Arten gibt, ist hauptsächlich in Somalia, im Jemen, in Äthiopien, Eritrea sowie im Sudan beheimatet und liefert das gelbliche oder gräulich-bräunliche Harz. Der Name Myrrhe läßt sich auf zwei Quellen zurückverfolgen. Wenn es nach der Mythologie geht, stammt er von Myrrha, einem Mädchen, das ihren Vater verführte und deshalb von den Göttern in einen Myrrhebaum verwandelt wurde. Noch heute wird das Myrrheharz als Tränen der Myrrha betrachtet. Die zweite Erklärung des Namens liegt in dem arabischen Wort «murr», was bitter bedeutet und auch den Duft des Harzes beschreibt.

Die Myrrhe kommt häufig in der Bibel vor; sie war offenbar das beliebteste und kostbarste biblische Harz, das hauptsächlich als Räucherwerk verwendet wurde und manchmal unter dem Namen Bdellium auftaucht, womit heute jedoch auch das Guggulharz bezeichnet wird.

In Ägypten wurde zu Ehren des Sonnengottes Ra dreimal täglich geräuchert; zu Mittag, beim höchsten Sonnenstand, verbrannte man die wertvolle Myrrhe. In der Antike wurde die Myrrhe als wichtiger Räucherstoff zu vielerlei spirituellen und religiösen Zwecken verwendet, zum Beispiel in Delphi zur Befragung des Orakels und im Apollontempel von Milet als Teil der Opferzeremonien.

Die Myrrhe ist im heutigen Apothekenhandel meistens als Tinktur für die Behandlung leichter Entzündungen der Mund- und Rachenschleimhaut erhältlich. Ebenso ist Myr-

Weihrauch steht für den
Himmel, Myrrhe
verkörpert die Erde.

rhe Bestandteil der bekannten «Schwedenkräutermischung». Das Harz zeichnet sich durch desinfizierende, desodorierende, betäubende und zusammenziehende Eigenschaften aus und wird aus diesem Grund Mundwässern beigegeben, sowie zur Wundbehandlung verwendet. Früher war Myrrhe auch als beruhigendes Schlafmittel bekannt. Alkoholische Auszüge des Harzes werden in der Parfümindustrie als Fixatur benutzt und waren bereits im Altertum ein geschätzter Stoff zur Parfümherstellung. Die Myrrhe fand auch als Körperschmuck Verwendung, meist um unangenehme Körpergerüche zu überdecken. In arabischen Ländern verwendet man sie noch heute als Gewürzzusatz für Süßigkeiten und Limonaden.

Duft und Wirkung: Myrrhe entfaltet einen bitter-scharfen, würzig-herben sowie harzigen Duft. In der Räucherung zeichnet sie sich durch starke, heilende Eigenschaften aus; sie wird außerdem zum Weihen und Segnen von Amuletten, Edelsteinen und Ritualgegenständen verwendet. Auch vermag sie verborgene Emotionen zutage zu fördern, da sie auf subtiler Ebene wirkt. Wie auch das Sandelholz verbindet die Myrrhe einzelne Stoffe zu einem Ganzen und ist daher unverzichtbarer Bestandteil vieler Räuchermischungen. Myrrhe kann als Schutz- und Reinigungsweihrauch verbrannt werden.

Myrte
Myrtus communis

Die Myrte findet sich vorwiegend in den Ländern des Mittelmeers, wo der immergrüne Strauch mit seinen weißen Blüten und schwarzen Beeren in der Macchia seinen angenehm frischen Duft verströmt.

Myrte war eine der Pflanzen, die Adam laut Mohammed aus dem Paradies mitnehmen durfte. In biblischer Zeit war sie so beliebt, daß man Männer wie Frauen nach ihr benannte. Myrte, die als eine der Mysterienpflanzen galt, wurde auch für Prophezeiungen verwendet – die «Myrtennymphen» waren berühmte Prophetinnen. Im alten Ägypten wurden die Blüten der Pflanze als Haar- und Kleiderschmuck verwendet. In der griechischen Mythologie war sie der Aphrodite geweiht. Die Myrte stand für Schönheit, Grazie und Liebe. So ist es nicht verwunderlich, daß es auch in Deutschland noch den Brauch der myrtengeschmückten Brautkränze gibt. Ebenso ist die Myrte ein Symbol des Friedens: die Friedenstaube trägt auf vielen Abbildungen einen Myrtenzweig im Schnabel.

Duft und Wirkung: In der Räucherung steht die Myrte für Liebe, Reinheit, geistige Klarheit und Frieden. Myrte darf in keiner Räucherung fehlen, die zur spirituellen Reinigung von Räumen dienen soll; sie fördert zudem Aufmerksamkeit und Konzentration.

Die Ehe und die Myrte stehen beide unter dem Schutze der Venus.
Plinius der Ältere

Nelken *siehe unter Gewürznelken*

Opoponax war ursprünglich das Harz eines Doldengewächses, ähnlich dem Stinkasant. Bei Dioskurides *Panaces Chironium* genannt, ist es auch heute noch unter der Bezeichnung «weibliche Myrrhe» bekannt, die jedoch kaum mehr im Handel ist. Statt dessen wird meist die sogenannte süße oder Bisabolmyrrhe, das Harz einer Akazienart, die hauptsächlich in Somalia wächst, unter dem Namen Opoponax angeboten.

In Somalia spielt Opoponax medizinisch eine Rolle: nach der Geburt wird der Unterleib der Frau in einem Auszug des Harzes gebadet. Auch räuchert man die Häuser damit aus.

Duft und Wirkung: Opoponax duftet weniger bitter als Myrrhe und erinnert ein wenig an den Geruch von Wald und Pilzen. Das Harz ist meist in kleinen Klumpen erhältlich, die auch Holzstückchen enthalten, welche im Räucherduft an das köstliche Aloeholz erinnern. Opoponax wirkt in der Räucherung erdend, reinigend und regt die Selbstheilungskräfte an.

Opoponax
Opopanax chironium Koch,
Commiphora erythraea,
Commiphora guidottii

Patchouly ist eine stark duftende Aromapflanze, die auf den Philippinen, in Indien, China, Sri Lanka und vielen weiteren tropischen Ländern kultiviert wird. In ihren Blättern ist ein ätherisches Öl mit erotisierendem Charakter enthalten, welcher es in der Zeit des Flower-power populär machte. Damals galt Patchoulyöl als absolut «in». Es wurde jedoch auch schon

Patchouly
Pogostemon patchouly

im England des 17. Jahrhunderts verwendet, um Kleidungsstücke zu beduften. Auch in Duftsachets findet Patchouly wegen seines angenehmen Geruchs Verwendung. Ebenso kommt es in verschiedenen religiösen und kultischen Ritualen des Vodoo zum Einsatz.

Duft und Wirkung: In der Räuchermischung verwenden wir Patchouly in Kompositionen, die der Liebe dienen, denn es wirkt anziehend und schafft die geeignete Atmosphäre für Streifzüge durch die Welt des Eros. Patchouly eignet sich mit seinem holzig-erdigen, leicht krautigen, aber schweren Duft ideal zum Abrunden vieler Räuchermischungen. Eine weitere wichtige Eigenschaft stellt die erdende Wirkung des Krauts dar, die es in allen Räucherungen unverzichtbar macht, welche uns mit den Kräften der Natur verbinden: Patchouly ist der direkteste Weg zur Mutter Erde.

Perubalsam
Myroxylon balsamum var.
pereirae

Der Perubalsambaum ist in Mittelamerika verbreitet und hauptsächlich in Honduras, Nicaragua, Südmexiko und El Salvador zu Hause. Seinen Namen trägt er, weil einstmals der weltweite Handel mit dem Rohstoff über Peru abgewickelt wurde. Bis zur spanischen Eroberung mußte Perubalsam von den Indianern der Balsamküste als Tribut an die Häuptlinge des heutigen El Salvador gezollt werden.

Der Stamm des Baumes wird mit Keulen beklopft, um die Harzproduktion anzuregen. Nachdem am Jahresende die Rinde von den Bäumen abgeschlagen wird, quillt der Balsam aus dem nackten Stamm, der, um den Prozeß zu beschleunigen, mit Fackeln erwärmt wird.

Perubalsam wird bei der Herstellung von Parfümen und in der Schokoladen- und Kaugummiindustrie verwendet. Auch soll er Teil der wohlgehüteten Rezeptur des Coca Cola sein.

Um die Jahrhundertwende wurde der dunkelbraune, zähflüssige Balsam zur Linderung von Frostbeulen verwendet, auch hilft er bei infizierten und schlecht heilenden Wunden sowie bei Verbrennungen.

Dieser (Perubalsam-)Baum steht bei den Indianern in solchem Ansehen, daß sie ihn wie einen Gott bei ihren heidnischen Riten und Zeremonien verehren.
John Gerards

Duft und Wirkung: Perubalsam verräuchert man am besten in

Mischungen, indem man ihn ganz am Schluß unter die Zutaten mengt. Allein verräuchert entwickelt er sehr viel Rauch. Der Balsam hat einen angenehm harmonischen, vanilligen, balsamischen Duft, der wärmend und einhüllend wirkt. Er stärkt die Lebensgeister und ist eine Wohltat für verletzliche Gemüter.

Pfefferminze
Mentha piperita

Die zirka 30 Minzearten, die hauptsächlich in den gemäßigten Zonen dieser Erde vorkommen, zählen zu den ältesten Arzneipflanzen und wurden sowohl bei den Ägyptern, Griechen und Römern, als auch im gesamten asiatischen Raum medizinisch verwendet. Die Minze hat zahlreiche Anwendungsgebiete, die bekanntesten sind wohl ihre Wirkungen als Tee bei Magen-Darm-Beschwerden sowie in Form ätherischen Öls bei Erkältungskrankheiten. Bei den alten Griechen war die Minze fester Bestandteil des Totenkultes, wobei sie auf Gräbern angepflanzt und den Verstorbenen geopfert wurde. Plinius beschreibt die Minze sogar als wirksamen Liebesduft, was jedoch zur heutigen Einschätzung des Duftes im Widerspruch steht.

Duft und Wirkung: Als Räucherstoff dient die Pfefferminze mit ihrem wohl jedermann bekannten frischen Duft der Reinigung und Heilung, der Erhöhung der Konzentration sowie der allgemeinen Vitalität.

Wenn jemand alle Eigenschaften der Minze nennen kann, dann weiß er auch, wie viele Fische im Indischen Ozean schwimmen.
Wilafried von Strabo.
12. Jh.

Rose
Rosa damascena

Die Königin der Blumen wächst in unzähligen Arten in den gemäßigten Klimazonen dieser Erde. In der Antike war die Rose der Venus, dem Eros und dem Bacchus geweiht. Seit alters ist sie wegen ihrer Schönheit, Formen- und Farbenpracht und nicht zuletzt wegen ihres unbeschreiblichen Duftes ein Symbol der Liebe und Leidenschaft. Die Germanen verwendeten sie daher als Blume der Verführung in ihren Ritualen zur Walpurgisnacht. Ebenso ist die schöne Blume ein Zeichen des Wohlstands, was sich in dem Ausdruck «auf Rosen gebettet» zeigt. Die Rose wird auch mit dem Pentagramm der Magier und Alchimisten in Verbindung gebracht, die dieses esoterische Zeichen von den Pythagoräern übernahmen. Weniger populär dürfte sein, daß die Rose auch eine wehrhafte Pflanze ist, welche die Fähigkeit besitzt, so manchen Zauber aufzulösen. Mit ihren Stacheln steht sie auch für Schmerz und Trauer, sowie für Anfang und Ende, Geburt und Tod. Im kretischen Palast von Knossos wurde eine Rose als Symbol für Leben und Tod schon etwa 2000 v. Chr. dargestellt. Während Ovid schreibt, die Rose sei aus dem Blut Adonis' entstanden, erzählt eine Legende aus Persien, sie sei aus einem Schweißtropfen Mohammeds gewachsen, der auf die Erde fiel, als er ins Himmelreich einging. Der Stellenwert der Rose zeigt sich auch in der persischen Wortwahl: Sie heißt hier *Gul*, was gleichzeitig der Name für alle Blumen ist. Auch in der christlichen Symbolik spielt die Rose ein wichtige Rolle. Sie ist Maria geweiht, was sich im Rosenkranzgebet widerspiegelt.

Die Düfte sind Gefühle der Blumen und wie das Menschenherz in der Nacht, wo es sich einsam und unbekannt glaubt.
Heinrich Heine, *Harzreise*

Im Altertum wurde die Rose auch als Heilmittel bei Kopfschmerzen und Fallsucht eingesetzt und galt bis in die dreißiger Jahre unseres Jahrhunderts hinein als offizielle Medizin. Zu Rosenwasser verarbeitet werden Rosen bis heute zur Hautpflege eingesetzt. Ätherisches Rosenöl ist eine Kostbarkeit der Parfümindustrie, das sehr aufwendig gewonnen wird und daher sehr teuer ist: um einen Liter Essenz zu gewinnen, werden 5.000 Kilogramm (!) Blüten benötigt.

Duft und Wirkung: Rosenblüten entfalten in der Räucherung kein besonders liebliches Aroma; wer puren Rosenduft verräuchern möchte, muß auf echtes ätherisches Rosenöl zurückgreifen, das mit Sandelholzpulver oder Gummi arabicum vermischt wird. Rosenblätter werden Räuchermischungen mehr wegen ihres symbolischen Wertes beigemischt. Natürlich finden sie in Liebesräucherungen Verwendung, jedoch auch in vielen anderen: Eine Räucherung mit Rosenblüten wirkt entspannend und stimmungsaufhellend, unterstützt Einfühlungsvermögen und Güte und lädt zu Meditation und Gebet ein. Auch ist sie gegen Mißgunst, Eifersucht und Neid wirksam.

Zur Entstehung des Namens Rosmarin gibt es verschiedene Erklärungen. Die einen sagen, es stamme vom römischen *ros maris*, was «Tau des Meeres» bedeutet, die anderen leiten es von *Rosa marina* ab, dem «Duft des Meeres». Daher gilt Rosmarin als wirksames Schutzkraut für Seereisen, das man – beispielsweise zusammen mit Pflanzen, die vor Unwetter schützen, wie Mistel oder Johanniskraut – in einem Beutel oder Amulett am Körper trug. Rosmarin, eine typisch mediterrane Pflanze, war der griechischen Liebesgöttin geweiht und ist daher seit dem Altertum als Aphrodisiakum bekannt. Im alten Hexenkult war Rosmarin dagegen als mächtiges Kraut gegen Schwarze Magie bekannt. Die Apotheker früherer Zeit bereiteten aus duftenden Rosmarinblättern eine Essenz mit dem Namen «Wasser der Königin von Ungarn», das verjüngende Wirkung haben sollte. Rosmarin wurde auch als Pestpflanze verwendet, was seinen heutigen Gebrauch in Reinigungsräucherungen nahelegt. Auf den kanarischen Inseln wird Rosmarin geräuchert, um Gekkos zu vertreiben.

Duft und Wirkung: Der kraftvolle, heilsame und reinigende Duft des Rosmarins wirkt sich positiv auf die Konzentrationsfähigkeit aus und stärkt das Gedächtnis. Er bringt Trost und Glück. Wegen seiner Verbindung mit dem Meer wird das beliebte Gewürz bei allen Räucherungen eingesetzt, die mit dem Element Wasser zu tun haben. Doch auch feurige Kräfte zeichnen den Rosmarin aus, so verleiht er «das Feuer des Lebens». Auch als Räucherung im Freien eignet sich der Rosmarin, denn er zieht Feen, Elfen und Naturgeister an.

Rosmarin
Rosmarinus officinalis

Safran sind die tiefroten, getrockneten Blütennarben einer vorderasiatischen Krokusart. Diese wurden bereits im Altertum zur Kosmetik sowie als Färbepflanze genutzt, von welcher der Randstreifen der römischen Toga seine rote Farbe erhalten haben soll. Im ausgehenden Mittelalter galt der Safran als Pflanze, welche «die Kraft hat, den Geist zu erquicken»; außerdem solle sie dem Herzen Frohsinn, Freude und Lachen entlocken.

Safran
Crocus sativus

Safran ist seit jeher eines der teuersten Gewürze, denn um ein Kilo herzustellen, benötigt man die Narben von zirca 15.000 Pflanzen. Es verwundert daher nicht, daß Safran eine lange Fälschertradition hat: So mußten zum Beispiel Ringelblumen oder Färberdisteln als Safranplagiate herhalten.

Aufgrund seiner berauschenden Eigenschaften wurde Safran zuzeiten als Opiumersatz gebraucht. Plinius betrachtete ihn als Allheilmittel, und auch als aphrodisierendes Mittel erfreut sich Safran einer langen Tradition. Besonders die sinnliche Begierde der Frauen soll er anregen und die Standhaftigkeit der jungen Männer erhöhen.

Von Paracelsus weiß man, daß er das rote Gewürz gern in seinen Räucherungen verwendete, die mit Jupiter und Sonne in Verbindung standen. Safran ist auch heute noch Bestandteil vieler Räuchermischungen und -stäbchen, allen voran der ayurvedischen.

Duft und Wirkung: Durch seine berauschende Wirkung fördert Safran in der Räucherung Hellsichtigkeit und Zukunftsschau, weshalb er sich für Orakel- und Visionenräucherungen anbietet. Durch seine stimulierenden Eigenschaften eignet er sich mit seinem eigentümlich würzigen und heißen Duft außerdem für Liebesräucherungen jeder Art.

Salbei
Salvia officinalis

Salbei kommt im gesamten Mittelmeerraum natürlich vor. Im Alpenraum, wo er schon im frühen Mittelalter in Klostergärten kultiviert wurde, verwendete man ihn als Arzneimittel; seine Blüten kamen als Würzmittel zum Einsatz und hielten bald auch in die bäuerlichen Kräutergärten Einzug. Da man ihm die Fähigkeit zuschrieb, das Böse fernzuhalten, hängte man Salbeibüschel hinter der Eingangstüre auf.

Seinen Namen hat das Gewürz vom lateinischen *salvare*, was «heilen» bedeutet. Nach christlichem Glauben erhielt der Salbei seine Heilkraft von Maria, die sie ihm verlieh, da er ihr auf der Flucht vor Herodes Zuflucht gewährt hatte.

Salbei wird noch heute in der Volksmedizin vor allem bei Magen-Darm-Beschwerden, Entzündungen der Mund- und

Rachenschleimhaut sowie gegen übermäßige Schweißabsonderung angewandt. Schon in alter Zeit kannte man die antiseptische Wirkung des Salbeis, weshalb man ihn in Krankenzimmern räucherte.

Duft und Wirkung: Der würzig-aromatische, kraftvolle Duft des Salbeis wirkt stark reinigend und aufbauend. Er stärkt Körper und Geist und gibt verlorengegangene Energie zurück.

Wer auf Salbei baut,
den Tod kaum schaut.
Volksmund

Desert Sage *siehe unter Beifuß*

Der weiße, silberblättrige Salbei, der an der nordamerikanischen Westküste zu finden ist, wird bei den Prärie-Indianern als heiligste Medizin geschätzt. Er hat ähnliche Anwendungsgebiete wie der europäische Salbei. Im Sonnentanzritual wird der Weiße Salbei gekaut, um den Durst zu mindern; auch in Schwitzhütten-, Heilungs- und Reinigungszeremonien kommt die heilige Pflanze zum Einsatz. «Wo Salbei ist, werden negative Kräfte ferngehalten», beschreiben die Indianer seine Wirkungen. Nur in einem Fall sollte auf den Gebrauch dieser mächtigen Pflanze verzichtet werden: während des «Mondes» einer Frau. Weder sie selbst noch der Schamane sollte an diesen Tagen den White Sage im Ritual verwenden, da es einen «schlechten Zauber» bewirken würde.

Die Legende berichtet, der White Sage habe seine silbrige Farbe erhalten, als ein armes Mädchen der Weißen Bisonfrau opfern wollte, jedoch nichts hatte als ein wenig Unkraut vom Wegesrand. Doch durch den reinen, starken Glauben des Mädchens, nahm das braune Kraut auf dem Altar eine wunderschöne, silbrige Farbe an.

Duft und Wirkung: White Sage ist sehr klar und stark im Duft und wird besonders wegen seiner weichen, leicht süßlichen und reinen Note geschätzt. Weißer Salbei wirkt heilsam, reinigend und hält negative Kräfte fern.

White Sage
Salvia apiana

Salbei, genau wie Süßgras, ist ein Symbol der Reinlichkeit und Reinheit.
Tate, Bewegung, Sohn des Himmels, erhält seine Kraft von der Salbeipflanze.
Barbara Means Adams

Sandarac
Tetraclinis articulata

Die Gliedcrzypresse, aus der das Sandarac-Harz gewonnen wird, ist in Algerien, Marokko, Südspanien und Malta beheimatet. Während das Harz bei uns nicht sehr bekannt ist und hauptsächlich in der Lackindustrie eingesetzt wird, verräuchert man es vor allem in Nordafrika zu vielerlei Zwecken: bei Bauchschmerzen und Schlafstörungen, in der Geburtshilfe sowie bei Erkältungskrankheiten.

Duft und Wirkung: Der feine, balsamische, frische und klare Duft des Sandaracs, der irgendwo zwischen Mastix und Weihrauch anzusiedeln ist, wirkt klärend, reinigend und entspannend. Da das Harz beim Verräuchern viel Rauch entwickelt, eignet es sich zur Anwendung in Räuchermischungen oder im Freien.

Sandelholz, weiß
Santalum album

… Und der König ließ aus dem Sandelholz Geländer machen für den Tempel des Herrn und für den Königspalast und Lauten und Harfen für die Sänger; so viel Sandelholz ist nie mehr ins Land gekommen noch gesehen worden bis auf diesen Tag.
1. Könige 10,11–12

Die beste Sandelholzqualität kommt aus Mysore, Indien, wo der Sandelbaum beheimatet ist und als heilig verehrt wird. Auch in Indonesien sowie auf den Philippinen wird der Halbschmarotzer kultiviert. Aus dem weißen Sandelholz werden kunsthandwerkliche Gegenstände wie Buddhas und sonstige Reliquien, aber auch Gebrauchsgegenstände und Kleinmöbel hergestellt, die besonders gut und über Jahrhunderte hinweg duften.

Bei indischen Verbrennungszeremonien spielt das Sandelholz traditionell eine wichtige Rolle; die Reichen des Landes leisten sich sogar ganze Scheiterhaufen aus purem Sandelholz. In pulverisierter Form ist der wertvolle Rohstoff Bestandteil ayurvedischer Gesichtsmasken, verschiedener Kosmetika sowie des Stirnzeichens der Hindus. Auch in China hat das Sandelholz eine lange Tradition als Zeichen der Verehrung. Es heißt dort *Chant'an*, wobei die Silbe *t'an* wahrhaftig oder aufrichtig bedeutet.

Der Sandelholzbaum enthält in seinem Kernholz ein ätherisches Öl, das früher bei Erkrankungen der Harnwege verwendet wurde, und heute hauptsächlich in der Parfümindustrie Verwendung findet. Um dieses Öl zu gewinnen, kann man nur das mindestens 40 Jahre alte sogenannte Spätholz des

Stammes verwenden, weshalb das Sandelholzöl zu den teureren Rohstoffen zählt.

Sandelholz ist ein unverzichtbarer Bestandteil von Räuchermischungen und -stäbchen, denn es ist ein klassischer Duftstoff, der fast jedermanns Nase entspricht, und der durch seinen exquisiten Duft anderen Düften die Schwere und Schärfe nimmt. Heute ist Sandelholz immer schwerer erhältlich, denn die Bestände sind durch Abholzung und Waldbrände knapp geworden, weshalb die Ausfuhr vom Staat stark reduziert und streng überwacht wird.

Sandelholz ist ein typischer Tempelduft, der häufig zur Meditation verwendet wird. Außerdem ist es ein Vermittler zwischen den Elementen, der aus verschiedensten Komponenten ein Ganzes schafft.

Duft und Wirkung: Die Inder verbrennen Sandelholz mit seinem typischen, weichen, samtig-warmen, leicht süßlichen Duft traditionell am Abend, um alles Böse fernzuhalten. Mit Rose zusammen wird es benutzt, um alle Sünden «wegzuwaschen» sowie Körper und Seele zu reinigen. Sandelholz ist ein starker Schutz- und Bannstoff.

Sandelholz, rot
Pterocarpus santalinus,
Pterocarpus indicus

Der ebenfalls in Indien, außerdem in Malakka und Burma beheimatete rote Sandelholzbaum ist mit dem weißen botanisch nicht verwandt, wird aber als sein Bruder betrachtet. Es heißt, er habe die gleichen Eigenschaften wie dieser; er duftet jedoch bei weitem nicht so gut.

Rotes Sandelholz enthält den roten Farbstoff Santalin, der zum Färben von Textilien, Räucherkegeln und Tischlerlacken verwendet wird. Das Holz verarbeitet man in der Bau- und Möbeltischlerei.

Duft und Wirkung: Der Duft des Rotsandels ist etwas holziger, herber und weniger edel als der des weißen Sandelholzes. Seine Farbe bringt ihm seine warme Qualität ein, die in der Räucherung für das Element Feuer steht.

Rotes Sandelholz ist durch seinen Geruch intuitiv und durch seine Farbe sensitiv venusisch.
Aleister Crowley

Stinkasant
Ferula asa foetida

Der im Ostiran, Afghanistan und Kaschmir beheimatete Stinkasant liefert ein höchst intensiv riechendes Gummiharz, auch Teufelsdreck genannt, welches beim Exorzismus verwendet wurde (und wird). Früher stellte es zudem ein Heilmittel bei Hysterie dar. Asa foetida – *foetet* heißt auf Lateinisch «es stinkt» – wird in Indien, Frankreich und besonders in östlichen Ländern bis heute als Würzmittel zum Beispiel in Salatsaucen verwendet. Auch ist es Bestandteil der bekannten Worcestersoße. Auf dem Balkan wurde der Teufelsdreck lange Zeit auch als Aphrodisiakum verwendet.

Duft und Wirkung: Stinkasant entfaltet einen scharfen Geruch, der an eine Mischung aus Mango, Zwiebeln und Knoblauch erinnert. Dieser strenge und eigentümliche Odeur ist wahrlich nichts für zartbesaitete Nasen! Teufelsdreck wird traditionell zum Vertreiben böser Dämonen, schlechter Gedanken und sonstiger negativer Kräfte verwendet. Er bewirkt eine starke energetische Reinigung und vertreibt auch das letzte Teufelchen aus dem Haus.

Styrax/Storax
Styrax officinalis/
Liquidambar orientalis

Styrax oder Storax stammt von unterschiedlichen Gewächsen. Der im Mittelmeerraum sowie in Vorderasien beheimatete Storaxbaum, *Styrax officinalis*, liefert das feste, duftende Storaxharz, das schon zwischen Griechen und Phöniziern ein wichtiges Handelsgut und zu Moses Zeiten ein beliebter Räucherstoff war. Der sogenannte «echte» oder flüssige Styraxbalsam hingegen wird aus Styrax- bzw. Amberbäumen gewonnen, die in Amerika (*Liquidambar styraciflua*), Südchina (*Liquidambar formosana*) und Vorderasien (*Liquidambar orientalis*) heimisch sind. Die Bezeichnung Liquidambar, lateinisch für «flüssiger Bernstein», geht auf den spanischen Arzt Hernandez zurück, der es in der Mitte des 17. Jahrhunderts erstmals beschrieb. Er benannte es wohl aufgrund seiner gelblichen Farbe wie auch seines Geruchs nach dem Edelstein. Er hat einen etwas lack- oder gummiartigen Geruch, der jedoch verschwindet, wenn man dem Rohstoff durch Abkochen das ätherische Öl entzieht.

Zum Räuchern bietet sich eine bei uns auf dem Markt erhältliche, preiswerte Variante des Styrax an: mit Styraxbalsam getränkte Holzkohle, die unter dem Namen Styrax im Handel ist und nicht mit dem Styraxholz sowie der -borke zu verwechseln ist, die in der orthodoxen Kirche geräuchert werden.

Styraxbalsam wird in der Medizin als schleimlösendes Mittel verwendet und in der Industrie zur Parfüm- und Kosmetikherstellung gebraucht. Es dient als Gewürz für Süßwaren und Gebäck, Kaugummi und Limonaden. Außerdem wird es auch einer anderen Form des Räucherwerks beigegeben: dem Tabak.

Duft und Wirkung: Styrax duftet angenehm und süß-exotisch, wofür unter anderem das in ihm enthaltene Vanillin verantwortlich ist. Das wohlriechende Harz macht «weich», sensibel und fördert das Verlangen nach Zärtlichkeit. Es versetzt den Anwender in eine liebliche, romantische Stimmung voller Harmonie. Styrax löst emotionale Spannungen und vertreibt negative Gedanken. Vor einem romantischen Tête-à-tête kann eine Styraxräucherung wahre Wunder wirken.

Ist denn kein (Styrax-) Balsam mehr in Gilead? Ist denn kein Arzt mehr dort? Warum will nicht heilen die Wunde der Tochter meines Volkes?
Jeremia, 8,22

Sweetgras wächst in den weiten Prärien der USA und einigen Gebieten Kanadas. Es ist auch unter dem Namen Vanillegras bekannt und genießt bei den Prärie-Indianern hohes Ansehen als Medizin und Räucherstoff. Das süße Gras wird bei Erkältungen, Fieber und inneren Schmerzen als Tee aufgebrüht. Sweetgras ist auch Bestandteil des indianischen Ritualtabaks.

Als Räucherung verwenden die Indianer das Sweetgras für Reinigung, Schutz sowie zum Herbeirufen positiver Kräfte. Dabei wird es, meist zu einem Zopf geflochten, in der Hand gehalten, während das glühende Ende herumgeschwenkt wird. Zur Räucherung im Haus ist es jedoch sinnvoller, das Gras kleingeschnitten auf der Räucherkohle zu verbrennen.

Duft und Wirkung: Süßgras wird nach indianischer Vorstellung von guten wie bösen Geistern als angenehm empfunden. Daher sollte vor der Verwendung des Grases Weißer Sal-

Sweetgras/Süßgras
Hierochloe odorata

Okaga kommt vom Mond, wenn das Gras zu wachsen beginnt. Dem Süßgras gibt er seinen Geist.
Stamm der Ogalala

bei geräuchert werden, welcher die bösen Geister krank macht – und vertreibt. So werden nur die guten Geister vom Süßgrasduft angelockt. Es verströmt beim Räuchern – wie der Name schon sagt – einen süßen, warmen, leicht an Vanille erinnernden Duft.

Teufelsdreck *siehe Stinkasant*

Thymian
Thymus vulgaris

Ein Blumengurt, ein Myrtenhut / kühlt Liebchen vor des Sommers Glut, / Ich bett' es, kommt ein Schlaf ihm an, / auf weiches Moos und Thymian.
Gottfried August Bürger

Das mediterrane Thymiankraut und auch seine mitteleuropäischen Verwandten wie Feld- oder Zitronenthymian sind wildwachsende Pflanzen, die mittlerweile jedoch auch angebaut werden. Man findet sie in der Garigue, immergrünen Gebüschlandschaften, sowie an Felsen und Lichtungen in der Ebene bis hinauf in die Alpen.

Bei den Germanen war der Thymian der Liebesgöttin Freya geweiht. Die alten Römer und Griechen glaubten, daß die Seelen Verstorbener in dem Kraut wohnten. Sein Name leitet sich von dem griechischen Wort *thyo* ab, was soviel heißt wie «den Göttern ein Opfer bringen». Die Römer räucherten den Thymian, um Skorpione zu vertreiben. Auch verwendete man ihn als Ersatzräucherung, wenn der Weihrauch knapp wurde.

Plinius empfahl Thymian gegen Kopfschmerzen und als Gegengift bei Schlangenbissen. In der modernen Medizin gilt das Gewürzkraut als geeignetes Mittel, um dem Alterungsprozeß entgegenzuwirken. Außerdem setzt man es für desinfizierende Umschläge und Inhalationen sowie gegen Spul- und Madenwürmer ein.

Duft und Wirkung: Thymian dient mit seinem stark aromatischen Duft zur Reinigung von Wohnräumen. Er wirkt kräftigend auf Körper, Geist und Seele.

Tolubalsam
*Myroxylon balsamum
Harms var. balsamum*

Der Name Tolubalsam leitet sich von der kolumbianischen Hafenstadt Tolu her, über die der Rohstoff weltweit exportiert wurde. Zu finden ist der Tolubalsambaum von Paraguay bis hinauf nach Venezuela. Gewonnen wird der Balsam, indem man die Baumstämme an mehreren Stellen V-förmig einritzt und den dickflüssig und klebrig austretenden Saft auffängt. Nur nach und nach kristallisiert der Balsam und wird zu einer festen, bräunlichen Masse, die im Handel in den Qualitätsstufen «hart» und dem hochwertigeren «extrahart» erhältlich ist.

Tolubalsam wird, ähnlich wie Perubalsam, als Heilmittel bei Hautkrankheiten und Wunden eingesetzt. Man sagt, er besitze die Fähigkeit, frische Wunden ohne Narben verheilen zu lassen.

Die wohl wichtigste Eigenschaft des Tolubalsams beim Räuchern ist seine hilfreiche Wirkung bei Erkältungen und asthmatischen Beschwerden. Der Räucherbalsam wird in der Medizin auch erfolgreich bei rheumatischen und Kopfschmerzen eingesetzt.

Duft und Wirkung: Tolubalsam verströmt einen warmen, balsamischen sowie vanilligen Räucherduft – ähnlich wie Styrax oder Benzoe. Tolu wirkt stimmungsaufhellend und entspannend, zugleich aufbauend, stärkend und auf körperlicher wie seelischer Ebene heilsam. Man sollte es vermeiden, den Rauch direkt einzuatmen, da er leicht einen Hustenreiz auslöst. Durch seine weiche, aromatische Note versetzt er – in Maßen genossen – in eine träumerische und geborgene Stimmung.

Tonkabohne
Dipteryx odorata

Der südamerikanische Tonkabaum liefert uns mit seinem Samen die hocharomatische Tonkabohne, die mit anderen Bohnenarten nur den Namen und die Form gemein hat. Im Ursprungsland legt man die Tonkabohnen in Rum ein, um ein wohlschmeckendes Getränk herzustellen. Als Amulett in der Tasche oder am Körper getragen, gilt sie als Glücksbringer, der die Liebe anzieht und Krankheiten abwehrt. Man sagt auch, eine Tonkabohne im Geldbeutel rege den Geldfluß an. Außerdem kann man sie als Wunschbohne einsetzen, die man, mit dem geheimen Wunsch besprochen, an einem sicheren Ort vergraben soll.

Um die Tonkabohne zu verräuchern, reibt man sie am be-

Der Duft der Tonkabohne ist wie eine zarte, heitere Melodie oder eine angenehme Poesie.
Susanne Fischer-Rizzi

sten mit einer Muskatreibe. Für größere Mengen empfiehlt sich die Verwendung einer Küchenmaschine, wobei darauf zu achten ist, daß die zerkleinerten Bohnen luftdicht aufbewahrt werden.

Duft und Wirkung: Der süße, warme, vanilleartige Duft mit seinen würzigen Akzenten wirkt in der Räucherung ausgleichend und stimmungsaufhellend – ein Duft zum Seele-baumeln-Lassen.

Wacholder
Juniperus communis

Der Wacholderstrauch oder -baum ist in Europa, Mittel- und Nordamerika, Afrika und Asien heimisch. Eine der ältesten Quellen, die den Wacholder als Arznei und Räucherstoff nennt, ist ein etwa 4.000 Jahre alter ägyptischer Papyrus. In der Volksmedizin galt das aus den Beeren des Wacholders gewonnene Öl als Allheilmittel. Noch heute werden sowohl aus den Beeren als auch aus dem Holz Aufgüsse gegen Magen-Darm-Beschwerden sowie gegen Gicht und Rheuma bereitet. In früherer Zeit wurde eine über Wacholderbeeren geräucherte Wolldecke, «Reckholdermantel» genannt, einem Rheumakranken ins Bett gelegt, um ihn von seinem Leiden zu befreien. Als Blutreinigungsmittel schreibt man der Pflanze ebenfalls heilsame Wirkungen zu. Und natürlich kennt man sie aus der Schnapsbrennerei. Die Navaho-Indianerfrauen fertigen aus Wacholderbeeren kleine Armkettchen für ihre Kinder, die sie ihnen vor dem Einschlafen umlegen, um böse Träume fernzuhalten. Im Altertum wurden Wacholderholz und -gestrüpp zum Verbrennen der Leichen benutzt.

Durch nichts wird die Stubenluft so gut geräuchert, als durch das Verbrennen von Wacholderholz.
K. Ritter von Perger

Wacholder war neben Lavendel, Rosmarin und Knoblauch Bestandteil des legendären «Vierräuberessigs», den vier Räuber getrunken hatten, um sich gegen die Pest zu schützen und statt dessen auf einem Beutezug die Pestopfer auszurauben. Wacholder ist auch ein verbreitetes Mittel gewesen, um die sogenannten «Pesthäuser» zu reinigen.

Allgemein gilt der Wacholder als starkes Schutzkraut: beispielsweise gegen Hexen, Kobolde und Dämonen sowie bösen Zauber und negative Einflüsse jeglicher Art. Schon Vergil, der «Vater des Abendlandes», empfahl das Holz des Wacholders zum Ausräuchern der Ställe, was sich als Brauch bis in die heutigen Tage erhalten hat: an Heilige Drei Könige werden Stall und Stube geräuchert, um im kommenden Jahr gegen Krankheit und Unglück gefeit zu sein.

Duft und Wirkung: Zum Räuchern sind alle Teile des Wacholders verwendbar: sein Holz, die Beeren sowie die Spitzen. Das Holz verströmt einen angenehm sanften Duft, während die Wacholderspitzen ein eher waldig-würziger Geruch auszeichnet. Teilweise sind bei uns im Handel auch indianische Wacholderspitzen erhältlich, die einen besonders feinen, edlen, warm-würzigen Duft verströmen. Die Beeren mit ihrem hocharomatischen, fruchtigen, appetitanregenden und reinigenden Duft stellen das intensivste Räucherwerk des Wacholders dar, der sich jedoch in all seinen Teilen für Schutz- und Reinigungsräucherungen eignet.

Wegwarte
Cichorium intybus

Die Wegwarte, die auf Wiesen und Brachland sowie am Wegrand wächst, wurde im Mittelalter wegen ihrer magischen Eigenschaften verehrt. Viele Legenden ranken sich um das Gewächs, das jeden Morgen neue, hellblaue Blüten treibt, die am Abend schon wieder verwelkt sind. Paracelsus meinte, ihre Wurzeln verwandelten sich nach sieben Jahren in einen Vogel. Otto Brunfels, einer der ersten Botaniker, schreibt der Wegwarte allerlei Wunderkräfte zu, die er darauf zurückführt, daß sich ihre Blüten blutrot verfärben, wenn man sie in einen Ameisenhaufen wirft. Eine der vielen Legenden berichtet, die Wegwarte sei eine verwandelte Jungfrau, die – im blauen Kleid – so lange aus Gram um ihren Geliebten am Wege wartend saß, bis sie in eine Blume verwandelt wurde.

Wenn man die Wegwarte bei sich trägt, soll das unverwundbar machen. Unter das Leintuch gelegt, erleichtere die Wurzel der Zauberpflanze die Geburt. Berührt man mit ihr einen andern Menschen, kann man sich seiner Liebe versichern. Wenn man sie am 25. Juli unter bestimmten Bedingungen ausgräbt, kann die Wunderwurzel sogar unsichtbar ma-

Eh als ich laß
das Weinen stehn,
Will lieber ich auf die
Wegscheid gehen,
Eine Feldblum dort
zu werden.
Volksmund

chen … und das sind nur einige der vielfältigen Zauberwirkungen der Wegwarte.

Der bittere Milchsaft der Pflanze fördert die Verdauung und Entschlackung, und wurde von Dioskurides und Plinius zur Behandlung von Augenleiden angewandt.

Duft und Wirkung: In der Räucherung fördert die Wegwarte mit ihrem fein-würzigen Duft visionäre Träume und findet bei vielerlei Liebes- und Schutzzaubern Anwendung.

White Sage *siehe unter Salbei*

Weihrauch
Boswellia carteri /
Boswellia sacra /
Boswellia serrata

Weihrauch ist der Überbegriff für Räucherwerk aller Art. Gleichzeitig bezeichnet es ein Räucherharz, auch unter dem Namen Olibanum bekannt, das von Bäumen der etwa 25 *Boswellia*-Arten stammt. Der Weihrauchbaum wächst hauptsächlich wild, da er Versuchen, ihn zu verpflanzen oder zu züchten, zumeist hartnäckig widersteht. Er findet sich bevorzugt an den landeinwärts gelegenen Küstengebieten, die sich entlang des Roten Meeres, über den Golf von Aden bis hin zum Oman erstrecken, des weiteren findet man ihn in manchen Teilen Indiens.

Die Weihraucherntе geschieht seit über 3.000 Jahren auf dieselbe Weise: Indem man die Rinde der Boswellia-Bäume auf spezielle Weise mit dem *Mangaf*-Messer einschneidet – in der Antike war die Technik ein gutgehütetes Geheimnis – regt man die vermehrte Harzproduktion an. Als Qualitätsmerkamal gilt: Je klarer, reiner und weißer das Harz schimmert, desto besser (und teurer) ist es. Eine braune bis rötliche Farbe weist dagegen auf geringere Qualität hin, was sich auch in Duft und Wirkung widerspiegelt. Im Handel sind verschiedene Sorten und Qualitäten vor allem aus Eritrea, Somalia, Indien und Arabien erhältlich.

Der Weihrauch war lange Zeit in fast allen Kulturen das meistverwendet Harz, dessen Verbrauch den anderer Harze weit überstieg. In vielen arabischen Ländern beduften die Menschen Kleidung und Wohnräume mit Weihrauch. Auch von den Korn- und Speisekammern hielt man durch Weihrauchräucherungen Ungeziefer fern. Während die Juden im Altertum einen nicht-religiösen Weihrauchgebrauch streng ahndeten, verhält sich dies bei den Moslems genau umgekehrt: Weihrauch darf jederzeit, aber keinesfalls zu religiösen Anlässen geräuchert werden. Dies gilt als «heidnischer Überrest aus vorislamischer Zeit» und ist daher verpönt. Dafür kommt der duftende Weihrauch bei anderen Gelegenheiten zum Einsatz: die Frauen im Süden Arabiens beduften noch heute ihre Scham, um sich auf den Liebesakt einzustimmen und ihre Fruchtbarkeit zu steigern.

Einer schwangeren Frau soll man Weihrauch verabreichen, damit sie ein reines Herz bekommt.
Prophet Mohammed

Weihrauch wurde schon im Alten Testament häufig als Opfergabe und heiliges Räucherwerk erwähnt. Auch heute noch ist er den meisten westlichen Menschen vor allem aus der katholischen Kirche bekannt, wo er in großen Mengen, unterschiedlichen Qualitäten und je nach Geschmack des Pfarrers in Mischungen mit anderen Harzen sowie Kräutern verbrannt wird.

In tibetischen Tempeln wird Olibanum ständig geräuchert. Kranke suchen deshalb vermehrt die heiligen Stätten auf – nicht nur um zu beten, sondern auch um die heilsamen Wirkungen des Rauches zu genießen. Die medizinischen Anwendungen des Weihrauchs in Form von Salben, Tees, Auszügen, Pflastern usw. werden heute auch im Westen wieder populär. Sie reichen von Asthma über Depressionen, Darmerkrankungen, Grippe und Hautentzündungen bis hin zu Schlafstörungen, Sonnenbrand, Zahnfleischentzündungen, Kopfschmerzen und der Behandlung von Tumoren.

Duft und Wirkung: In der Räucherung klärt Weihrauch die Sinne, lenkt den Blick aufs Wesentliche und spannt den Bogen zwischen den stofflichen und spirituellen Ebenen des Seins. Mit seinem süßlich-schweren, sakralen Duft schafft er eine Atmosphäre von Klarheit, Reinheit und Ruhe, wobei er anregend und zugleich entspannend wirkt. Andacht und Meditation erfüllt der Weihrauch mit dem Geist des Erhabenen und Ewigen.

Wermut
Artemisia absinthium

Über die Wirkungen des Wermuts auf die Liebe sind widersprüchliche Aussagen überliefert. Während Tabernaemontanus im 16. Jahrhundert meinte, Wermut vertreibe die «Lust und die Begierde zu den ehelichen Werken», glaubte man im alten Ägypten an die Liebe fördernde Wirkungen der Pflanze, weshalb man es in allerlei Liebeszaubern verwendete. Als «Wiegenkraut» legte man den Wermut in alter Zeit zu den Neugeborenen oder räucherte es, um sie (und sich selbst) vor Zauber und Hexerei zu bewahren und damit der Teufel das Kind nicht auswechsele. Gleichzeitig war Wermut aber auch Bestandteil der berüchtigten Hexensalben sowie von Getränken, die wüste Träume, Visionen und manchmal auch Tobsuchtsanfälle auslösten.

Bereits in der griechischen Antike war Wermut unter dem Namen Absinthion bekannt. Besonders gegen Ende des 18. bzw. Anfang des 19. Jahrhunderts hatte auch das Modegetränk Absinth besonders in Frankreich Hochkonjunktur und wurde im Übermaß konsumiert. Künstlern wie van Gogh, Rimbaud, Manet, Degas und Toulouse-Lautrec und Picasso wird Absinth-Mißbrauch nachgesagt. Die möglichen Folgen reichten von Kopfschmerzen über Erbrechen, Schwindel, Halluzinationen bis hin zu epilepsieartigen Krämpfen und Lähmungserscheinungen. Der Absinth ist aus diesem Grund heute verboten. Doch auch mit dem Wermutöl sollte vorsichtig umgegangen werden, während andere Darreichungsformen der Pflanze als ungefährlich gelten.

Noch heute werden Alkoholika aus Wermut hergestellt, darunter verschiedene Vermouth-Getränke. In der Medizin wird die Pflanze besonders bei Erkrankungen von Magen und Galle angewandt.

Duft und Wirkung: Beim Räuchern zeichnet sich Wermut durch einem kräftigen, würzig-aromatischen Duft aus, der ähnliche Schutzwirkungen wie der Beifuß entwickelt. Zuweilen wird Wermut in Liebesräucherungen verwendet, ansonsten kommt er in Mischungen zum Einsatz, die Visionen und Hellsichtigkeit fördern.

Der Name Cedrus leitet sich vom griechischen Wort *kedron* ab. Damit wurden verschiedene Bäume bezeichnet, die ein duftendes Holz lieferten. Die Hänge des Libanon waren im Altertum mit dichten Zedernwäldern überzogen, von denen bis heute nur kleine Restbestände übrigblieben, da jahrtausendelanger Raubbau betrieben wurde, der schon bei den Assyrern und Babyloniern begann. Der Tempel Salomos in Jerusalem war innen komplett mit Zedernholz getäfelt. Auch zum Schiffs- und Hausbau sowie für Sarkophage war das wohlriechende, rötliche Holz begehrt und den antiken Völkern heilig. Der Prophet Ezechiel beschrieb in der Metapher der prächtigen Zedernbäume den Ruhm und die Macht der assyrischen Könige. Bei den Mesopotamiern galt die Zeder als heiliger Baum von Ea oder Enki, des «Gottes der Gewässer».

Die Zeder galt im alten Ägypten als unzerstörbar, weshalb man wertvolle Schriften in Zedernholzschränken aufbewahrte oder die Texte direkt in Zedernholz verewigte. Auch als Grabbeigabe diente das «ewige» Holz, dessen Qualität sich auf die Verstorbenen auswirken sollte. Zur Mumifizierung injizierte man dem Leichnam unter anderem Zedernöl, was sich mit den Erkenntnissen Dioskurides' deckt, der dem aus der Zeder gewonnenen Pech nachsagt, es habe die besondere Kraft, «die toten Körper zu konservieren und die lebendigen zu verderben». Vor dem Beischlaf auf die Scham gestrichen, solle es zudem vor der Empfängnis hüten.

Das Zedernholz des Cedrelabaumes, *Cedrela odorata*, welches vor allem in den tropischen Zonen Südamerikas geschlagen wird, findet weltweit in der Möbelherstellung Gebrauch. Am bekanntesten ist es uns jedoch wohl als Verpackung eines besonderen Räucherwerks: den edlen Zigarren aus Havanna.

Duft und Wirkung: Geräuchert wirkt Zedernholz stärkend und harmonisierend, es verleiht Mut und schützt vor Alpträumen. Außerdem steht es in der Räucherung für Ansehen und Wohlstand. Auf ganz praktischer Ebene ist der warme, würzig-aromatische Zedernduft zudem ein wirksamer Mottenschutz.

Zeder
Cedrus libani /
Cedrus deodara /
Cedrus atlantica

Ich werde veranlassen, daß soviel der besten Zedern und Zypressen geschnitten und exportiert werden, wie du brauchst.
König von Tyros an Salomo

Cedar
Juniperus scopulorum

Die nordamerikanische Zeder ist strenggenommen ein Wacholdergewächs, das vor allem in den Sierra Mountains sowie den Cascade Mountains an der nördlichen Pazifikküste heimisch ist. Indianische Gebete, so heißt es, werden auf dem Rauch der Zeder zu den Göttern emporgetragen. Cedar wird häufig zusammen mit Salbei und Sweetgras auf den Boden der Schwitzhütten gestreut. Man verehrt den alten, weisen Geist der Zeder und bringt gefallenen Bäumen Opfergaben und Gebete dar.

Duft und Wirkung: Die amerikanische Zeder mit ihrem grünen, harzigen, herb-würzigen Duft räuchert man wie den Salbei zu Heilungs- und Ritualzwecken sowie um negative Kräfte fernzuhalten.

Zimt
Cinnamomum ceylanicum /
Cinnamomum cassia

Zimt ist eines der ältesten bekannten Gewürze, das schon im Alten Testament im Hohelied Salomos erwähnt wird. Noch ältere chinesische Quellen erwähnen den Zimt schon 2.700 Jahre vor unserer Zeitrechnung. Seit etwa 500 v. Chr. wird das Gewürz auch als Arzneimittel beispielsweise bei Erkältungskrankheiten sowie Magen-Darm-Beschwerden genutzt. Zimt gilt auch als die Blutzirkulation anregende und das Körperinnere erwärmende Pflanze. In Indien wird der Zimt sogar als Verhütungsmittel eingesetzt.

Schon Paracelsus unterschied die zwei Zimtarten, die heute noch erhältlich sind: die von einem großen, in China und Malaysia beheimateten Baum stammenden Zimtblüten, und die rötliche Rinde der jungen Triebe eines in allen tropischen Zonen Asiens beheimateten Baums oder Strauchs, der sogenannte Ceylonzimt. Als Gewürz gibt man allgemein dem Ceylonzimt den Vorzug, in der Räucherung sind jedoch beide Arten gleichwertig. Die Düfte ähneln sich sehr stark und entfalten die gleichen Wirkungen.

...kursiert die Geschichte, daß Zimt in den Sümpfen wächst, von einer schrecklichen Fledermausart bewacht, ... erfunden, um die Preise hoch zu treiben.
Plinius der Ältere

Duft und Wirkung: Zimt wird mit der Leidenschaft des Mannes in Verbindung gebracht, denn sein warm-weicher Duft wirkt erwärmend und leicht aphrodisierend. Zimt bringt außerdem Glück ins Haus und ist ein sehr aromatischer Räucherstoff, der in Mischungen mit schweren und intensiven Düften für harmonischen Ausgleich sorgt. Zimt wirkt positiv bei Gefühlskälte, nervösen Spannungen und Angstzuständen.

Die Zypresse, ein immergrünes Nadelgewächs, stammt ursprünglich aus Kleinasien, wird aber heute im ganzen Mittelmeerraum kultiviert. Da der Baum in der Antike zuerst nach Zypern gebracht worden sein soll, wurde er nach der östlichen Mittelmeerinsel benannt. Das Holz der Zypresse wurde in damaliger Zeit zum Bau von Schiffen, Häusern und Sarkophagen verwendet. So bestand auch das Haus des Odysseus aus Zypressenholz.

Vielleicht aufgrund ihrer Form mit den aufstrebenden Zweigen gilt die in vielen Kulturen als heilig verehrte Zypresse als Baum des Durchgangs, der den Verstorbenen den Weg in den Himmel weisen und die Lebenden an ihre begrenzte Verweildauer auf der Erde erinnern soll. Auch als Symbol der Trauer ist das Gewächs, das weit über tausend Jahre alt werden kann, bekannt. Diese Bedeutung mag auf die Geschichte von Kyparissos von Keos zurückgehen, einen von Apollo geliebten Knaben, der aus Versehen einen heiligen Hirsch tötete und darüber so untröstlich war, daß er sich in eine Zypresse verwandelte. Jedoch gilt das Gewächs ebenso als Sinnbild der Aufrichtung und Ermutigung. In der persischen Mythologie wird die Zypresse gar von dem höchsten Gott des Pantheon Ahura Mazda verkörpert. Im Voodokult verwendet man Zypressenholz für Glücks- und Geldrituale.

Zypressenzweige wurden in alter Zeit zum Schutz und zur Segnung, um Ritualgegenstände zu weihen sowie gegen Dämonen und Zauberei geräuchert. Schon die Heilige Hildegard meinte, die Zypresse berge «das Geheimnis Gottes».

Duft und Wirkung: Der feine, weiche, frische grüne Duft der Zypresse wirkt erdend und fördert die Konzentration auf das Wesentliche. Ihr Duft hilft uns durch ihre stärkende, aufrichtende Kraft besonders in schwierigen Zeiten der Trauer und des Durchgangs.

Zypresse
Cupressus sempervirens

(Zypresse) … als Symbol der Trauer und des Todes sowie der Langmut, des weisen Zögerns und der Verschwiegenheit.
Günter Ohloff

Dank

Zuallererst danke ich meiner Lebensgefährtin Marion für ihre Liebe und Kraft, mit der sie mich während der Arbeit an diesem Buch stetig unterstützt hat. Sie mußte in dieser Zeit viele Dinge unseres privaten und beruflichen Lebens allein übernehmen, viele durchrecherchierte Nächte allein verbringen und viele Urlaubstage allein genießen, während ich in meinen Büchern steckte …

Außerdem danke ich meiner Kollegin und «Duftfreundin» Susanne Fischer-Rizzi für ihre Ermutigung, dieses Buch zu schreiben und für den regen Gedankenaustausch in unserer gemeinsamen Sache.

Andreas Neugebauer und Gerhard Eggebrecht danke ich für die fundierten Informationen zur Materie und dafür, daß sie meine zahlreichen Fragen immer geduldig und bereitwillig beantwortet haben.

Bei Dr. Jes Lim bedanke ich mich für seine Mitarbeit am Feng-Shui-Rezept, Wasili Pantazoglou für die Vermittlung seiner profunden Feng-Shui-Kenntnisse.

Meinen Eltern danke ich für ihre immerwährende Unterstützung.

Meinem verstorbenen Vater bin ich dankbar für seine spirituelle Führung.

Bei Anja, die dieses Buch mit mir geschrieben hat, bedanke ich mich für die vielen lebendigen Geschichten, für ihre Geduld, wenn ich wieder einmal noch das letzte kleine wichtige Detail recherchieren mußte und für den konstruktiven Austausch.

Und schließlich verneige ich mich mit tiefem Respekt und großer Achtung vor allen lebenden und verstorbenen Autoren, die mit ihrer Arbeit, ihrem Wissen und ihrer Erfahrung dazu beigetragen haben, meinen Weg zu ebnen.

Franz X. J. Huber

Mein Dank gilt Eckhard Graf vom O.W. Barth Verlag für seine konstante Unterstützung und immer konstruktive Kritik, außerdem Marion Graf für ihren Zuspruch «im Hintergrund».

Dwaro Kersting danke ich für ihre hilfreichen Anregungen zu den Affirmationen für Planeten und Sternzeichen.

Bei Franz Huber bedanke ich mich ganz herzlich für die äußerst inspirierende und freudvolle Zusammenarbeit sowie für viele Stunden köstlicher Räucherei.

Meinen Eltern danke ich dafür, daß sie immer ein offenes Ohr für mich haben und auch sonst jederzeit für mich da sind.

Außerdem gilt mein Dank allen Menschen, die mich in der Vergangenheit zum Schreiben motiviert und auf verschiedenste Weise auf meinem beruflichen Weg unterstützt, inspiriert und gefördert haben.

Anja Schmidt

Quellen und Literatur

Hartwig Abraham, Inge Thinnes: *Hexenkraut und Zaubertrank*, Greifenberg 1995

H. Bächtold-Stäubli: *Handwörterbuch des deutschen Aberglaubens*, Berlin 1927–1942

Helmut Baumann: *Die griechische Pflanzenwelt*, München 1986

Bruno Blum, Rüdiger Dahlke: *Erde – Feuer – Wasser – Luft*, Rapperswil/Schweiz 1995

Brett L. Bolton: *Die magische Welt der Pflanzen*, Wien, Hamburg 1978

Marianne und Patrick Caland: *Weihrauch und Räucherwerk*, Aitrang 1992

C. W. Ceram: *Götter, Gräber und Gelehrte*, Hamburg, o. J.

Alain Corbin: *Pesthauch und Blütenduft*, Berlin 1984

Ingrid Dierssen: *Lust am Duft – Ein Parfüm-Ratgeber*, Bern 1995

Dioscorides: *Kreutterbuch*, Frankfurt/Main 1610

René Dumesnil, Hans Schadewaldt (Hrsg.): *Die berühmten Ärzte*, Köln o. J.

Susanne Fischer-Rizzi: *Botschaft an den Himmel*, München 1996

Dies.: *Himmlische Düfte*, München 1995

Birgit Frohn, Heiner Uber, Xokonoschtletl: *Medizin der Mutter Erde*, München 1996

René-Maurice Gattefossé, Robert B. Tisserand (Hrsg.): *Gattefossés Aromatherapie*, Aarau/Schweiz 1994

Gustav W. Geßmann: *Die Pflanze im Zauberglauben*, Berlin 1922

Ders.: *Tausend Lehrsätze aus der okkulten Naturwissenschaft*, Berlin 1922

Olof Gigon (Hrsg.): *Aristoteles – Die Nikomachische Ethik*, München 1986

Liz Greene: *Sag mir dein Sternzeichen, und ich sage dir, wie du liebst*, Bern, München 1980

Jens Grzonkowski: *Bernstein*, Hamburg 1996

Brigitte Hamann: *Die zwölf Archetypen*, München 1997

Gottfried Hertzka, Wighard Strehlow: *Handbuch der Hildegard-Medizin*, Freiburg i. Br. 1994

Dies.: *Große Hildegard-Apotheke*, Freiburg i. Br. 1993

Frederic Hetmann (Hrsg.): *Indianermärchen aus Nordamerika*, Frankfurt/Main 1970

Ake Hultkrantz: *Schamanische Heilkunst und rituelles Drama der Indianer Nordamerikas*, München 1996

Andrea Hurton: *Erotik des Parfums*, Frankfurt/Main 1994

Anneke Huyser: *Die Bedeutung der Elemente in unserem Leben*, München 1997

Eba Rudy Jansen: *Klangschalen, Zimbeln und Glocken*, Diever/Holland 1991

Prudence Jones, Nigel Pennick: *Heidnisches Europa*, Engerda 1997

F.N. Julius, E.M. Krauch: *Bäume und Planeten*, Stuttgart 1985

Manfred M. Junius: *Praktisches Handbuch der Pflanzen-Alchemie*, Schweiz 1992

Kirstin Kabasci; Peter Franzisky: *Oman – Geheimnisvolles Sultanat zwischen Gestern und Übermorgen*, Hohenthann 1996

Dazze Kammerl: *Die Kräfte der Kräuter und Gewürze*, Düsseldorf 1997

Stephanie von Kruedener, Isolde Hagemann, Bernhard Zepernick: *Arzneipflanzen, altbekannt und neu entdeckt*, Berlin 1993

Nikolaus Klein, Rüdiger Dahlke: *Das senkrechte Weltbild*, München 1988

Konrad Kölbl: *Kölbls Kräuterfibel*, München 1966

Harald Körke: *Die Kräuter des langen Lebens*, ohne Ortsangabe, 1993

Roland Kübler: *Die Mondsteinmärchen*, Waiblingen 1988

Max Lake: *Duft und Sinnlichkeit*, München 1995

Jes T.Y. Lim: *Feng Shui und Gesundheit*, Sulzberg 1997

Denise Linn: *Die Magie des Wohnens*, München 1996

Hugo Lojander: *Kenntnis des Drachenblutes*, Straßburg 1887

Dieter Martinetz, Karlheinz Lohs, Jörg Janzen: *Weihrauch und Myrrhe*, Berlin 1989

Erich Keller: *Düfte bewußt erfahren und nutzen*, Bern, München, Wien 1995

Jiddu Krishnamurti: *Die Wahrheit ist ein pfadloses Land*, München 1996

Günter und Brigitte Krumbiegel: *Bernstein*, Weinstadt 1996

Vasant Lad, David Frawley: *Die Ayurveda Pflanzen-Heilkunde*, Aitrang 1995

Francoise Le Roux, Christian I Guyonvarc'h: *Die Druiden*, Engerda 1996

Adrian Leser (Hrsg.): *Die Weisheit der Indianer*, Bern, München, Wien, o.J.

Richard A. Miller/Iona Miller: *Das magische Parfum*, Braunschweig 1990

Christina Molnar: *Faszination der Düfte*, München 1990

Julia Müller: *Das H+R Buch: Parfum*, Hamburg 1991

Claudia Müller-Ebeling, Christian Rätsch, Wolf-Dieter Storl: *Hexenmedizin*, Aarau/Schweiz 1998

Renata Müller-Rössner: *Die vier Elemente*, Bietigheim-Bissingen 1992

Günther Natho (Hrsg.): *Rohstoffpflanzen der Erde*, Frankfurt/Main 1986

Heinrich Cornelius Agrippa von Nettesheim: *Die magischen Werke*, Wiesbaden 1997

Penelope Ody: *Naturmedizin Heilkräuter*, München 1996

Günther Ohloff: *Irdische Düfte, himmlische Lust*, Basel 1992

Christian Rätsch: *Indianische Heilkräuter*, München 1987

Ders.: *Pflanzen der Liebe*, Aarau/Schweiz 1995

Ders.: *Von den Wurzeln der Kultur*, Basel 1991

Käthe Recheis, Georg Bydlinski (Hrsg.): *Weisheit der Indianer*, Wien 1993

Alexander Roob: *Alchemie und Mystik*, Köln 1996

Paolo Rovesti, Susanne Fischer-Rizzi (Hrsg.): *Auf der Suche nach den verlorenen Düften*, München 1995

Alfred Savinelli: *Heilende Pflanzen*, ohne Ortsangabe 1997

Hermann Schreiber: *Die neue Welt – Die Geschichte der Entdeckung Amerikas*, Gernsbach 1991

Willi Schrödter: *Pflanzengeheimnisse*, ohne Ortsangabe, 1978

Richard E. Schultes, Albert Hofmann: *Pflanzen der Götter*, Aarau/Schweiz 1995

Ferdinand Siegmund: *Gemeinnütziges Kräuterbuch*, Wien 1847

Harald Spehr (Hrsg.): *Alräunchens Kräuterbuch*, Leipzig 1928

Sri Chinmoy: *Veden – Upanishaden – Bhagavadgita*, München 1994

Staatliches Museum für Naturkunde und Gesellschaft zur Förderung des Naturkundemuseums in Stuttgart e.V.: *Das Bernstein-Kabinett*, Stuttgart 1990

Sun Bear, Wabun Wind: *Das Medizinrad*, München 1994

Wolf-Dieter Storl: *Pflanzendevas – Die Göttin und ihre Pflanzenengel*, Aarau/Schweiz 1997

René A. Strassmann: *Baumheilkunde*, Aarau/Schweiz 1994

Ders.: *Duftheilkunde*, Aarau/Schweiz 1991

Patrick Süskind: *Das Parfum*, Zürich 1985

Jürgen Thorwald: *Macht und Geheimnis der frühen Ärzte*, München o.J.

Robert Tisserand: *Das Aromatherapie Heilbuch*, Aitrang 1990

Dagobert Tutsch: *Lexikon der Medizin*, München, Wien, Baltimore 1982

Vorarlberger Naturschau (Hrsg.): *Schlangeneier und Drachenzungen,* Dornbirn 1995

Barbara G. Walker: *Das geheime Wissen der Frauen,* Frankfurt/Main 1993

Wilfried Weustenfeld: *Zauberkräuter von A-Z,* München 1995

Helmut Werner: *Die Magie der Zauberpflanzen, Edelsteine, Duftstoffe und Farben,* München 1993

Max Wichtl (Hrsg.): *Teedrogen und Phytopharmaka,* Stuttgart 1997

Roy Willis (Hrsg.): *Bertelsmann Handbuch Mythologie,* Gütersloh, München 1993

Fred Wollner: *Duftender Rauch für die Seele,* München 1998

Bruno Wolters: *Drogen, Pfeilgift und Indianermedizin,* Greifenberg 1994

Michael Zohary: *Pflanzen der Bibel,* Stuttgart 1983

Das große illustrierte Pflanzenbuch, Gütersloh, Berlin, München, Wien 1975

Die Bibel. Die Heilige Schrift des Alten und Neuen Bundes, Freiburg i.Br. 1965

Lexikon der östlichen Weisheitslehren, Bern, München, Wien 1986

Bezugsquellen

Fertige Räuchermischungen sind in den Serien *World of Incense* und *Mystery Line* im Handel erhältlich.

Eine Liste der Bezugsquellen für Rohstoffe, Mischungen und Räucherzubehör erhalten Sie, wenn Sie einen frankierten und adressierten Rückumschlag an eine der folgenden Adressen einsenden; möchten Sie einen kompletten Katalog der Räucherstoffe der Firma mon bijou, Franz Huber, dann senden Sie bitte DM 10,–/ 5,– Euro an die angegebene Adresse (der Betrag wird bei Bestellung verrechnet):

Deutschland:
mon bijou
Blutenburgstraße 91
D–80634 München

Österreich:
Naturwaren Bitto
Linzer Straße 13
A–4614 Marchtrenk

Schweiz:
KOS Handel
Nirvana Shop
Usterstraße 5
CH–8308 Illnau